법규 중심의 정부 규제와 중소기업지원 정책

정부와 기업

법규 중심의 정부 규제와 중소기업지원 정책

정부와 기업

| 송 이 재 지음 |

경성대학교 출판부

정부와 기업

지 은 이 | 송이재

초판 1쇄 발행 | 2012년 9월 10일
초판 2쇄 발행 | 2014년 8월 30일

펴 낸 이 | 송수건
펴 낸 곳 | 경성대학교출판부
출판등록 | 1985년1월28일 제331-1985-000001호
주 소 | 부산광역시 남구 대연동 110-1
전 화 | (051) 663-4195
팩 스 | (051) 663-4199

ISBN 978-89-7314-246-0 (93350)

머 리 말

그러니까 벌써 13년이 지났다. 1999년 그때는 경성대학교 행정학과에서 [공기업론]을 강의했었는데, 행정학과 회의를 거쳐 [공기업론] 대신에 좀 더 포괄적이고, 적극적인 분야인 [정부와 기업]이란 교과목으로 바꾼 지도…… 그 이후 12년간을 계속 강의해 왔다. 주교재는 유훈 교수님의 [행정권과 경제], 그리고 김찬동 교수님의 [정부와 기업]으로 부교재를 삼아 기타 관련 자료들을 바탕으로 행정학과 3학년 전공 선택과목으로 [정부와 기업]을 강의해 왔다.

그 이후 10여년의 시간이 흐름에 따라 정부의 규제와 지원·육성과 관련된 법과 제도 그리고 정부의 정책은 엄청나게 변화하여 왔다. 특히 40종이나 되는 관련법규가 빈번하게 제·개정되어 관련된 서적이나 자료들은 변화를 따라가지 못하는 측면이 많았다. 이에 행정학과 및 관련분야의 학도들을 위해 최신의 법규내용으로, [정부와 기업]의 강의안을 쓴다는 생각으로 이 책을 썼다.

이 책에 대한 소개를 간단히 하자면, 일단 행정학과 학생들의 수요에 맞는 [정부와 기업]의 관계를 기술하려고 노력했다. 즉 거의 90% 이상의 행정학과 학생들이 공무원이나 공기업이 아닌 중소기업 혹은 대기업에 취업해서 회사생활을 시작하고, 평생을 일반 사기업에서 근무하게 되는데, 정말 그들에게 도움이 되고, 그들이 당장 회사생활이나, 취업을 하게 되면 담당하게 되는 정부와 기업과의 관련 분야를 기술하려고 노력하였다.

아울러 경영학과를 비롯한 상경계열 학생들에게도 정부와 기업 관련, 꼭 필요한 내용들을 상세하게 기술하여 장차 기업과 정부관련 업무를 함에 있어 큰 도움이 되도록 하였다.

이 책의 편성을 총 5부로 나누어 구성했는데, 즉 1부와 2부에서는 정부와 기업의 역할과 규제에 대한 이론적인 배경들을 설명하였다. 이 부분에서는 기존의 교재들을 참고하여 보편적인 이론들로 기술하였다. 3부에서는 기업의 규제에 대해서 주로 기술하였는데 독과점 규제, 경제적 규제를 설명하고 이어 사회적 규제를 설명하며, 중소기업 등에서 곤란을 겪고 있는 환경적 규제에 대해 환경관련 규제법들 중심으로 기술하였다. 4부에는 기업규제 중 금융규제를 별개의 파트로 분리하여 은행, 보험, 증권 규제를 비교적 상세하게 기술하였다. 이런 규제들은 그 영향력이 모든 국민 개개인에게 아주 직접적으로 작용을 하는 규제이기에 상술하려고 노력했다.

마지막 5부에서는 기존의 지원·육성에 관한 많은 분야, 즉 수출지원, 농업지원, 무역지원 등 숱한 경제 산업 지원정책들을 배제하고, 국가에서 법적으로 지원하는 중소기업지원 및 육성에 관한 법률을 중심으로 상술하였다. 특히 창업과 벤처기업에 많은 지면을 할애하여 젊은 학도들이 창업과 관련된 법률과 정책을 이해하는데 도움이 되도록 하였다. 이는 행정학과만이 아닌 대학의 어느 과를 졸업하든 결국은 대부분의 사람들이 중소기업체에 근무하게 되는 경우가 절대 다수이고, 주위에서 창업을 모색하는 젊은이들이 많다는 점에 착안하였으며, 또한 우리나라의 발전을 위해서도 창업과 중소기업의 육성은 지상과제라는 판단에 중소기업과 관련된 지원·육성 관련법을 상술하였다.

이번에 경성대학교의 교내연구과제로 지원을 받아 [정부와 기업]의 저서를 저술하게 된 소회가 남다르다. 우선 박사과정 지도교수님이시자 참 스승이신 황수연 교수님과 학부시절 지도교수님이시며, 영원한 멘토이신 나중식 전 경성대 총장님, 그리고 긴 세월동안 큰 가르침을 주신 송근원, 배준구, 정충식 교수님께 고개 숙여 깊은 감사의 말씀을 올리며, 대학 1학년인 나와 결혼하여 30년간 긴 인고의 세월과 힘겨운 고난에도 슬기롭게 이겨내며, 큰 아들 정훈이를 능력 있는 의사로, 작은 아들 정환이를 굳센 아들로 키워준 아내 남희덕에게 한량없는 사랑과 고마움을 전하고자 한다. 아울러 본 저서를 멋있게 만들기 위해 애써 주신 경성대학교 출판부에도 감사드린다.

2012년 8월 14일 송이재

차 례

제3부 정부의 기업관련 규제

제4부 금융 · 보험 · 증권 규제

제5부 정부의 중소기업 관련 육성과 지원

제1부 정부와 기업의 역할관계 모색

1장 정부와 기업의 관계

1절 정부와 기업관계의 중요성

2절 사회적 이슈에 대한 공공 정책적 대응

3절 우리나라 정부-기업관계의 역사적 변천

4절 기업의 정치활동

2장 거대기업의 출현과 사회적 영향

1절 기업권력의 대두

2절 기업의 사회적 책임

3장 정부와 기업의 역할관계

1절 정부의 역할

2절 기업의 역할

3절 정부와 기업 간의 협력관계 모색

제 1부 정부와 기업의 역할관계 모색

1장 정부와 기업의 관계

정부와 기업의 관계는 자본주의의 발달과 경제민주화의 발달로 더욱 많은 연구의 대상이 되고 있다. 즉 정부는 정부대로 기업을 규제 및 육성하려 하고, 기업은 기업대로 정부의 사회적 경제적 정책에 초미의 관심을 갖고 어떻게 하면 정부의 정책이나 지원 등을 활용하여 기업의 발전에 도움이 되도록 할 것인가를 고심하고 있다. 특히 우리나라와 같이 정부 주도적인 경제 정책으로 급격한 경제발전을 이룩한 나라에서는 기업들이 자신들의 방향설정에 정부의 정책기조가 무엇보다 중요한 사항인 것이다. 따라서 기업은 정부의 경제정책에 따라 늘 영향을 받아왔다. 또한 정부 역시 기업들의 역할과 기능에서 많은 영향을 받고 있는 것도 사실이다.

1절 정부와 기업관계의 중요성

오늘날 어느 나라나 정부는 기업에 대해 막강한 영향력을 행사하고 있다. 정부에서는 거대 기업에 대해 독과점등의 문제로 규제하는 범위는 점점 넓어지고, 규제로 인해 발생하는 금액은 점점 더 커지고 있다. 특히 우리나라의 경우 기업들이 담합을 하여 공정거래위원회에 지적되는 건수도 늘어나고 있는데, 공정위가 2011년 처리한 담합 사건은 총 134건이다. 1981년부터 1990년까지 10년간 적발된 담합은 51건에 불과했지만 이후 상승세를 타기 시작해 2004년 한 해 35건이었던 담합 건수는 2011년 71건으로 증가했다. 과징금 부과액수는 더 큰 폭으로 늘어나 2004년 291억 원에서 지난해 5710억 원으로 7년 사이에 20배 가까이 폭증했다.[1)]

또한 전에는 행정지도라는 이름으로 정부의 음성적 혹은 양성적 지시에 따라 가격 등에 대해 일종의 카르텔을 형성하여 운용된 적도 있었으나, 이런 사안들도 공정위가 담합으로 규정하여 논란의 여지가 발생하고 있다. 그러나 공정위에서는 이러한 행정지도가 담합의 면제부가 될 수 없다는 주장으로 적발하여 과징금을 부과하고 있다. 또한 담합 적발 건수가 많아지면서 단순히 '카르텔'이라고 규정짓기엔 복잡한 양상을 띠는 경우도 생기고 있다. 때문에 '억울하게' 담합 기업으로 찍힌 기업들의 불만도 상당하다. 정부 행정지도의 결과로 담합한 경우가 대표적이다. 주로 주류·식품·방송통신 업계에서 찾아볼 수 있는데, 2009년 7월 방송통신위원회의 행정지도를 받던 KT와 SK브로드밴드는 시내전화 요금과 시장점유율 등을 담합했다는 이유로 1152억 300만 원의 과징금을 부과받자 곧바로 행정소송에 들어갔다. 2012년 3월 라면값 담합으로 적발된 농심·오뚜기·한국야쿠르트 등 라면 제조업체들도 "그동안 농림수산식품부의 가격 통제를 받아온 것을 담합으로 규정했다"며 강력 반발, 소송을 진행 중이다. 하지만 공정위는 이 같은 행정지도가 담합의 면죄부가 될 순 없다는 입장이다.[2)]

이처럼 기업의 입장에서는 점점 더 강화되어가는 공정거래위원회의 규제에 일면 기업 활동의 위축을 가져온다고 하소연 할 수도 있으나, 국민의 관점에서는 사회정의 및 경제정의를 세울 수 있는 좋은 제도라고 볼 수도 있다.

---

1) 한국경제신문 (2012.7.20)
2) 한국경제신문 (2012.7.20)

아무튼 결과적으로는 사회적 정의, 더 나아가 경제민주화에 한 걸음 더 나아가는 데는 정부의 역할이 필요하다는 데는 이의가 없다고 보여 진다.

2절 사회적 이슈에 대한 공공 정책적 대응

기업의 숫자가 많아지고 또한 기업의 규모가 점점 더 커짐에 따라 다양한 사회적 문제가 발생한다. 제품 가격 및 품질 문제, 소비자 불만 사항, 노조 문제 등 기업의 경영과 관련 된 문제들이 점차 확대·재생산 되면서 기업 자체적으로 해결 할 수 없는 사회적인 문제로 발전하게 되었다. 이에 정부에서는 기업과 관련된 이해관계자들과 일반 사회인들의 불만 사항이 점점 드러나고 언론 등에 보도됨에 따라, 공공정책으로 그 해결책을 모색하게 된다. 그 과정에서 기업에 대한 규제와 유인정책 혹은 지원 육성 정책 등이 나타난다.

기업이 어떤 외부적인 개입 없이 자유시장적인 메커니즘에 따라 시장경제를 형성하고 또한 기업으로서의 기능과 역할로 사회적 이슈에 대한 해결책을 강구하는데 반해, 정부는 전체 사회의 공익증대를 위해 시장 메커니즘이 해결하지 못하는 문제들을 담당하고 해결해 왔다. 이렇게 기업과 정부는 각자의 역할과 기능에 따라 사회적 이슈에 대처하지만, 어느 한편의 노력만으로는 만족스러운 결과를 도출하기 어렵다. 특히 기업의 규모가 점점 더 커짐에 따라 기업이 스스로 해결해야할 책임과 윤리적 의무가 강조되고 있다. 이러한 자율적인 책임과 의무가 잘 지켜지지 않을 경우에는 필연적으로 정부에서 기업을 규제하는 횟수가 점점 더 많아지고, 규제의 폭도 넓어지게 된다.

3절 우리나라 정부-기업관계의 역사적 변천[3)]

우리나라는 해방이후 정부주도하에 경제개발을 추진하였다. 특히 1962년 제1차 경제개발 5개년 계획이래로 1991년까지 6차에 걸친 경제개발 5개년 계획과, 1997년 김영삼 정부의 신경제 5개년 계획(1993~1997)까지 약 50년간 정부주도로 경제개발이 이루어 졌다.

1. 1945년~50년대의 정부와 기업의 관계

해방 이후부터 5.16군사혁명이 일어나기 전의 이 시대에는 사회, 정치, 경제의 모든 면에서 혼란이 극심한 시대였다. 6.25라는 비극적인 전쟁을 겪으며 국토분단, 자원부족 등으로 전혀 경제가 발전 할 수 없었으나, 그 와중에서도 일제 귀속재산의 불하, 외국의 경제원조 등으로 기업 활동이 점차 활성화 되어갔다. 1945년 9월 미군정이 시작된 이래 일본인 소유재산을 몰수하여 일부는 불하하고, 일부는 한국정부에 이양하였는데 그 과정에서 정치권력과 밀접한 관련을 가진 특정인에게 불하가 편중되는 등 많은 특혜가 따르게 되자 정부와 밀착하여 특혜에 집착하려는 잘못된 경향이 기업인들 사이에 싹트게 되었다. 그 후 한국기업들이 정부라는 경영외적인 요인에 집착하고 의존하게 되는 관행을 낳아 오늘날 한국의 재벌이라 불리는 거대기업이 형성될 수 있는 물적 기반이 마련되었다.

2. 1960년~70년대의 정부와 기업관계

이 시기에는 5.16군사혁명 이후로 경제개발 5개년 계획을 세워 정부가 주

3) 현대의 기업과 사회, 신유근, 1999, 경문사, pp.273-276 요약 발췌

도적으로 경제를 이끌던 시대이다. 한국의 본격적인 공업화가 시작된 이 시기는 빈약한 부존자원과 협소한 국내시장을 극복하기 위한 현실적 대안으로 수출주도형의 대외 지향적 정책을 실시하기 시작하였다. 즉 5.16으로 집권한 군사정부는 관주도형 경제체제로 전환하였다. 특히 팽창을 통한 경제성장 전략은 막대한 투자자본이 필요하기 때문에 한일협정을 통한 대일청구권 및 경제협력기금 확보와 외국의 차관을 빌려 투자재원을 조달하여 수출 산업부분에 집중투자하기 시작하였다.[4] 이렇게 정부중심의 성장정책에 집중함으로써, 정부는 기업 활동과 성장에 적극적 관심을 갖고 관여한 결과 기업의 생산 확대와 규모의 성장에 크게 기여 하였다. 특히 1960년대 수출 지향적 공업화와 1970년대의 중화학공업을 통해 급속한 경제성장을 추진했던 정부는 수출장려 및 중화학공업 육성을 위한 금융·재정 및 조세지원, 제한적 수입규제, 개별산업육성책 등의 산업정책을 통해 재벌기업의 성장을 촉진하는 결과를 가져왔다. 특히 1973년 6월에는 중화학공업육성 정책이 수립되어 철강, 조선, 비철금속, 기계, 전자 및 화학공업의 6대 전략산업을 집중적으로 육성하기 위하여 금융 및 세제상의 혜택을 주고 동시에 필요한 자본을 확보하기 위한 적극적인 외자 유치가 이루어 졌다. 그러나 한편 정부에서는 경제개발 5개년 계획 등 정책수단을 이용하여 기업경영에 지나친 개입을 하였으며, 자율적 경영의 기업체질을 성숙시키지 못하게 되는 부작용도 초래했다. 따라서 이러한 정부의 강력한 경제성장 육성정책 및 보호 개입 주의가 기업의 자율적 역량을 키우기 보다는 정부에 대한 의존적 성향을 키우는 방향으로 잘못 이끈 면도 나타났다.

---

4) 한국의 경제정책, 윤용만·여택동 외, 박영사, 2005, p.32

3. 1980년대의 정부와 기업관계

1980년대에는 정부주도적인 1970년대의 중화학공업의 육성정책에서 벗어나 민간주도형의 경제운영 필요성이 대두하기 시작하였다. 따라서 70년대의 성장 일변도의 경제정책은 경제안정과 균형적 산업발전이라는 정책목표와 마찰을 일으키게 되었고, 더 나아가 정부의 독점규제 및 불공정거래 금지, 재벌기업의 경제력 집중 완화 등과 같은 경제적 규제와 환경문제나 소비자문제와 같은 사회적 규제가 강화되는 시기여서 기업과 정부간의 마찰과 갈등이 생겨나기도 하였다. 1981년 독점규제 및 공정거래에 관한 법률이 제정되고, 1986년에는 공업발전법을 제정하여 기술개발지원과 생산성 향상 등의 기능별 투자활동 지원정책으로 전환하였다. 그리고 이때부터 민간을 산업정책의 결정과정에 참여를 유도하는 등, 외국인 직접투자의 확대로 1981년 49.9%의 투자 자율화 율이 1985년 업종완화조치로 제조업은 92.5%에 이르렀고, 1987년 4월 주류·섬유·기계장비·제조업 등 26개 제조업을 추가로 개방함으로써 제조업의 자유화 율이 97.5%에 달하였다.[5] 결국 1980년대에 들어와 시장 기능에 의한 자원배분기능을 강화하려는 산업정책이 실시되었고, 선진국형 기술집약적 공업화를 지향하면서 균형발전을 통한 산업합리화를 동시에 추구하였다.

4. 1990년대 이후의 정부와 기업의 관계

비교적 성숙한 경제발전의 단계로 진화되던 중 1997년 외환위기가 한국을 덮쳐 IMF의 혹독한 요구에 의해 긴축경제정책으로 한국은 연간 이자율 30%가 넘는 수준으로 치솟고 1998년 초에는 매달 3000개의 기업이 도산하고 하

5) 한국의 경제정책, 윤용만·여택동 외, 박영사, 2005, p.35

루 실업자가 1만 명씩 증가하는 수준에 이르게 되었다. 그 이후로 IMF의 요구로 노동시장 유연화정책의 도입으로 정리해고와 파견근무제가 도입되어, 정규직 근로자는 줄고 비정규직 근로자가 넘쳐나는 세상이 되었다.

1) 산업경쟁력의 약화 속에 전환기를 맞이한 한국경제

1990년대의 탈냉전 시대의 전개와 세계화 및 개방화의 흐름은 대내적으로도 많은 여건 변화를 불러온다. 무엇보다 신흥공업경제지역(NIEs : Newly Industrializingn Economies)의 성장패턴이 한계에 봉착하면서 새로운 패러다임이 모색된다.

우리나라는 그동안 저임금구조를 기반으로 한 수출지향적 공업화 과정을 통하여 NIEs적인 성장을 지속해왔다. 그런데 민주화의 바람으로 노동자층의 임금인상 요구가 거세지면서 실제로 상당한 임금인상이 이루어져 산업경쟁력이 약화되었다. 이와 함께 제조업 분야에 대한 노동자층의 취업기피 현상이 발생하면서 산업공동화 현상이 빚어졌다. 단순히 낮은 임금수준 때문이 아니라 육체적으로 힘든 제조업을 기피하는 성향이 만연하여 '3D(Difficult, Dangerous, Dirty) 업종'이라는 신조어까지 등장하였다.

1993년에 등장한 문민정부는 이런 환경을 맞아 한국무역이 나아갈 새로운 길을 모색하였다. WTO체제에 편입된 우리나라는 1996년에 선진국 경제협력 그룹인 OECD(경제협력개발기구)에 가입하고 모든 경제정책과 규범을 OECD가 요구하는 선진국 수준에 맞추어 나갔다. 이로써 자본이나 외환거래의 자유화 폭을 확대함은 물론 WTO체제가 요구하는 '공정무역(Fair trade)'의 일반적인 룰을 따르게 되면서 외국인투자 개방조치가 이루어졌다.

이와 같은 상황에서 국내 기업들의 해외직접투자도 급격히 증가하였다. 이는 대내외적인 여건 변화로 말미암은 한국경제의 구조적인 전환을 의미하였다. 그동안 국내기업들은 성장의 엔진 노릇을 한 상품수출에 전념해왔으나,

제조업의 취업기피현상과 급속한 임금상승이 전개됨에 따라 생산기지를 해외로 이전하기 시작한 것이다. 생산기지의 해외 이전은 처음에 섬유와 신발 등 경공업 분야에서 전기·전자부품과 중화학공업의 부품제조업으로 확대되었다. 그리고 처음에는 원재료를 공급하는 임가공 방식이 많았으나 점차 제품의 현지 판매나 제3국 수출방식으로 발전해갔다. 해외직접투자는 특히 대중국 투자 붐이 일면서 급격히 확대되었다. 1992년 한·중간의 국교 수립이 이루어지면서 지리적인 인접과 저렴한 인건비 등의 이점을 국내 기업들이 적극 활용하고자 하였기 때문이었다.

대내적인 경제 환경 역시 1990년대 들어 전반적인 침체를 거듭하였다. 1991년에는 9%대의 높은 경제성장을 유지하였으나, 1992년에 경제성장률이 5%로 급격히 저하되었다. 특히 제조업의 경쟁력 약화현상이 두드러져 전체 산업에서 제조업이 차지하는 비중이 1992년에 27%로 낮아졌다. 이에 따른 수출부진까지 겹쳐 1990년부터 다시 무역적자로 반전되었다. 반면에 내수가 과열되고 과소비 현상도 일어나 1990~1991년의 소비자물가는 8~9%대로 상승하였다. 경제 활력의 저하로 1992년에는 기업의 설비투자 증가율이 마이너스를 기록하고 중소기업의 부도가 증가하였다.

경기회복을 위하여 문민정부는 1993년에 「신경제 5개년계획」을 수립, 추진하였다. 이의 일환으로 1994년 8월 금융실명제 실시와 각종 행정규제완화 정책이 펼쳐졌다. 그리고 국가경쟁력 강화를 위하여 정부 부문의 생산성 향상을 도모한다는 취지로 경제기획원과 재무부를 통합하여 재정경제원을 탄생시키는 등 경제부처를 중심으로 정부조직 개편을 단행하였다. 아울러 '사회간접자본에 대한 민자유치촉진법'을제정해 투자활성화를 유도하였으며, 3D 업종에 대한 인력난해소를 위하여 외국인 근로자의 유입을 대폭 확대하였다. 이런 조치들에 힘입어 1994년 이후에 8%대의 높은 경제성장을 이루었다.

그런데 1994~1995년은 경기 활황기임에도 불구하고 업종간의 양극화가 심화되었다. 대기업 중심의 중화학공업은 호황을 누린 반면 중소기업 위주의 경공업 업종은 심각한 불황을 겪었던 것이다. 이에 정부는 1996년 2월 중소기업청을 신설하여 중소기업의 자금난, 인력난, 기술개발에 대한 지원을 본격화하였다.

2) 혹독한 시련과 대변혁을 몰고 온 IMF체제[6]

한국경제는 1997년 하반기에 기일이 도래하는 대외채무를 결제할 수 없을 정도로 심각한 외환위기에 직면하였다. 1997년 1월 한보그룹의 부도를 시작으로 연말까지10여 개의 그룹이 연쇄부도 사태를 맞이하면서 전무후무한 국가부도 위기에 내몰렸던 것이다. 이 위기는 그해 12월 IMF(국제통화기금)를 비롯한 국제금융기구로부터 총 570억 달러라는 엄청난 구제 금융을 받음으로써 해결의 실마리를 찾게 된다.

IMF 외환위기를 불러온 원인은 복합적이었다. 내부적으로는 한국경제의 구조적인 문제로, 금융부문의 낙후성, 특혜적 지원에 의해 성장한 재벌체제 및 재벌의 문어발식 경영의 폐단, 격렬한 노사쟁의에 따른 생산성 저하와 경영부실화, 정부의 불필요한 경제개입 및 규제 등이 주요 요인으로 지적되었다. 또한 외부적으로는 동남아 몇몇 나라에서 야기된 외환위기 국면이 동아시아 경제위기로 확대되었다는 것으로, 홍콩과 태국의 경제위기가 말레이시아, 인도네시아, 필리핀 등 동남아 일대로 확산되면서 급기야 한국에까지 파급되었다는 시각이었다.

1998년 정권 교체와 더불어 시작된 외환위기 극복과정은 정부주도 아래 '구조조정(Restructuring)' 이라는 이름으로 추진되었다. 구조조정은 금융, 기업, 노동, 정부부문 등 4개 부문에 걸쳐 추진되었으며, 이 과정을 거쳐 우리나라는 경제구조는 물론 사회 전반에 걸쳐 상당한 변화를 겪게 된다. 환율과

---

6) KOTRA 50년 발자취_통사, pp.127-130 요약 발췌

금리가 급등하였고, 1998년의 경제성장률은 사상 최악인 마이너스 5.8%에 달하였다. 2만여 개의 기업이 도산하고, 금융·기업·공공부문 등 각 분야의 구조조정으로 180만여 명에 달하는 실업자가 발생하는 등 한국경제는 6·25 한국전쟁 이래 최악의 고통을 수반하는 대변혁을 겪었다.

혹독한 시련을 안긴 외환위기는 결과적으로 한국경제의 체질을 전환하는 결정적인 계기가 된다. 먼저 한국적 특수성에서 오는 경제 규제나 기업경영의 불합리한 요소를 척결하고, 자유 시장 원리와 글로벌스탠더드에 부합하는 경영시스템을 갖추게 되었다. 그리고 강도 높은 구조조정으로 인원감축을 통한 인건비 부담이 대폭 경감되어 기업의 생산성이 크게 향상되었다. 반면에 노동시장 유연화 정책이 보편화되면서 정리해고는 물론 비정규직을 대량 양산하게 됨에 따라 1997.12.03 IMF 미셸 깡드쉬 총재가 구제금융 협상 타결 발표 사회구조의 양극화를 심화시키는 문제를 불러오기도 하였다.

IMF체제는 무역 측면에도 많은 변화를 몰고 왔다. 수출을 장려하고 수입을 억제하는 분위기 속에 1998년에 무역수지가 300억 달러의 흑자를 시현한 것이다. 이는 무역적자 규모가 가장 컸던 1995~1997년 3년간의 무역적자 규모와 맞먹는 금액이었다. 특히 1998년의 수출에는 국민들이 경제 살리기 운동으로 수집한 22억 달러 상당의 금과 중고선박 및 비행기 등 30억 달러 상당의 유휴설비도 포함되어 있어 의미가 남달랐다. 이처럼 국가적 위기를 극복하기 위하여 온 국민이 동참한 결과, 우리나라는 2000년 8월 구제금융 채무를 모두 상환함으로써 IMF 외환위기를 조기에 졸업하는 저력을 보이게 된다.

5. 2000년대 이후의 정부와 기업[7)]

1) WTO의 강화와 IMF의 극복

7) KOTRA 50년 발자취_통사, pp.178-180 요약 발췌

세계경제의 흐름에 따라 부침을 거듭한 한국경제로 판단할 수 있는 2000년대에는 WTO체제가 더욱 강화됨에 따라 회원국들이 교역국과 발생한 무역분쟁을 WTO를 통하여 해결하려는 통상마찰 및 수입규제가 빈번히 발생하였다. 우리나라의 상품 역시 해외시장에서 반덤핑관세, 상계관세, 세이프가드 등 반복되는 수입규제에 시달렸다. 연도별 피소 건수는 2000년대 초·중반에 연평균 20~30건에 달하였다. 특히 2002년에는 수출의 효자상품으로 각광을 받아온 반도체 D램이 EU와 미국으로부터 각각 보조금을 주었다는 이유로 해당국의 업계로부터 피소를 당하여 고율의 상계관세를 부과 받는 등 통상마찰이 심화되었다.

이런 환경에서 한국경제는 세계경제의 흐름에 따라 부침을 거듭하였다. 2000년에는 수출의 급증에 힘입어 8.8%의 경제성장률을 기록하여 IMF체제에서 비로소 벗어나게 되었다. 하지만 2001년에는 IT경기의 부진과 세계경제의 동반 침체로 인하여 수출이 급감하는 등 교역조건이 크게 악화되었다. 2002년에는 내수와 투자의 부진속에서도 수출이 활력을 되찾은 결과 미국과 일본 등 선진국의 경기침체에도 불구하고 7.2%의 경제성장률을 기록하였다.

2003년에는 국민의 정부를 계승한 참여정부가 출범하였다. 노무현 정권은 시장개방 및 노동유연화 측면에서 신자유주의 경제이념을 계승하였다. 그리고 '자유롭고 공정한 시장질서 확립'과 '기업하기 좋은 나라'와 같은 구호에서 보듯, 시장의 우위를 인정하였으며, 국가는 시장의 효율성을 지원하는 역할에 머물렀다. 하지만 정권 초기에 맞이한 경기침체에 적절히 대응하지 못해 한국경제는 저성장에 머물렀다. 2004년에 우리나라는 최대 수출국으로 부상한 중국에 힘입어 IT제품과 비IT제품 수출이 동시에 호조를 보였다. 하지만 고유가 및 선진국 경제의 전반적인 침체에 영향을 받아 한국경제는 2005년까지 2.8~4.6%의 경제성장률을 보였으며, 2006~2007년에 비로소 5%대의 경제성장률을 기록하게 되었다.

2) FTA 체결 확대와 수출의 증가

한편 세계경제는 2000년대 들어 세계화와 함께 지역주의의 조류로서 자유무역협정(FTA : Free Trade Agreement)이 급속히 확대되었다. 이에 우리나라는 세계의 주요경제권과 FTA 체결을 통한 경제적 연대를 강화해 나갔다. 자유화 속도가 느린 WTO 협상에 비하여 일부국가와 양자 또는 복수국간의 FTA 체결은 경제 시스템의 선진화 및 경쟁력 제고에 도움이 된다는 판단 아래 우리나라는 FTA 체결에 적극 나섰다. 이에 따라 2004년 4월 한·칠레 FTA 발효를 시작으로 한·싱가포르 FTA, 한·EFTA(유럽자유무역연합) FTA, 한·ASEAN FTA, 한·인도 CEPA(포괄적 경제동반자협정), 한·EU FTA 등을 체결, 발효하였다. 그리고 2011년 한·미 FTA가 서명 및 협상 타결되었다.

2006년에는 수출 3,000억 달러를 돌파한 데 이어 2년 후인 2008년에 수출 4,000억 달러를 넘어서는 등 2006~2008년에 연평균 14%의 수출 신장세를 기록하였다.

특히 신흥시장 개척 노력에 힘입어 중동시장의 공략이 활기를 띠었으며, CIS국가에 대한 수출 역시 큰 폭으로 증가하여 수출 상승세를 주도하였다. 하지만 이 기간은 환율 하락과 수출채산성 악화로 인하여 수출기업의 어려움이 가중되기도 하였다. 원/달러 환율은 2007년에 전년 평균인 955.5원에서 929.2원으로 하락하였고, 평균 원/엔 환율은 2006년 82.49에서 2007년에 789.75로 떨어졌다. 이처럼 환율 급락의 여파로 중소 수출기업의 채산성 악화는 수년간 지속되었다.

2008년 들어 한국경제는 새로운 전환기를 맞이하였다. 그해 2월 출범한 이명박 정부는 시장중시 경제정책인 'MB노믹스'를 제시하고 성장을 우선하기 위한 규제완화, 투자활성화, 각종 감세정책 등을 적극 추진하였다. '줄푸세 타고 747로'라는 슬로건 아래 추진된 경제정책은 세금은 줄이고, 간섭과 규제는 풀고, 법치주의를 세워7% 성장, 4만 달러 소득, 세계 7위 경제를 이룩하자는 포부를 담고 있었다. 그런데 그해 하반기부터 미국발 금융위기로 인하여 세계경기가 극심한 침체를 겪으면서 이명박 정부의 경제정책은 상당부분 차질을 빚는다. 2009년 들어 유가 폭등 및 국내외 소비 수요의 감소까지 겹치면서 우리나라는 2009년에 수출 -13.9%, 수입 -25.8%를 각각 기록하여 큰 침체를 보였으며, 경제성장률도 0.3%에 머물렀다. 특히 수출은 1962년 경제개발계획을 추진한 이래 가장 큰 폭의 감소세를 기록하였다.

2010년에는 미국, EU, 일본 등 주요 선진국들의 금융완화정책과 중국경제의 높은 성장률에 힘입어 한국경제는 6.2%의 성장률을 기록하였다. 하지만 2011년에는 유럽 발 재정위기가 국내의 설비투자와 소비에 상당한 영향을 미쳐 경제성장률은 2009년 이후 2년 만에 가장 낮은 3.6%를 기록하는데 머물렀다. 대외 무역의존도가 높은 우리나라는 이처럼 세계경기의 영향을 크게 받으면서 2000년대 들어 부침을 거듭하였으며, 2012년에도 유로존의 재정위기 상황에 따른 세계경제의 불확실성이 커질 것으로 전망되고 있다.

4절 기업의 정치활동

세계 어느 나라를 막론하고 막강한 경제권을 쥐고 있는 대기업이나 혹은 기업연합단체는 막강한 힘을 가지고 있다. 우리나라도 전국경제인연합회, 대한상공회의소, 중소기업협동조합중앙회 등 경제단체들은 단합도 잘 될 뿐만 아니라 규제관련 입법이나 혹은 관련 산업지원육성책 등에 대해 방대한 기업의 연구소 인력이나 자료들을 활용하여 자신들의 주장을 아주 합리적으로 관철시키고 있다. 이는 생소한 용어 같지만, 기업의 정치활동이라고 하지 않을 수 없다.

1. 기업정치활동과 대 정부활동의 의의

지금은 정부가 기업에 영향력을 미치는 것 못지않게 기업연합 단체 혹은 대기업 연구소등을 활용한 기업의 교섭력으로 정부의 공공정책에 상당한 정도의 영향력을 행사하고 있다.

특히 기업들에 대한 사회적 비판이 가해지고, 기업의 사회적 책임이 중시되는 지금에는 기업도 자신들의 입장을 대변하고 자신들의 의견을 개진 할 필요성을 느끼게 되었다. 이런 배경으로 기업의 대정부활동과 정치참여는 활성화 될 수밖에 없는 상황이다.

즉 정부에서 기업의 규제 정책 등을 만드는 과정에 정치인 혹은 관료들에게 자신들의 의견이 반영되도록 노력함으로써 기업이 부담하는 비용을 최소화하고, 이익을 증진시키기 위해서이다.

예를 들어 2011년 11월 [경제 5단체, '33개 경제 활성화 법안 조속 입법' 건의(2011.11.04. 전경련)][8)]에서는 현재 국회에 계류 중인 경제관련 법안들에 대한 신속한 처리를 요구하고 이를 언론에 보도함으로써 재계의 목소리를 적극적으로 표현하고 있는 것이다.

이에 대한 내용을 보면, 재계의 의견이 담긴 관련 법안은 총 104개로 조속통과 33건, 수정통과 9건, 입법유보 62건으로 "미국·EU의 재정위기 영향으로 세계경제 불안이 확산되면서 우리 기업들의 어려움도 커지고 있다"면서 "경제난국을 극복하고 국가경제 발전을 위한 일이니 만큼 여야가 뜻을 같이해 계류법안 처리에 신경 써 주길 바란다"고 주장하고 있다.

8) 2011.11.7. 보도자료, 전국경제인연합회

-참고자료1-

경제 5단체, '33개 경제활성화 법안 조속 입법' 건의

FKI THE FEDERATION OF KOREAN INDUSTRIES 전국경제인연합회	보 도 자 료
	본 자료는 11월 7일(월) 조간부터 보도바랍니다.
http://www.fki.or.kr	※ 내용문의 : XXX 기업정책팀장(02-3771-0XXX7) XXX 연구원(02-6336-0XX4)

경제 5단체, '33개 경제활성화 법안 조속 입법'건의

- 전경련, 대한상의 등 경제 5단체 '국회계류중인 104개 경제 관련 법안'에 대한 의견 국회 전달
- "한-미 FTA 법안 등 주요 법안 조속 처리 요구"

재계가 한 목소리로 국회계류중인 경제 관련 법안의 조속 입법을 촉구하고 나섰다. 전국경제인연합회, 대한상공회의소, 한국무역협회, 중소기업중앙회, 한국경영자총협회 등 경제 5단체는 '국회계류중인 주요 경제관련 법률안에 대한 경제계 의견'을 국회에 전달하고, 경제 활성화에 도움이 될 법안들을 18대 마지막 정기국회에서 조속히 통과시켜 줄 것을 건의했다.

재계의 의견이 담긴 관련 법안은 총 104개로 조속통과 33건, 수정통과 9건, 입법유보 62건이다.

먼저 재계는 한·미 FTA가 조속히 발효될 수 있도록 관련 법안이 조속히 국회에서 처리될 것을 요구했다. 건의서는 한·미 FTA 비준동의안이 통과되

면 수출이 증가해 생산, 고용, 후생이 증가하고, 국내 중소기업들이 미국시장 내 중국, 동남아 등의 저가공세를 이겨내는 데 큰 힘이 될 것으로 기대했다. 그리고 개방 확대를 통한 서비스산업 경쟁력 강화, 외국인 투자 확대 등이 예상돼 한·미 FTA가 국내 경제 체질 개선의 기회가 될 것으로 전망했다.

이어 임시투자세액공제제도의 3년 연장을 주요 내용으로 하는 조세특례제한법 개정안도 시급히 처리해 줄 것을 주문했다. 최근 세계경제의 불확실성이 커짐에 따라 투자 위축이 우려되는 상황에서 기업 투자결정에 중요한 역할을 하고 있는 임시투자세액공제제도를 폐지할 경우 경기악화를 가져올 수 있는 만큼 일몰 연장이 필요하다고 밝혔다. 특히 감면혜택을 받는 기업의 약 90%가 중소기업일 정도로 중소기업에 많은 도움이 되는 제도라는 점도 강조했다.

이 외에도 경제계는 ▲외국 교육기관에 대한 특례 및 외국의료기관 설립·운영의 세부사항을 정립하는 경제자유구역 지정 및 운영에 관한 특별법 개정안 ▲제주특별자치도에 의료특구를 지정하고 의료특구 내 영리법인의 의료기관 개설을 허용하는 제주특별자치도특별법 개정안 ▲2015년까지 한시적으로 관광숙박시설에 대한 규제를 완화하고 행정적·재정적 지원을 하는 내용의 관광숙박시설 확충지원 특별법 제정안 등 의료·교육·관광 등 서비스 산업 육성과 지역경제 발전에 도움이 되는 법안에 대한 조속 처리를 당부했다.

또 중소상공인의 경쟁력 강화에 도움이 되는 주요 법안인 ▲중소기업의 가업상속공제한도를 100억원에서 500억원으로 대폭 상향조정한 상속·증여법 개정안 ▲영세소상공인들의 세 부담 완화를 위해 간이과세 기준금액을 상향조정한 부가가치세법 개정안 ▲R&D 입문 단계 중소기업의 기술개발을 지원하는 내용의 중소기업기술혁신촉진법 개정안 등을 조속히 통과시켜 줄 것을 건의했다.

아울러 국민생활의 불편을 줄이기 위한 ▲약국외 판매약을 신설해 일반의

약품의 소매점 판매를 허용하는 약사법 개정안 ▲다주택자에 대한 양도소득세 장기보유특별공제를 허용하는 소득세법 개정안 ▲분양가상한제 폐지안을 담은 주택법 개정안 ▲획일적·경직적 법 적용 대신 합리적 규제기준을 적용하는 행정규제 피해구제 및 형평보장을 위한 법률 제정안 등의 조속한 처리도 건의했다.

경제계는 경제 활력을 떨어뜨리거나 기업부담을 늘리는 법안에 대해서는 신중한 검토를 촉구하며 입법유보를 요구했다.

대표적으로 2015년부터 배출권거래제 시행을 주 내용으로 하는 온실가스 배출권의 할당 및 거래에 관한 법 제정안은 기업에게 과중한 비용부담을 주기 때문에 국내 생산기지가 해외로 이전하거나 외국인 투자기피로 이어질 수 있고, 고용감소와 물가상승 등 국민경제에도 부담을 준다고 우려했다. 세계 온실가스 배출량의 상당부분을 차지하는 중국, 미국, 인도, 일본 등도 자국 산업의 국제경쟁력을 보호하기 위해 배출권거래제 도입을 연기·철회하는 상황에서 우리만 이를 서두를 필요는 없다는 논리다.

▲근로감독관에게 차별시정 지도·감독 권한을 부여하는 기간제 및 단시간 근로자보호법 개정안과 ▲불법파견의 경우 즉시 직접고용의무를 부과하는 파견근로자보호법 개정안 ▲모집·채용 등 고용 전 분야에서 학력 활용을 금지하는 학력차별금지 및 권리구제 등에 관한 법률 제정안 ▲근로시간면제제도(타임오프 제도)폐지 등을 담은 노조법 개정안 등 노동관련 법안에 대해서도 차별해소를 위한 기업의 노력과 자율적 인력운용에 혼란을 가중시키고 일자리 창출에도 부정적인 영향을 미칠 우려가 크다고 철회를 건의했다.

또한 ▲제조물 결함에 대한 입증책임을 소비자에서 사업자로 전환하는 내용의 제조물 책임법 개정안 ▲업무 중 재해가 발생할 경우 업무와 재해간의 인과관계 여부에 대한 입증책임을 근로자에서 사업주에게 전환시키는 산업재해보상법 개정안에 대해서도 재고가 필요하다고 주장했다.

경제계는 일부법안의 경우 기본방향은 옳지만 세부내용에서 수정·보완이 필요하다고 지적하기도 했다. ▲신주인수선택권(포이즌 필) 제도 도입을 내용으로 하는 상법 개정안 ▲전자어음의 분할배서를 허용하고 발행범위를 확대하는 내용의 전자어음법 개정안 등을 언급했다.

××× 대한상의 상근부회장은 "미국·EU의 재정위기 영향으로 세계경제 불안이 확산되면서 우리 기업들의 어려움도 커지고 있다"면서 "경제난국을 극복하고 국가경제 발전을 위한 일이니 만큼 여야가 뜻을 같이해 계류법안 처리에 신경 써 주길 바란다"고 말했다.

[요약] 경제 5단체 대국회 건의 주요내용

법안명	법안의 주요내용	경제계 의견
한-미 FTA 비준동의안	- 한-미 양국간 상품관세 철폐 등	조속 통과 총 33건
경제자유구역지정및 운영특별법	- 외국교육기관에 대한 특례, 외국의료기관 설립·운영의 세부사항 정립 등	
제주특별자치도특별법	- 의료특구 지정 및 의료특구내 영리법인의 의료기관 개설 허용 등	
관광숙박시설 확충 지원법	- 2015년까지 관광숙박시설에 대한 규제 완화 및 행정적·재정적 지원	
상속세 및 증여세법 (xxx 의원안)	- 가업상속공제한도 상향조정(100억원→500억원) 등	
조세특례제한법 (xxx 의원안)	- 임시투자세액공제제도 일몰기한 3년 연장	
부가가치세법	- 간이과세 기준금액 상향조정	
중소기업기술혁신촉진법	- R&D 입문단계의 중소기업 기술개발 지원	
상속세 및 증여세법(정부안)	- 세율인하(10~50% → 6~33%), 과표상향(1억 → 5억)	
약사법	- 의약품 분류체계 개선 : 약국외 판매약 신설 등	
소득세법	- 다주택자에게도 양도소득세 장기보유특별공제(10~30%) 허용	
주택법	- 민간택지 및 공공택지내 85m² 초과주택 분양가상한제 폐지	
행정규제 피해구제 및 형평보장을 위한 법	- 국민권익위원회에서 법령의 획일성 및 공무원의 소극적 재량행사로 인해 야기되는 개별 규제피해를 신속하게 구제	
온실가스 배출권 할당 및 거래에 관한 법	- 2015년 1월 1일부터 배출권 거래제 시행 등	입법 유보 총 62건
기간제및단시간근로자보호법 파견근로자보호법 근로자참여에 관한 법률 산업재해보상보험법	- 근로감독관에 차별시정 지도·감독 권한 부여 - 불법파견 시 파견근로자를 사용한 기간에 관계없이 즉시고용의무 - 사내하도급으로 전환 시 노사협의회 협의사항에 포함 - 특수형태종사자에 대해 산재보험 의무가입(예외적 적용 제외)	

<table>
<tr><td>학력차별금지법 / 청년고용촉진특별법</td><td>- 모집·채용 등 고용 전 분야에서 학력차별(학력 활용) 금지</td><td rowspan="5"></td></tr>
<tr><td>노조법</td><td>- 근로시간면제제도(타임오프제도) 폐지, 교섭창구단일화 절차 삭제 등</td></tr>
<tr><td>제조물책임법</td><td>- 제조물 결함에 대한 입증책임을 소비자에서 사업자로 전환</td></tr>
<tr><td>산업재해보상법</td><td>- 업무와 재해간 상당인과관계 여부에 대한 입증책임을 사업주에게 전환</td></tr>
<tr><td>조세특례제한법(정부안)</td><td>- 현행 임시투자세액공제제도를 폐지하고 고용창출투자세액공제제도로 전환</td></tr>
<tr><td>상법</td><td>- 경영권 보호를 위한 신주인수선택권(포이즌필) 도입</td><td rowspan="3">수정 통과
총 9건</td></tr>
<tr><td>전자어음법</td><td>- 전자어음 발행범위 확대, 전자어음 분할배서 허용</td></tr>
<tr><td>최저임금법</td><td>- 고령자(60세 이상) 최저임금 감액, 지역별 최저임금제 도입
- 도급업체에 수급업체의 최저임금 부담을 전가</td></tr>
</table>

2장 거대기업의 출현과 사회적 영향

1절 기업권력의 대두

현대 사회는 어떤 나라이든 정부와 기업을 기반으로 국가가 존속하고 있다. 이는 자본주의 국가나 사회주의 국가를 막론하고 정부와 기업의 존속으로 그 나라가 존재하는 것이다.

그러다 보니 정부가 없는 국가도, 기업이 없는 국가도 존속할 수가 없는 상황에서 국가의 경영권을 가지고 있는 정부는 국민의 평안과 복지 그리고 삶의 질을 향상시키기 위해 온갖 방안들을 강구하여 기업에 영향력을 행사하기 위해 노력하고 있는 것이다.

그러면 정부는 기업에 어떤 역할을 하고 기업은 정부에 어떤 역할을 할까? 일반적으로 정부는 기업에 세금을 걷고, 독과점 규제를 비롯한 여러 가지 경제적 규제를 하고, 기업의 불합리한 면들을 개선시켜 국민들에게 편익을 주기도 하지만, 또한 정부는 국민의 세금으로 기업에게 음으로 양으로 도움을 주고 기업의 발전을 위해서는 여러 가지 정책으로 기업을 배려하기도 하는 것이다. 이렇게 정부와 기업은 서로 상부상조하고 협조해 가며 국가라는 큰 조직의 경영에 참여하는 것이 보편적인 자본주의 사회에서의 정부와 기업의 관계라고 볼 수 있다.

그러나 전통적 국가에서는 정부는 항상 권력을 갖고 기업을 통제하고 기업은 정부의 지시를 따르는 종속적인 관계에 있었다고 볼 수 있지만, 20세기에 들어오면서 자본주의의 급격한 발달과 세상이 글로벌화 되고, 정치 민주화에 이어 경제 민주화의 바람이 불면서 거대 대기업들이 탄생함에 따라 거대기업과 기업권력이 탄생하게 되었다.

1. 거대기업과 기업권력[9)]

오늘날은 농경사회가 아닌 산업사회를 거쳐 정보·지식사회에 이르게 되었는데 그 과정에서 가장 중요한 역할을 한 것이 기업이라고 볼 수 있다. 오늘날 기업들은 국가나 사회의 경제발전을 견인하는 긍정적인 영향력을 발휘한 점도 지대하지만, 그 못지않게 기업의 부정적인 영향력도 무시할 수 없다.

우리나라의 경우 5개년 경제개발 계획들을 추진해 오면서 대기업 정책을 중심으로 엄청난 경제적 성장을 해 온 것은 주지의 사실이다. 특히 우리나라의 대기업이 경제발전에 기여했다고 평가하는 사람이 전체의 80%를 넘고 있다.[10)]

그러나 대부분의 대기업들이 경제적인 부를 획득하는 과정에서 사회적 정당성을 얻지 못하고 있다. 즉 기업에 대한 부정적인 평가는 주로 기업이 사회적인 이익을 무시하거나 희생시키는 무책임한 방법을 통해 이윤을 추구해 왔다는 점에 초점이 모아지고 있다.[11)] 특히 조직구성원들의 임금을 향상시켜 복지수준을 제고하기는커녕 자신들의 이윤을 축적해 왔고, 따라서 사회적 빈부의 격차를 심화시켜 양극화 현상을 초래해 왔다고 볼 수 있다.

2. 기업권력의 개념과 내용

기업권력이란 기업이 사회에 영향을 미칠 수 있는 능력이나 힘을 의미한다. 일반적으로 거대기업은 사회의 행동규범이나 태도를 자신들의 기업 목표나 기업 문화에 맞게 유인하려는 영향력을 행사한다. 즉 산업사회에서 기업활동은 경제적인 문제뿐만 아니라, 그 나라의 정치·사회·문화·기술 더 나아가

9) 현대의 기업과 사회, 신유근, 경문사, 1999, p.40
10) 조선일보, 1989.4.29
11) 현대의 기업과 사회, 신유근, 경문사, 1999, p.34

사회전체의 철학이나 패러다임에도 영향을 미치는 것이다. 따라서 기업의 사회적 책임이 요구되는 것이다.[12)] 따라서 기업의 사회적 책임에 따른 기업권력의 내용을 파악해 보기로 하자.

1) 경제적 권력

예로부터 권력과 돈은 항상 따라 다닌다는 말이 있듯이 돈이 곧 권력이 된 세상은 이미 오래 되었다. 유전무죄, 무전유죄라는 말을 빌릴 것도 없이 사실 경제력, 즉 돈은 권력이다. 돈이면 귀신도 부린다지 않는가? 굳이 대기업을 빌릴 것도 없이 어느 지역에 커다란 대기업이 하나 들어왔다고 가정해 보자. 필자가 현업 중소 도시의 기관장 시절에 기관장 모임에 가보면, 시장이 서열 1번이고 서열 2번째는 그 지역에 연고를 둔 대기업의 사장 혹은 회장이 차지하고 있다. 즉 앉는 좌석이나 일반 공공행사에서의 경축사 등을 하는 순서를 보더라도 적어도 2~3위의 서열은 되는 것이다. 이는 그 지역의 기업체 책임자가 곧 그 지역사회의 사회적 권력이 2~3위가 된다는 말이 아니겠는가? 사실 기업은 그 지역 사람들을 고용하고, 고용 후 교육과 훈련을 시켜 생업을 보장해 주는, 경제적 활동을 보장해 주기 때문에 사회적 경제적 권력을 지니지 않을 수가 없는 것이다. 이를 달리 보면 우리나라의 재벌 총수들 중에 전과가 없는 사람이 거의 없다. 재벌 총수를 위시한 대부분의 경제사범들은 형량대로 처벌을 받는 경우는 거의 없고 대통령 특사 사면 등으로 곧 경영일선에 복귀한다.

2) 사회 문화적 권력

요즘은 카카오톡이나 페이스 북이 아주 보편적으로 사용되고 있다. 전혀

---

12) Carroll, A.B.1989), Business& Society : Ethics & Stakeholder Management (Cincinnati : South-Western Publishing Co.) p.15

관심조차 없든 이들도 스마트 폰이 보편화 되면서 이러한 편리한 기능들을 알게 됨에 따라 사회·문화적인 사고방식이 점차 변해가게 되었다. 예를 들어 어느 중소도시 지역에 어떤 기업체에서 도서관이나 문화회관 등을 지어 정부에 기부채납하고 그 시설을 활용하여 독서는 물론 전에는 전혀 볼 수 없었던 연극이나, 음악회 등이 수시로 공연되고 한다. 이렇게 기업이 사회 일반인이나 다른 사회기관 들의 문화적 가치나 규범, 관습 등에 영향을 미치는 것을 사회·문화적 권력이라 할 수 있다.

3) 정치적 권력

이는 기업이 자신들의 이해관계에 따라 공공정책이나 관련법규를 유리한 방향으로 제정하거나 개정하려는 노력을 하고 있다. 사실 청와대의 참모진을 비롯하여 정치인, 즉 국회의원이나 장, 차관 등 전·현직에 있는 사람들에게 접근하여 정책결정과정에 영향력을 행사하도록 뇌물을 주는 등의 방법으로 얼마나 많은 고위 관료, 정치인 등이 검찰로부터 소환되어 감옥으로 갔던가?

4) 기술적 권력

카카오톡이나 페이스 북이 아주 보편화됨에 따라 정말 편리한 세상으로 진입하고 있다. 예를 들어 저녁 8시…… 외국에 공부하러 간 작은 아들과 타 지역인 대구에 있는 병원에서 근무하고 있는 큰 아들, 부산의 경성대학교에서 연구하고 있는 남편, 김해에 있는 집에서 혼자 있는 아내…… 이들이 저녁 8시면 일단 카카오톡에서 그룹으로 묶여진 채팅방에서 무료로 채팅을 한다. 이로서 가족 간의 소통은 원활하고 마치 한 집에 생활하는 양, 모든 정보가 공유되고 가족 간의 염려나 걱정이 없어진다. 이렇게 생활이 변화하고 발전하는 건, 스마트 폰이라는 기술과 관련된 소프트웨어의 발달, 통신 기술의 진보…… 이런 것들이 총체적으로 제공하는 기술적 권력인 것이다. 이러한 기술 개발의 폭발적인 발전으로 기업이 사회 구성원의 생활방식과 가치관까지 변화시키는 현대 사회 권력의 한 핵심으로 떠오른다고 보여 진다.

2절 기업의 사회적 책임

세상 어디에서나 보편적으로 권한과 책임은 항상 공평하게 따라 다녀야 한다. 앞에서 살펴보았듯이 기업은 자신의 의지가 반영이 되었던 혹은 전혀 자신들의 의지와는 상관이 없었든 부지불식간에 거대한 권력을 향유하고 있는 존재가 되어 버렸다. 따라서 기업이 자신이 가진 사회적 권력을 남용할 경우 일반 국민들이나 자신들의 이해관계인에게 상당한 긍정적, 혹은 부정적 영향력을 행사하게 된다. 따라서 기업이 행사하는 권력과 균형을 이룰 수 있는 책임 있는 기업의 사회적 책임이 요구되는 것이다. 그 이해관계자별 사회적 책임을 살펴보면 다음과 같다.[13]

1. 사회적 책임의 기본원리

1) 자선의 원리(慈善의 原理 : Charity principle)

이는 소위 노블레스 오빌리제[14](noblesse oblige)라는 말에서 유래하듯이 부유한 사회구성원은 불우한 사람들에게 자선을 베풀어야 한다는 매우 오래된 생각이다. 미국의 카네기와 같은 사람은 많은 공공도서관을 지어 기증[15]하

13) 현대의 기업과 사회, 신유근, 경문사, 1999, p.54

14) 「혜택 받은 자들의 책임」 또는 「특권 계층의 솔선수범」이란 뜻의 이 말은 높은 신분에 따르는 도덕상의 의무 실천에 대하여 로마 귀족이 가졌던 기본 철학으로, 서구 사회의 귀족들에게 필수적인 덕목으로 전승됨. 요즈음은 정치인, 고위 공직자, 사회를 이끌고 있는 각계의 지도자들이 자원 봉사, 기부 등을 통해 활발히 행하고 있음.

15) 카네기는 교육과 문화 사업 등 자선사업에 몰두, 2,509개의 공공도서관과 카네기 공과

고 가난한 사람들에게 주택건설을 지원하였다.

오늘날은 우리나라에도 많은 대기업들이 연고 있는 각 대학에 창립자의 호나 이름을 따서 학습관, 과학관, 혹은 예술관 등등의 건축물을 세워 기증하고 있다. 그러나 아직 전 국민의 존경을 받을 만큼의 자선사업이 나타나지는 않고 있다.

2) 수탁의 원리(Stewardship principle)

이는 거대기업을 경영하는 경영자는 비록 주주들의 이익이나 혹은 회사의 이익을 위해 일하지만, 종국적으로 일반 공중의 이익을 위해서도 자원을 사용하고 통제하는 결과를 가져옴에 따라 사회를 위한 책임 혹은 수탁자가 된다는 주장이다. 이는 주주의 개념으로부터 출발한 수탁의 원리를 사회적 책임의 관점에서 확대 해석 할 경우, 이것을 공공책임의 원리(public responsibility principle)라 할 수 있을 것이다.[16)]

3) 기업의 사회적 책임

미국 조지아 대 캐롤(Carroll) 교수는 기업의 책임을 경제적 책임, 법적 책임, 윤리적 책임, 자선적 책임 등 4가지 책임을 분류하면서 '경제적 책임'은 기업스스로의 생존을 위한 문제이고, 나머지 3가지 책임은 기업이 타인을 위해 행하는 문제라고 지적한다. 기업이 법제도를 준수하는 것은 물론 시대마다 조금씩 달리 요구하고 있는 '기업의 사회적 책임'을 다하는 것을 경영의 주요 책무라고 보고 있는 것이다. 이는 기업이 시장의 윤리, 즉 시장 질서를 준수하면서 또한 사회적 실체로서 권리와 의무를 다하는 경영을 말하는 것으

대학(현 카네기멜론대학), 카네기 교육진흥재단, 각종 평화 재단 건립에 전 재산의 90%를 기부하였다.

16) Wood, D. J.(1990), Business and Society (New York : Harper Collins Publishers) 124-127 참조

로 볼 수 있다. 기업의 규모와 영향력이 엄청나게 커지고 상대적으로 정부가 왜소해 짐에 따라 점차 기업의 사회적 책임이 부각된다고 볼 수 있다.

(표1) 기업의 사회적 책임의 기본원리[17)]

	자선의 원리	수탁의 원리
정의	-기업은 사회의 빈곤한 사람과 집단에게 자발적인 원조를 제공해야 한다.	-공중의 수탁자로 행동하는 기업은 기업의 의사결정이나 정책에 의해 영향 받는 모든 사람들의 이해를 고려해야 한다.
현대적 표현	-기업의 자선사업 -사회적 선을 고양시키기 위한 자발적 행동	-기업과 사회 간의 상호의존성을 인정 -많은 사회집단의 다양한 이해를 조정
예	-기업의 자선사업 -사회문제 해결을 위한 사적 행동 -이해관계자 집단과의 사회적 동반관계	-기업전략 수립에서의 이해 관계자 접근법 -단기의 최대이익보다는 장기의 적정이익 -계몽된 사적 이익의 자세

자료 : Frederick, Davis & Post(1988), p.31인용에서 재인용

2. 사회적 책임의 대상

1) 주주에 대한 책임

주식회사의 경우 전문경영자는 일단 주주의 투자를 확보하고 그 투자에 대한 수익을 증대시키는데 있다. 따라서 전문경영자는 주주에게 책임을 져야 한다.

17) 현대의 기업과 사회, 신유근, 경문사, 1999, p.53

2) 근로자에 대한 책임

이는 노사관계에서 발생하는 문제들에 대한 소속 근로자에 대한 책임을 일차적으로 떠 올릴 수 있다. 경영자는 소속 근로자들이 자신의 능력을 완전히 발휘하도록 적재적소에 배치하여 기업의 발전은 물론 소속 근로자의 개인적 발전과 행복에도 기여할 수 있어야 한다. 또한 의사결정시에는 그 근로자의 생활에 미치는 영향을 진지하게 고려하여 긍정적인 관점에서 의사결정 해야 한다.

3) 소비자에 대한 책임

기업가는 고객에 대한 계약적 의무를 준수해야 한다. 즉 가능한 한 효율적이고 경제적으로 소비자의 수요와 욕구를 충족시키도록 노력해야 한다. 아울러 소비자가 더 편리하고 선호할 만한 분야로 연구개발을 집중하여 소비자의 바람에 보답해야 한다.

4) 정부에 대한 책임

기업의 정부에 대한 책임 중 한 가지는 정부시스템을 유지하는 데 필요한 지원을 해야 한다는 것이다. 이는 당연히 내야 할 세금을 잘 내는 것이고, 또한 정부의 정책에 가능한 협조해야 할 것이다. 그러나 자신들의 이익을 위해서는 이익단체의 한 구성원으로서의 목소리를 내는 것도 정부에 대한 일종의 책임 있는 태도이며, 자신들의 요구가 정부 정책 결정에 반영되도록 노력해야 한다.

5) 지역사회에 대한 책임

지역사회에서 발생하는 대부분의 환경문제는 기업이 유치됨으로 인해 발생된다. 특히 오·폐수 문제, 공해문제, 소음문제, 교통문제 등등 많은 문제점들이 노출된다. 이에 대해 당해 기업은 해당 지역사회의 중요하고 힘 있는 구성원으로서 책임을 다해야 할 것이다.

3장 정부와 기업의 역할관계

1절 정부의 역할[18)]

예나 지금이나 정부는 시장경제체제의 여러 가지 측면에서 개입을 해왔고, 점차 그 범위를 넓혀 왔으며, 그 결과 정부가 시장 못지않게 중요한 경제적 기능을 수행해 온 것도 사실이다.

정부는 기업의 안정적 경영을 위한 제도적, 법률적, 사회적 보장을 유지하기 위한 역할을 담당한다. 즉 제도적으로 기업을 대기업, 중소기업, 벤처기업, 자영업, 공기업 등 여러 종류로 분류하여 각 분류된 기업의 종류에 따른 법적, 제도적 장치를 마련하여 기업경영의 사회적 기준을 제공한다.

또한 정부는 시장경제에서 가격기구인 '보이지 않는 손'의 역할로 가격으로 인한 완전한 자원의 적정배분이 일어나야 함에도 여러 분야에서 가격에 의한 자원의 적정 배분이 일어나지 않자 이를 시장개입의 이유로 삼아 시장에 개입하게 되었다. 즉 정부는 시장실패를 방지하고 또한 치유하기 위하여 또는 개인의 복지와 기본적 인권을 위해서도 정부가 시장에 개입하는 것이다. 아래 사항은 정부의 역할을 경제학적 관점에서 보다 심도 있게 살펴본 것이다

1. 소득 재분배 정책

정부는 국민과 기업 사이에서 많은 문제를 해결하고 있다. 그러나 아무리 정부가 나서도 근본적으로 해결이 안 되는 것이 바로 소득 재분배 정책이다. 이 정책은 사회 구성원 모두를 골고루 잘 살게 하자는 것인데, 현실적으로 분

18) 시장과 정부, 이준구, 다산출판사, 2008, pp.55-85 요약 발췌

배 상태를 고르게 만드는데 한계가 있어 재분배정책을 통해 현저한 평등화를 이룩한 사례는 거의 찾아볼 수 없다. 실제의 재분배정책은 가난한 사람들을 돕는데 초점이 맞춰져 있다. 즉 가난한 사람도 인간다운 생활을 할 수 있도록 만들어 주는 한편, 그들이 빈곤의 굴레로부터 빠져 나오도록 돕는 것을 재분배 정책의 주요 목표로 설정하고 있는 것이다.[19)]

재분배를 위한 정부의 개입이 과연 바람직하냐의 문제에 대해서는 논쟁의 여지가 많고 아직도 계속되고 있다. 그러나 현실적으로 개입을 하는 것이 바람직하다는 쪽으로 결론이 난 상태라고 말 할 수 있다. 그 이유는 이 세상에 소득분배의 문제를 전적으로 시장에 맡기는 나라는 그 예를 찾아볼 수 없다. 이는 고대의 국가나 근대의 국가에서도 마찬가지이며, 현실의 세계에서도 마찬가지이다. 자본주의 국가의 거의 모든 나라에서 재분배 정책이 매우 중요한 위치를 차지하고 있으며, 재분배 정책의 최우선 순위는 남의 도움 없이 자립할 수 있는 능력을 갖춰주는데 두어야 할 것이다.

2. 경제안정정책

나라의 경제가 불안정해 지면 기업이나 가계에서는 국가의 정책에 눈치를 살피게 된다. 즉 정부가 어떤 정책으로 개입해서 경제를 안정시킬 것이지를 보는 것이다. 정부에서는 경제 불안의 근본적 원인이 무엇인지를 먼저 밝혀내어 경제의 안정에 대한 처방을 해야 한다. 지금까지는 대략 케인즈가 주장하는 수요가 부족하거나 넘칠 때 고용불안이나 물가불안 같은 문제가 발생한다. 즉 수요가 발생하지 않으면 기업은 재고 물건이 창고에 쌓임에 따라 상품의 생산량을 줄일 수밖에 없고, 그리되면 인력을 내보내고 자연히 고용은 불안해 지게 된다. 따라서 경제는 침체에 빠지게 되고, 실업자의 수가 증가하는

---

19) 시장과 정부, 이준구, 다산출판사, 2008, p.56

고용불안 현상이 나타나게 된다. 반면 수요가 충분해지면 상품은 날개 돋치듯 팔려나갈 것이고, 기업은 상품을 많이 생산하게 되고 따라서 고용은 늘어날 것이라고 케인즈는 주장하였고 이 이론인 수요정책으로 대공황 이후 1950년대와 1960년대의 경제를 안정시켜 왔다. 방법으로는 재정정책과 통화정책으로 나눌 수 있는데, 어느 정책이든 일단 정부에서 시행할 수밖에 없는 정책이다. 즉 재정정책은 조세와 정부지출과 같은 재정수단을 통해 수요를 조절하는 정책이고, 통화정책은 통화량이나 이자율을 조절해 수요에 영향을 주는 것이다.

그러나 일부의 경제학자들은 정부에서 개입하는 것이 아닌 시장 가격 기구를 통해 물가를 안정시키고 경제를 안정시킬 수 있다고 보고 있다. 그러나 시장 가격 기구를 통해 시장을 안정시키기에는 너무나 시간이 많이 걸리는 심대한 부작용이 있다.

아무튼 국가 경제의 안정을 위해서 정부가 개입하는 것은 세계적인 추세이고 또 하나의 현실이 되었다. 이러한 경제안정정책을 펴는 것이 정부의 가장 큰 경제정책의 하나라고 볼 수 있다.

3. 공정거래정책

어느 나라에서나 거대 독점기업이 있었고 또 지금도 존재하고 있다. 그것이 공기업이든 사기업이든 존재하는 것은 틀림없다. 특히 규모의 경제가 존재하는 경우가 많은데 이런 경우는 생산규모가 커질수록 생산단가, 즉 상품 1단위당 생산비용이 떨어진다. 이런 산업은 자연적으로 독과점 되는 현상이 나타난다. 이런 경우에 기업의 수를 늘인다고 해결이 쉽게 되는 것도 아닐 것이다. 사실 아무리 가격기구가 활성화 된다 해도 독과점이 존재하는 경우에는 효율성에 문제가 발생한다. 그렇다고 정부에서 아무런 규제도 없이 그냥 두고 볼 수만은 없는 것이다. 어떤 정책을 써든 정부에서는 공정한 경쟁정책을 위해서 경제 경찰로서의 역할을 할 수 밖에 없다.

이 공정거래 정책과 긴밀하게 연결되는 것 중의 하나가 재벌정책으로 보면 된다. 만약 똑 같은 두 개의 기업이 있다고 했을 때 하나는 재벌그룹의 산하기업이고, 하나는 다른 독자적인 기업이 경쟁의 관계에 있을 때, 재벌 기업에 속하는 기업은 유형, 무형의 도움으로 경쟁우위를 점할 수 있기 때문이다. 이럴 경우 재벌에 대한 규제가 공정거래정책의 대상이 된다고 아니할 수 없을 것이다. 어떤 개별 산업에서 시장 지배력을 남용해 공정거래를 저해하는 행위나, 경제 전체에서 갖는 영향력을 남용해 공정거래를 저해하는 행위와 같이 이런 경우는 재벌의 경제력 집중에서 오는 폐단으로 보아야 할 것이다. 그러니 이러한 폐단을 방지하기 위해서 정부의 개입은 불가피하다 할 것이다.

4. 환경보호정책

환경오염의 문제는 시장 기구에만 맡길 수는 없는 문제이다. 이는 시장실패의 대표적 사례인데, 환경오염 물질을 배출하는 과정에서 해로운 외부성이 만들어 진다.

이 문제는 정부에서 개입하지 않을 수가 없는데 통상 두 가지 접근 방식중 하나를 선택하게 된다. 즉 하나는 직접통제 방식으로 오염물질을 일정 수준 이상으로 방출하지 못하도록 통제하는 방식이다. 또한 오염물질을 적게 발생시키는 공정의 선택 혹은 오염정화사설의 설치를 의무화 하는 것이다. 물론 그렇게 되면, 규제의 확실한 효과를 볼 수 있을 것으로 보여 진다. 그러나 이 방식은 수행에 비용이 많이 든다는 것이다. 창업한 지 얼마 되지 않은 영세한 중소기업체가 막대한 비용을 지불하고 그런 시설이나 장치를 구축하지는 않을 것이다.

또 하나는 가격기구를 활용하는 접근 방식으로 오염물질을 배출하는데 대한 비용을 제공하라는 것이다. 즉 오염물질 배출 허용권을 돈으로 사서 사용하라는 것이다. 물론 이 방법도 사실 문제가 있다. 즉 도덕성에 관한 문제인 것이다. 그럼 돈만 내면 오염물질을 마음껏 배출해도 되느냐는 식의 이야기가 성립된다. 이것을 환경세라는 이름으로 부과할 수도 있고, 그 양이나 혹은 오염의 질에 따라 다르게 부과할 수 있을 것이다.

그러나 우리가 여기서 살펴보고자 하는 것은 어떤 방식을 사용하든 정부에서 개입하지 않을 수 없다는 것이다.

5. 공공재의 생산·공급

정부에서 제공하는 서비스가 기본적으로 공공재이다. 즉, 국방, 경찰, 도로, 항만, 공원, 등등…… 여러 가지 공공재를 제공하고 있다. 공공재의 생산·공급은 정부가 수행하는 기능에서 가장 중요한 것 중 하나하고 할 수 있다.

공공재가 되기 위해서는 소비에서의 비경합성과 배제불가능성의 주 성격을 갖추고 있어야 한다. 그런데 교육서비스나 의료서비스에서는 이 두 성격 중 어느 것도 찾아볼 수 없다. 그런데도 정부에서 개입하는 것은 이 서비스를 모든 국민이 충분히 소비할 수 있도록 만들기 위해 정부 개입이 필요하기 때문이다.

공공재를 얼마만큼 생산하는 것이 바람직한가에 대해서는 결국 국민의 생각에 달려 있다. 그러나 국민들에게 얼마만큼의 공공재가 필요한지 물으면 자기에게 유리한 방향으로 왜곡된 의견을 제시한다. 사람들은 공공재를 선택할 때 일단 무임승차를 생각한다. 즉 자신이 손해 보는 일은 절대 하지 않는 것이다. 따라서 정부에서 정확한 공공재의 생산·공급을 맞추기가 어렵다. 그러나 아무튼 공공재의 생산 공급에는 정부의 역할이 필요한 것이다.

6. 중소기업의 창업 및 육성 지원

나라의 경제를 발전시키기 위하여 어느 나라나 그 국가에서 추구하는 경제발전을 위하여 나름대로의 육성 및 진흥정책을 가지고 있다. 대부분의 나라에서는 농업이나 중소기업 등에 대해서는 지원 내지 육성을 하는 편이고, 대기업이나 거대 독과점 기업에 대해서는 공정거래를 위한 규제를 하는 편이다. 우리나라 역시 농업과 무역 수출 분야, 그리고 중소기업 분야에 대해서는 지속적으로 정책적, 제도적, 법률적 지원을 해오고 있다. 그런데 그런 것들이 WTO와 FTA 협정이 체결되고 나서부터는 정부에서 표시 나게 지원하기는 점점 더 어려운 상황이다.

그러나 중소기업의 창업 및 육성에 대해서는 아직 별 문제없이 많은 법률을 제정하여 정책적으로 지원하고 있다. 본서에서는 기존의 무역수출 지원이나 농업의 지원 부분은 취급하지 않고 중소기업의 창업과 육성 등에 대해 집중적으로 기술하고자 한다.

2절 기업의 역할

기업은 기업을 경영함으로써 당연히 세금을 내게 되고 이로서 정부는 재정자원을 확보하게 된다. 만약 기업이 법인세 등 세금을 내지 않고 개인만 세금을 낸다고 가정해 보라. 얼마나 많은 세수가 줄어들 것이며, 정부는 궁핍해질 것인가? 또한 기업은 국민들에게 일자리를 제공함으로써 국가와 사회를 지키는 든든한 기반이 되는 것이다. 옛날처럼 농사만을 짓는 국가를 생각해 보라. 현대는 어느 국가든 기업을 생각하지 않고는 국가나 사회가 존속이나 하겠는가? 사실 기업에 대한 여러 가지 학문이 있지만, 기업의 역할과 정부관계에 대해서도 좀 더 깊이 있는 연구가 진행되어야 할 것이다.

기업은 국민에게 일자리를 제공하고, 정부에 세수를 제공하며, 사회발전을 이끌어 나가는 가장 기본적이며 원초적인 기관이다. 물론기업이 개개인의 욕망으로 인해 창업되고 발전되어 나가지만, 그 과정에서 사회나 국가나 국민들에게 절대적인 영향력을 발휘하게 되는데 이런 기업을 정부에서는 여러 가지 방법으로 규제함으로써 개인과 기업 더 나아가 사회와 국가의 발전을 모색하는 것이다. 따라서 지금의 기업은 개인이나 정부, 더 나아가 사회에 끼치는 영향은 역사적으로 그 어느 조직이나 집단보다도 더 지대하다고 할 것이다.

3절 정부와 기업 간의 협력관계 모색

세상이 워낙 글로벌화 되어 복잡하고 다원화 되어가고 있다. 또한 민주주의의 발달과 과학의 급격한 발달로 세상의 모든 중요한 정보가 거의 실시간으로 공개되어지는 세상이다. 이러한 오픈된 세상에서는 누구나 자기의 목소리를 낼 수도 있고 또한 내어야만 한다. 옛날에는 정부에서의 지시나 행정지도 등으로 기업들을 옥죌 수 있었지만, 지금은 법적인 규제가 없는 한 불가능하다. 그렇다고 모든 사회적인 책임을 정부와 기업만 지울 수도 없다. 따라서 다양한 사회조직들이 참여하는 제도를 만들어 활용하는 제도적인 시스템을 만들어야 한다. 예를 들면 노조, 사측, 정부가 합심하여 만든 노사정위원회 같은 조직도 있다.

정부와 기업이 협력하는 협력체계를 구축하기 위해서는 합법적 통제력과 자원에 대한 통제권을 지닌 정부가 보다 우위에 서서 기업의 발전방향을 제시하고, 현실적이고 세부적인 분야에 우월한 기술을 지닌 기업에서 정부의 총론적인 정책을 지원받아 각론적인 상업수행을 추진해 나가는 것이 보다 합리적인 방법이라 보여 진다. 물론 장기적으로 상호작용적 협력논리가 추구되는 수평적인 협력관계를 지향해야 할 것이다. 사실 기업 및 국가경쟁력 강화 문제, 기초기술 및 첨단기술 개발문제, 환경보존 및 공해의 예방문제, 교통 및 도시의 재개발 문제, 직업교육 및 산업인력의 양성문제, 사회 간접자본 확충 문제 등 향후 기업의 발전 및 국가발전을 위해 반드시 해결되어야 할 문제들이다.[20] 이러한 다양한 문제들을 그냥 기업에게만 맡길 수도 없고, 맡겨서도 안 될 것이다. 이러한 문제들을 해결하기 위한 하나의 방편으로 산학협력 제도 등을 활용하는 방안들이 강구되고, 나름대로의 실적도 나타나고 있는 것이다.

20) 현대의 기업과 사회, 신유근, 경문사, 1999, p.315

제2부 정부와 기업의 규제 관계 이론

제 2부 정부와 기업의 규제 관계 이론

1장 규제의 개요

규제란 그야말로 어떤 규정을 가지고 제제를 가하는 경우를 생각해 볼 수 있다. 즉 사전적 의미로 규칙이나 법령, 관습 따위로 일정한 한도를 정하여 그 이상을 넘지 못하도록 제한함을 말하며, 또한 어떤 사항을 규칙으로 정하는 것을 의미하기도 한다.

이는 달리 말하면 정부에서 어떤 규칙이나 법령 등을 제정하여 기업이 어떤 그 이상의 행위를 하지 못하게 하는 것을 말하며, 관습적으로도 어떤 행위를 하지 못하게 하는 경우도 있다. 그런데 여기에 정부에서 하는 규제는 공적 이익을 위하여 개별 기업의 사적 행위를 감독, 통제함을 포함한다.

1절 규제의 개념과 목표

1. 규제의 개념

규제의 개념은 넓은 의미로 보면 어떤 힘을 가진 이가, 상대방의 행동에 의도적으로 개입하여 제한을 가하는 것이라 볼 수 있는데, 우리가 연구하는 정부와 기업의 규제는 좀 더 대상의 폭을 좁게 잡아야 할 것이다. 즉 정부와 기업의 규제는 개인이나 기업의 경제활동 특히 기업 활동 등에 국가 또는 지방자치단체 등 국가 기관에 준하는 기관이 자신들의 공적인 힘을 이용하여 개입하고, 제한을 가하는 것이라 볼 수 있다. 여기서 규제의 주체는 국가 또는 지방자치단체 등과 같은 국가의 공적 기관이어야 하고 그 대상은 민간기업 뿐만 아니라, 개인이나 공기업 등도 포함할 수 있다고 본다.

그런데 국가의 공권력이 아닌 권위나 도덕적 설득 혹은 공무원 개개인의 권위로 개인 기업체나 영업소에서 하는 소위 행정지도 등도 일종의 규제라고 볼 수 있다. 만약 목욕탕의 요금이 명절 전에 갑자기 올라 민원인들의 불평을 들은 담당 공무원이 그 사업장을 방문하여 가격인하를 하는 것이 어떻겠느냐라는 제안을 하면 이 역시 일종의 규제라고 보아야 할 것이다.

2. 규제의 목표

1) 다수 국민의 이익

규제의 목표는 여러 가지 관점으로 접근 할 수 있다. 공익을 위해 규제를 한다고 볼 수도 있고, 또 국가의 정책적 일관성을 위해 규제를 한다고 볼 수도 있다. 또는 나라의 발전이나 사회적 능률을 위해서 또는 모든 사람들의 형평성을 위해서 규제를 한다고 볼 수도 있다. 특히 시장 실패 등으로 인하여 국민경제에 바람직하지 않은 일이 일어날 때 정부가 시장운영에 정책적으로 개입하게 되는 경우가 빈번하게 일어난다. 이렇게 일어나는 정부규제 개입이 소위 외부성 문제와 자연독점, 그리고 일반 독점 등의 경우에도 정부는 개입을 하게 되는 것이다. 또한 소비자와 근로자의 편익과 안전의 증진을 위해서 정부는 규제에 개입하는 경우가 많다.

2) 사회적 능률의 향상

시장의 실패로 인한 경쟁의 결여, 외부성, 비대칭 정보, 공공재 등의 문제로 자원의 합리적 배분이 문제로 대두되기 때문에 정부에서는 능률성 향상을 위해 규제를 강화하는 경우가 있다.

(1) 경쟁의 활발

정부에서 규제하는 여러 이유 중의 한 가지가 경쟁을 더욱 활발히 하여 국민의 편익과 복리를 증진시키려는 이유이다. 경쟁이 활성화 되지 않아 시장의 실패가 발생될 경우 정부에서 개입하는 규제의 필요성이 대두 될 것이다. 경쟁이 활성화 되지 않는 가장 기본적인 이유는 단일 거대 자본에 의한 독점을 들 수 있다. 독점은 현실적으로 많지 않으나 과점의 형태로 자기들의 협의에 의해 가격담합을 하여 사회적인 문제가 되는 경우가 한 두 번이 아니다. 이러한 사안들을 해소하기 위하여 당연히 정부에서는 규제를 하게 되는 것이다.

(2) 비대칭 정보

이는 물건을 사고 팔 때 판매자와 구매자의 정보의 보유량에 따라 구매자가 훨씬 불리한 경우가 많다. 판매자는 우량의 정보를 많이 보유하고 있는데 반해 일반 구매자나 소비자는 근본적인 자료를 지닌 정보에는 접근이 거의 불가능해 공평한 게임이 되지 않는다. 특히 기업내부의 기밀사항이나 증권정보 등은 개인들이 거대기업의 정보를 따라갈 방법이 없다. 이런 사안은 기업의 문제만이 아니라 일반 실생활에서 구매자는 합리적인 정보를 지니지 못한다. 아무리 인터넷이 발달하고 언론 매체가 활성화 된다 해도 근본적인 정보의 부족은 구매자에게 불리한 선택을 강요할 뿐이다. 예를 들면 의사가 제공하는 의료 서비스에 대한 서비스의 질적 수준을 일반인은 알지 못하기 때문에 그 해소책으로 일단 대학병원이나 중형 혹은 대형병원을 찾는 것이다.

이런 경우 정부에서 개입하여 소비자가 필요한 부족한 정보를 충분히 해소할 수 있도록 각 기업 등에 규제를 가해야 할 것이다.

(3) 외부성의 해소

외부효과란 어떤 한 개체의 행위가 제삼자의 경제적 후생에 영향을 미치고 그에 대한 보상이 이루어지지 않는 현상(부정적, 긍정적 외부효과)을 말하는데 이는 보통 꿀벌과 아카시아나무, 과수원과 양봉업자, 자동차와 배기가스, 화학제품생산과 수지오염 등으로 이해 할 수 있다. 휘발유에는 왜 높은 세금이 부과되는가? 이는 휘발유가 교통 혼잡, 교통사고, 대기오염 등을 초래하기 때문이다. 또한 자동차세가 다른 부동산 혹은 동산에 비해 대단히 비싼 세금이 부과되는 이유이다. 이 처럼 부정적인 외부효과로 인한 여러 가지 발생하는 문제점은 정부의 개입이 없이는 해결이 곤란한 것이다.

3) 사회적 형평성의 제고

세계적 추세가 된 민주화 등의 열풍으로 경제적, 사회적 형평성이 많이 향상된 것은 사실이다. 형평의 문제는 보편적 복지와 전 국민이 잘사는 국가와 사회를 건설하기 위한 정부의 역할이라고 할 수 있다. 물론 정부에서 사사건건 개입을 해서 전 국민이 공형하게 할 수는 없겠지만, 사회 전체적 관점에서 가진 자와 못가진 자의 힘의 균형, 정의의 실현, 기회의 균등, 공정성 확보, 소득분배의 불공정 시정, 불확실성의 감소 등으로 사회적 형평을 추구하는 것을 규제의 목표로 삼을 수 있다.

(1) 정의의 실현

이는 사회 권력 즉, 힘의 균형성 확보와 관련이 있는 것으로 힘의 균형적 관점에서 접근해 볼 수 있다. 만약 어느 회사에서 기업가와 노동조합 사이에 심각한 갈등이 일어났다고 하자. 대부분의 경우는 생활전선에서 허덕이는 근로자들이 약자일 수밖에 없을 것이다. 이럴 때 회사 측이 노동자의 무력함을 기화로 자신들의 요구조건이나 주장을 밀어붙일 때 과연 힘없는 근로자들이 어떻게 대처할 수 있을까? 국가나 혹은 정부에서 제정한 제반 법률이 없다면 과연 이런 투쟁에서 어느 쪽이 유리할 것인가? 다시 말해서 사용자 측의 부당 노동 행위 등으로 인한 횡포를 박을 방법이 없는 것이다.

(2) 소득분배의 시정

정부의 규제개입의 또 다른 목표는 소득분배의 시정이다. 이는 합리적으로 소득분배를 공정하게 함으로써 국민들의 안정적인 생활을 보장 할 수 있게 한다. 달리 말해 최저 임금 규제와 같은 제도를 만듦으로 소득분배의 형평성에 그나마 직접적으로 기여하고 있다고 볼 수 있다. 물론 자본주의 제도상, 나이 드신 경비원들이 최저임금제로 인해 그나마 벌 수 있는 돈 마저도 벌 수 없게 되기도 하는 등, 최저임금제도로 인한 불합리한 경우도 있지만, 그래도 수백만에 달하는 아르바이트생 들을 보면 그나마 소득분배에 최저 임금제가 사회적 소득분배에 일조를 하고 있다고 보여 진다.

또한 지금은 비교적 남녀 임금의 평준화가 그나마 잘 지켜지고 있는 것 또한 정부가 개입하여 제정된 남녀고용평등법 등의 규제 효과라 보여 진다.

(3) 불확실성의 감소

기본적으로 자본주의 사회에서 자신의 선택은 자신의 책임이다. 그러나 앞서 정보의 부재를 이야기 하였지만, 모든 조직 간에 정보가 공평하지는 않다. 2012년에 발생한 우리나라의 저축은행 사건들을 보자. 저축은행에 돈을 맡기면서 누가 그 저축은행이 부도 날 것이라고 상상이라도 하겠는가? 아니, 아니면 국책은행이 아닌 일반은행을 어떻게 믿고 돈을 맡기겠는가? 그러한 불확실성을 해소하기 위하여 국가에서는 예금보험공사 등을 설립하여 5,000만 원까지의 은행 원금을 보장해 주는 것이다. 이러한 제도의 설립으로 은행에 대한 신뢰를 구축하고 국민들은 마음 놓고 은행에 예금하고 나름의 경제생활을 운영하는 것이다.

그러나 이러한 규제의 목표가 명확하지 않는 경우도 있고, 규제 법규나 제도 간에 서로 상충되는 것들이 많은 것 또한 사실이다.

2절 규제의 방법

정부나 지방자치단체 혹은 공공기관에서 기업을 규제하는 방법은 다양하다. 기본적으로 법이나 규정 혹은 기준을 정하여 규제를 할 수도 있고, 인.허가 등 정부나 지방단체가 가진 권한을 이용하여 사업의 진입과 퇴거를 규제하고 있다. 또한 세금을 과하게 부과하는 것으로 규제하는 방법도 있다.

1. 가격규제

가격규제란 상품 및 서비스의 가격을 규제하는 것을 말하며, 가격규제는 규제기관이 가장 흔히 사용하는 경제적 규제 방법 중의 하나이다. 특히 공익사업 혹은 공공분야의 사업에 많이 해당 된다. 전기, 통신요금, 철도요금, 지하철, 버스, 택시요금 등 공공에 관련된 분야는 정부나 지방자치단체 등 규제기관에서 가격으로 규제를 하고 있다. 대부분의 피규제 기관들은 싫어하지만, 일반 국민들은 내심 규제의 강화를 바라고 있다.

가격규제의 유형으로는 최고가격 규제, 최저가격 규제 등이 있는데 최고가격 규제는 전기, 통신, 교통, 상하수도 등 공공요금의 규제가 여기에 해당된다.

최저가격 규제는 TV수신료 등과 같이 일정 서비스를 이용하는 조건에서 일정 금액 이상의 요금을 반드시 내게 하는 규제를 말하며, 일정 조건이 되면 사용의 다소에 관계없이 일정금액 이상의 요금을 내게 하는 규제를 말한다.

2. 진입규제 : 허가 인가

민간이 어떤 사업을 추진하기위해 시장에 진입하고자 할 때 누구나가 할 수 있는 것이 아니라, 기본적으로 어떤 조건을 보유하거나(자격취득) 어떤 조건의 재화 등을 출자하여 일정규모 이상의 자본이 형성되어야만 사업을 운영할 수 있게 하는 것이다. 허가란, 법령에 의하여 일정한 행위가 일반적으로 금지되어 있을 경우 이것을 해제하여 적법으로 이를 할 수 있게 하는 행정행위(사실행위 또는 법률행위)를 말한다. 이는 가격규제 다음으로 많이 사용하는 방법으로 허가, 인가, 면허에 의한 규제라고 할 수 있다.

기본적으로 진입규제가 가장 중요한 규제중의 하나라고 생각할 수 있는데, 지금은 자유로운 사업의 시대다. 민주화와 자유화의 물결로 대부분의 업무적인 진입규제가 해소되고 있는 것이 사회의 보편적 추세이다. 옛날에는 조건이나 규제가 있어 하고 싶은 사업도 마음대로 할 수 없는 것이 아주 많았지만, 지금은 많은 사업들이 허가가 아니라, 신고 혹은 등록만으로 사업을 영위할 수 있게 되었다. 이로 인해 경제가 더욱 활성화 되고, 더 자유로운 세상이 된 것도 사실이다.

그러나 한편 달리 생각해 보면, 너무 많은 분야의 사업에 자유롭게 진출을 허용하는 것은 또 다른 사회적, 경제적 부작용을 불러일으킬 수도 있을 것이다.

3. 기준의 규제

기준의 규제란 해당 규제기관이 제품이나 제품의 제조과정에 어떤 기준을 설정하여 규제를 가하는 방법으로, 주어진 조건에 맞아야 하는 지표 적합 조건기준과 제품의 제조 프로세가 조건에 맞아야 하는 프로세서 조건 적합기준으로 나누어 생각해 볼 수 있다. 이는 특히 의약품이나 음 식료품 등에 사용되는 경우가 많으며, 보건 환경 등의 기준에도 적용되는 경우가 대부분이다.

4. 보조금과 세금

보조금의 교부를 통해서 규제를 하는 경우도 있고, 세금을 부과하여 규제를 강화하는 경우도 있다. 우리나라의 경우 버스 준공영제를 보면, 버스회사에 임금비와 기름 값 등을 보조하고, 대신에 주어진 조건대로 운행하게 하는 등의 규제가 있다. 특히 농어촌 및 벽지 시골 읍, 면 등에 운행하는 버스는 정부의 지원이 없으면 운행이 불가능 한 경우이다. 따라서 정부는 준공영제를 시행하여 거의 대부분의 운행경비를 지원하는 것이다.

세금에 의한 규제 역시, 일종의 규제책이나 장려책이 될 수 있는데, 세금을 감면해주면서 사업을 활성화시키기도 하고, 또는 과중과세로 피규제 산업의 활동을 일정부분 규제하기도 한다.

2장 규제의 유형

규제의 유형은 다양하게 분류할 수 있으나, 가장 보편적으로 분류하는 방법은 독과점 규제와 경제적 규제 그리고 사회적 규제로 분류하지만, 규제 기관의 행태에 따라 명령적 규제와 유인적 규제, 혹은 경쟁적 규제와 비경쟁적 규제 등으로도 분류할 수 있다.[1)]

1절 독과점·경제적·사회적 규제

1. 독과점 규제

이는 현재 시행중인 [독점규제 및 공정거래에 관한 법률][2)] 에 의한 규제로서 사업자의 시장지배적지위의 남용과 과도한 경제력의 집중을 방지하고, 부당한 공동행위 및 불공정거래행위를 규제하여 공정하고 자유로운 경쟁을 촉진함으로써 창의적인 기업 활동을 조장하고 소비자를 보호함과 아울러 국민경제의 균형 있는 발전을 도모함을 목적으로 시행하는 규제이다.

우리나라에서는 1975년에 [물가안정 및 공정거래에 관한 법률]이 제정된 이래로 1980년에는 [독점규제 및 공정거래에 관한 법률]로 개칭되어 제정되어, 수차례의 개정을 거쳐 현재에까지 이르고 있다.

아울러 이 독점규제는 모든 사업의 해당자는 공평하게 적용되어야 하는 강행법적인 성격을 띠고 있다고 볼 수 있다.

---

1) 행정권과 경제, 유훈, 법문사, 2006, pp. 80-88
2) [시행 2012.6.22] [법률 제11406호, 2012.3.21, 일부개정]

2. 경제적 규제

독과점 규제는 사업상 지켜야 할 규칙과 조건을 제정하여 이를 강제하는 것으로 이를 어기면 어떤 형식으로든, 처벌을 받게 되는 규칙과 룰을 제정한 것이며, 경제적 규제는 가격, 품질, 제품, 이익률, 진입, 퇴거에 관한 기업의 결정에 정부가 직접 행정적으로 개입하는 규제를 말한다.

이 경제적 규제는 모든 산업에 적용되는 것이 아니라, 특정한 산업, 특정한 조건의 해당 분야에만 적용되는 규제로서 다양한 산업군 중에서도 특정한 산업분야에만 해당이 되는 것이다. 이러한 경제적 규제는 경제 자유화와 민주화의 물결에 따라 규제가 점점 더 완화 되어가는 추세에 있다.

3. 사회적 규제

사회적 규제란 어떤 경제 주체가 경제행위 혹은 사회활동을 함에 있어 그 과정에서 부수적으로 파생되는 사회적 문제를 해결하기 위하여 정부가 개입하는 것을 말하며, 통상 경제적 후진국에서 경제발전을 위한 개발도상국이나 선진국으로 진입하려는 과정에서 나타나는 사회적 병리 현상들을 해소하고, 왜곡된 기업 활동에서 소비자를 보호하고, 제3자 즉 대중을 보호하기 위하여 특정한 조건이나 기준 등을 제시하는 정책이라고 볼 수 있다.

특히 소비자가 사용하는 제품의 안전성, 작업장에서의 안전과 보건, 공해 문제, 환경보호 등을 위한 규제를 사회적 규제라고 한다.

사회적 규제는 궁극적으로 시장실패에서 도출되는 외부성에 기인한 것으로 시장이 효율성을 제고하고, 대중의 안전과 이익을 보호하기 위한 것이라고 볼 수 있다.

특히 공해와 환경보전의 규제는 기술 발달의 부산물로 나타나는 여러 가지

오염물질, 환경 공해 등으로 사람들의 생명과 건강에 지대한 위협이 되고 있어 그 중요성이 급격히 증가되어 가고 있다.

(표2) 규제의 비교

구 분	독과점 규제	경제적 규제	사회적 규제
대상산업	광범위하게 넓다	제한적이다	광범위하게 넓다
규제방법	지켜야할 조건과 규칙을 제시하고, 경쟁 자체는 기업에 일임	가격, 서비스, 진입, 퇴거, 허가 등 기업 운영에 깊이 개입	기준과 조건의 설정 위반 시 법적인 규제
규제의 내용(예)	독점규제 및 공정거래에 관한 법률에 관련된 사항들	사업의 허가, 진입의 허용, 퇴거의 제한	환경보전, 작업장 안전, 소비자 보호 등
규제의 방향	강화되어가는 추세	세계적으로 완화되어 가는 추세	점차 규제가 강화되어가는 추세

2절 기타 유형

1. 명령적 규제와 유인적 규제

명령적 규제란 규제수단에 의한 분류로 법적으로 규정을 정하든지 혹은 진입의 허가, 기준의 설정 등을 통한 규제로 법규, 행정명령 등을 통해 하는 강제적 규제를 말한다.

유인적 규제란 어떤 유인책을 통하여 정부정책을 따르도록 하는 규제로 어떤 혜택을 제시하고, 따르지 않으면 산업이나 기업이 불이익을 받도록 하는 규제의 형태이다. 이는 주로 세금의 혜택이나 보조금의 지원 등이 제공된다.

2. 경쟁적 규제와 보호적 규제

경쟁적 규제는 경제적 규제의 한 방법으로 다수의 사업자 중에서 특정한 사업자에게만 어떤 사업을 허가하는 등의 방식으로 하는 규제이다. 2011년에 시행된 케이블 TV 방송 허가 건은 수많은 사업자들 중에서 선정된 몇몇 업체만이 방송 허가가 주어진 경우이다. 특히 첨단 IT 기술이 발전하는 현재에는 특정 주파수 대역을 어느 업체가 차지하느냐에 따라 무선 이동통신전화의 품질 등에 차이가 나고 있어 정부의 경쟁적 규제정책이 점점 더 큰 힘을 받고 있는 것이다.

이에 비해 보호적 규제는 국민을 보호하는 일종의 방법으로 최저임금제와 같이 법적으로 기준을 정하거나, 혹은 버스 택시 요금같이 요금의 승인, 공해 방지 환경오염 등 환경관련 기준 수치 제정 등에, 기업 활동을 규제할 수 있는 각종 조건을 설정함으로써 국민을 보호하는 것을 목적으로 한다.

또한 독과점 규제와 사회적 규제의 대부분도 보호적 규제에 해당된다고 볼 수 있다.

3. 재량적 규제와 비재량적 규제

재량적 규제는 경제적 규제의 대부분이 이에 해당하는 것으로 정부기관의 재량에 의해 어느 정도의 융통성을 발휘할 수 있다는데 문제의 핵심이 있다. 즉 사업권의 인허가에 의한 시장진입, 수량, 판매가격 등을 규제하여 사업 활동을 제한하는 경우를 말하며, 이는 통신, 교통, 전력, 가스 등에 대한 경제적 규제가 대체로 여기에 해당된다고 할 수 있다.

이에 대해 비 재량적 규제는 법률의 제정 혹은 기준의 법제화 등으로 반드시 준수해야 하는 규제이다. 이를 어기면 사업 활동을 할 수 없거나 혹은 법적인 제재를 받을 수밖에 없는 강성법적인 규제를 말하며, 독과점 규제나 사회적 규제의 대부분이 비 재량적 규제라고 볼 수 있다.

4. 차별적 규제와 비차별적 규제

차별적 규제란 어떤 산업이나 기업에 대해서는 진입, 가격, 서비스 등에 대해 정부에서 규제를 가하나 다른 어떤 산업이나 기업에 대해서는 규제를 가하지 않는 것으로, 경제적 규제가 대부분 차별적 규제에 해당 된다고 볼 수 있다.

비차별적 규제란 모든 산업 또는 기업에 대해 차별을 두지 않고 일정한 기준이나 조건을 설정하고, 모든 산업 또는 모든 기업에 이를 적용하는 것을 말하며, 이는 대부분의 독과점 규제와 사회적 규제가 이에 해당된다고 할 수 있다.

3장 규제의 이론적 근거

1절 공익이론

정부에서 규제를 하는 이유가 무엇이며, 그 이론적 근거가 무엇인가에 대해서는 여러 가지 이론적인 관점들이 있다. 그 중에서도 공익이론은 공익을 위해서 규제가 가해진다는 것이다. 그러나 공익이라는 개념은 여러 경우에 따라 다르게 사용되는 경우가 많다. 즉 시대의 변화에 따라, 혹은 혜택 받는 대상에 따라 공익이라는 말이 사용되어 왔다. 그러나 공익이 사회전체의 이익이라는 사전적 의미만으로도 정부가 공익을 위하여 규제를 시행한다는 말은 의미가 있다. 즉 정부의 규제행위가 사회전체의 이익이 되도록 하면 이는 곧 공익이며, 철도 방송 통신 전력 가스 등에 대한 제반 규정들이 일단 사회전체의 이익을 위한다는 관점에서 공익을 위한 규제를 하고 있다고 볼 수 있다.

2절 이익집단이론

이익집단이론은 이익집단들이 자신의 이익을 위해서 집요하게 노력하기 때문에 규제를 해야 한다는 관점이다. 이는 노동조합이든, 각 분야별 이해관계가 일치하는 이익집단이든 그들은 그들만의 이익을 위해 노력하기 때문에 정부에서 규제를 하지 않으면 사회전체 혹은 사회 다수가 피해를 보기 때문에 규제를 해야 한다는 관점이다.

이익집단은 그 조직의 규모, 자원, 응집력, 지리적 분포, 위임의 강도, 사회적 지위 등에 따라 사회적 영향력이 커진다. 우리나라의 경우 변호사회, 의사회, 약사회 등의 영향력은 정책의 결정에 중대한 결정적 변수로 작용해 왔다.

3절 포획이론[3)]

포획이론이란 해당산업의 규제에 대한 요구에 의해 규제가 행하여지지만, 시간의 흐름에 따라 규제 당국이 규제하고자 했던 산업에 의해 포획된다는 설명이다. 이 이론은 1960년 이후 미국에서 중점적으로 발전 되었는데, 사업자 단체와 같은 이익집단이 자원배분의 강제력을 지닌 정부기관을 포획하여 자원을 재배분하는 시스템으로 발생한다는 것이다.

예를 들면, 처음에는 건축에 대한 허가권을 가진 정부에 의해 건축업자가 규제가 되지만, 많은 세월의 흐름 속에 정부 관료와 건축업자는 수많은 이해관계를 가진 행위를 하게 되고, 더 나아가 건축업자나 건축업협회의 영향력이 정부의 규제기관에 더 미치게 되는 것이다. 나중에는 정부가 일정 부분은 건축업자의 이익의 관점에서 규제를 하게 된다는 것이다. 즉 정부가 건축업자에게 포획되어 끌려 다닐 수밖에 없는 상황이 발생하는데 이를 포획이론이라고 한다.

4절 공공선택이론(public choice theory)

이는 규제도 하나의 상품으로 본다는 전제하에 규제도 수요와 공급에 의해 그 가격과 생산량이 결정된다는 이론이다. 즉 규제가 그 수요자들에게 보조금, 신규진입의 억제, 대체물의 억제 등과 같은 혜택을 주기 때문에 규제의 공급자인 정부나 지방자치단체의 정치인들은 이 규제를 제공하는 것이다. 그 대신에 그들은 자신들의 정치적 지지나 선거에서의 승리를 희망하기에 이 규

3) 규제정책론, 배용수, 대영문화사, 2006, p.44,

제를 제공하고 정치헌금, 선거에서의 긍정적 도움 및 효과 등을 기대하는 것이다.

따라서 규제도 하나의 상품으로 존속할 수도 있고, 수요와 공급이 맞지 않으면 존속하지 않을 수도 있다는 주장이다. 다시 말해 이익집단을 경제적 규제의 수요자로 보고, 정치인과 관료를 경제적 규제의 공급자로 보아 이들의 이해관계가 일치될 때 경제적 규제가 이루어지는 것으로 본다.[4)]

5절 윌슨의 규제정치이론[5)]

정부가 시장에 개입하는 것은 시장실패 현상 때문에 자원배분의 능률성과 분배의 공평성을 실현하기 위하여 개입한다는 것이 지금까지의 주장이었다.

이에 대해 윌슨(James Q. Wilson, 1974,1980)은 경제학자 위주의 정부 규제 연구의 접근 방법을 지양하고, 규제의 정치이론이라는 명칭으로 새로운 접근 방법을 적용했다. 즉 윌슨의 이론은 어떤 정치적 상황에서 어떤 정치적 원인이 어떻게 상호 작용하여 어떠한 유형의 규제가 이루어지게 되는가를 밝히는데 초점을 두고 있다.[6)]

(표3) 규제의 4가지 정치적 상황[7)]

구분		편익	
		넓게 분산	좁게 집중
비용	넓게 분산	대중적 정치 상황	고객정치 상황
	좁게 집중	기업가적 정치 상황	이익 집단 정치 상황

4) 정부규제론, 최병선, 법문사, 1996, p.267
5) 정부규제론, 최병선, 법문사, 1996, pp.125-139 발췌 요약 인용
6) 정부와 기업, 이찬동, 법경출판사, 1995, pp.27-36 발췌 요약 인용
7) 정부와 기업, 이찬동, 법경출판사, 1995. p.28

여기에서 비용과 편익을 고려하여 규제의 상황을 설명하고 있는데, 비용과 편익의 집중과 분산은 어디까지나 상대적인 구분이다.

① 비용이 넓게 분산되어 있다는 것은 이 비용을 부담하는 집단이 불특정 다수인이고, 그 비용은 미미한 물가인상이나 세금의 증가로 지불되어 일반인에게 별로 부담스럽지 않는 상태를 말한다.

② 반대로 비용이 좁게 집중 있다는 말은 비용이 특정 산업이나 기업 혹은 지역에서 상당한 액수의 부담금(fee)이나 조세 등을 부담하여야 한다는 상태를 말한다.

③ 다음으로 편익이 '넓게 분산' 되어 있다는 것은 혜택이 불특정 다수인에게 돌아가는 것을 의미하고, 편익이 '좁게 집중'되어 있다는 말은 특정 산업이나 직종에게만 혜택이 돌아가거나 특정인에게 사업의 허기권이나 면허가 주어지는 경우이다.

1. 고객정치 상황과 규제

이는 정부규제로 인해 발생되는 비용은 불특정 다수인에 의해 상대적으로 가볍게 부과되나, 그 편익은 대단히 크며 해당되는 산업분야나 집단에게 그 편익이 돌아가게 된다. 따라서 국민의 관심은 크지 않은 데 비해 그 집단에서는 기대할 수 있는 혜택이 크기 때문에 응집력을 가지고 정치적 압력을 행사한다.

이러한 정치상황에서 이루어지는 정부규제의 대표적인 것으로서 수입규제, 각종의 직업면허(의사, 변호사, 약사 등), 각종 사업 인가 등을 들 수 있다. 이것들은 모두 경제적 규제에 속한다.

이런 규제의 특징을 살펴보면,

① 이러한 규제의 수혜자는 숫자는 적지만 잘 조직되어 있어 규제기관의

정책 형성 및 집행에 강력한 영향력을 행사한다. 예를 들어 변호사가 국회의원을 겸직하지 못한다는 규정을 제정하려고 할 경우 국회의원 숫자의 가장 많은 직업군을 형성하고 있는 현직 변호사 겸 국회의원들이 어떻게든 반대나 훼방을 놓아 그런 규정이 제정되지 못하게 할 것이다. 그런데 사실 국민의 입장에서는 별로 관심이 없는 분야이다. 따라서 이런 규정이 제정되기는 쉽지 않다.

② 이 산업에 대한 신규사업자의 진입은 제한되거나 많은 비용이 소요된다.

③ 해당 산업의 경쟁은 제한되거나 약화되고 이런 산업 혹은 분야에 종사하는 자들은 높은 수익성을 보장받게 된다.

④ 정부규제를 옹호하는 입장에서는 시장경쟁을 제한하는 것이 제품의 안전성, 품질 또는 서비스 수준을 높게 유지하고 무책임한 기업행위를 예방하기 위해서는 불가피하다고 주장한다. 즉 국민의 공익을 위해서는 진입장벽을 높이치고, 규제를 완화하지 않아야 한다고 한다. 대부분의 고급 자격증을 취득하여 사업을 운영하는 분야가 그렇다. 이 직종들은 높은 진입장벽으로 인해 경쟁의 압력을 상대적으로 적게 받고 있는데, 따라서 국민들은 선택의 폭이 좁아지고, 더 질 좋은 서비스를 받을 수 없게 되는 경우가 발생한다.

따라서 이러한 정부규제에 의해 이익을 보는 것은 이들 산업, 이들 직종에 종사하는 사람들이라고 볼 수 있다.

⑤ 이런 정부규제가 도입되는 과정에서 별도의 논란 없이 조용하고 은밀하게 막후교섭과 로비를 통하여 추진되는 것이 특징이며, 소비자 단체 등의 항의와 반박이 없으면 별다른 논란 없이 은밀하게 규제조치가 이루어지는 것이 통례이다.

이와 같은 경제적 규제가 피 규제산업의 요청에 의해 이루어지고, 규제 정책도 이들을 보호하기 위한 목적으로 형성되는 경우가 많기 때문에 규제기관이 피 규제기관에 장악되는 현상 즉, 포획이론이 나타나는 것이다.

2. 기업가적 정치 상황과 규제

이는 앞에서 본 고객정치 상황과는 비용과 편익의 분석이 정 반대의 상황이다. 즉 비용은 소수에게 귀착되고, 편익은 넓은 분포의 불특정 다수인에게 귀착되는 것이다. 따라서 이러한 규제의 예로서는 자동차 안전규제, 산업 안전규제, 유해성 물품(식품, 의약품, 전기용품, 완구 류, 화장품 등)에 대한 규제 등을 들 수 있다.

이들은 모두 해당 분야의 산업이나 해당 기업에게 경제적 부담을 지우는 사회적 규제이다.

어떤 산업에 유해성 물질 등으로 인해 사회적으로 큰 문제가 되었을 경우 이를 규제하기 위해서 국회의원 및 사회단체, 환경단체, 공익운동가, 언론매체, 인터넷 매체, SNS 등에서 사회적 이슈화됨에 따라 정부에서도 규제를 위한 방법들을 논의 하게 된다. 그러나 이런 집단들의 주장이나 정치적 영향력이나 결집력이 상대방인 해당 산업에 속하는 기업집단이나 이해 단체에 비해 상대적으로 미흡하다. 따라서 비용을 부담해야 하는 기업들은 잘 조직되어 정치적으로 막강한 힘을 발휘하는 반면, 편익을 기대할 수 있는 집단은 잘 조직되어 있지 못해 규제가 흐지부지 되는 경우가 많다.

3. 이익집단 정치 상황과 규제

이는 편익과 비용이 모두 소수의 이익집단에게 돌아가는 경우로서 갈등관계에 있는 쌍방이 나름대로의 힘을 집결하여 첨예하게 대립되는 관계이다. 예를 들어 우리나라의 의약분업 사태는 의사와 약사 집단 간의 첨예한 대립으로 명성이 높다. 또한 변리사 집단과 변호사 집단 간의 특허 소송권한을 두고 지금도 첨예하게 대립하고 있으며, 나름대로 자신들의 이익을 지키기 위해 규제기관에게 정치력을 행사하고 있는 것이다. 그러나 정작 국민의 입장은 무시되고 강력한 이익집단 사이의 타협과 협상에 의해 좌우되어 소비자 또는 국민의 이익은 무시되기 쉽다.

이익집단의 대표적인 단체로는 변호사협회나 의사협회 또는 약사협회 등이 우리나라의 대표적인 이익 집단이라 할 수 있다. 이들 이익집단은 여타 이익집단과 비교해 볼 때 재정규모가 클 뿐 아니라 세입의 대부분이 회원들의 회비에 의해 충당되고 있기 때문에 자립도 역시 높다.[8] 따라서 협회에서는 회원들의 사회적 서비스와 관련된 공공이익의 증진을 위해서 활발한 활동을 하고 있다. 즉 종사하는 업종과 관련된 법률의 제정 및 개정에 대한 전문가로서의 의견제시 등 제도적인 입법 활동에 개입하여, 이익집단 소속 회원들의 이익을 위해서도 치열한 로비 활동 또는 대외적인 활동을 전개하는 것이다.

4. 대중적 정치 상황과 규제

이는 편익이나 비용이 모두 소비자나 기업들에 광범위하게 주어지기 때문에 강력하게 어떤 규제를 요청하거나 주장하는 세력이 없다 따라서 이러한 상황에서 기업 활동 규제의 예는 별로 없다. 또한 정부에서도 별로 정책적인 관심을 갖지 않는 일상적인 부분이기도 하다.

이상에서와 같이 윌슨의 분석모형은 정부의 규제정책이 각각의 이해관계를 가지는 이해집단간의 상호작용에 의해 정책으로 형성되어 정책규제가 발생한다는 과정을 설명하고 있다. 즉 이해관계를 가진 이익집단과 공익을 증진시키기 위한 환경단체, 소비자단체 등과의 갈등과 상호 작용 속에서 정부가 규제를 만들어 내고 시행하게 되는 일련의 과정을 설명하고 있다.

---

8) 이익집단정치와 이익갈등, 김영래, 한울아카데미, 1997, p.161

제3부 정부의 기업관련 규제

제3부 정부의 기업관련 규제

1장 독과점 규제

1절 독과점 규제의 의의

1. 독과점 규제의 개념과 특징

사업을 하는 사업자의 입장에서 보면 시장의 경쟁상황에서 경쟁자 없이 자신만의 상품이나 서비스를 제공하면 이윤이 가장 높고 또한 사업을 영위하기가 쉬울 것이다. 그러기 위해서 사업자는 경쟁자를 배제하고 자신만 독점적인 위치에서 사업을 하기위해 여러 가지 노력을 할 수 있다. 그러나 그러한 경쟁제한행위가 개별 사업자에게는 이익이 되겠지만, 사회전체적인 후생의 입장에서 볼 때는 심각한 문제를 야기하게 된다. 따라서 정부는 시장의 효율성 제고를 위하여 개별경제 주체들의 경제행위에 법과 규정들을 제정하여 개입을 하게 되는 것이다.

1) 독과점에 대한 의의

여기서 용어를 정리하면, 시장지배적 사업자의 추정은 2007년8월3일 개정된 법률에 의하면, 일정한 거래분야에서 시장점유율이 다음 각 호의 어느 하나에 해당하는 사업자(일정한 거래분야에서 연간 매출액 또는 구매 액이 40억 원 미만인 사업자는 제외한다)는 제2조(定義)제7호의 시장지배적 사업자[1]로 추정한다.

i. 1 사업자의 시장점유율이 100분의 50 이상

ii. 3 이하의 사업자의 시장점유율의 합계가 100분의 75 이상. 다만, 이 경우에 시장점유율이 100분의 10 미만인 자를 제외한다.

통상 1개사의 시장점유율이 50%이상이면 독점이라고 하고, 2개사의 시장점유율이 75%이상이면 복점이라고 하며, 3개사의 시장점유율이 75%이상이면 과점이라고 한다.

독과점 규제란 사업자의 시장지배적지위의 남용과 과도한 경제력의 집중을 방지하고, 부당한 공동행위 및 불공정거래행위를 규제하여 공정하고 자유로운 경쟁을 촉진함으로써 창의적인 기업 활동을 조장하고 소비자를 보호함과 아울러 국민경제의 균형 있는 발전을 도모하기 위하여 정부에서 규제를 행하는 것을 말하는 데 이의 특징은 다음과 같다.

첫째, 독과점 규제는 비교적 광범위한 사업을 대상으로 한다. 즉 이는 이론적으로 모든 산업을 대상으로 한다.

둘째, 이는 법률로 규정을 정하고, 조건을 설정하여 그 기준에 맞는 기업경영을 하도록 유도하고 있다. 이 규정을 준수하지 않을 경우 법적인 제재를 할 수 있도록 강행규정으로 되어 있다.

셋째, 규제의 역사 중에서 비교적 긴 역사를 가지고 있다. 미국의 경우나 우리나라의 경우도 다른 규제에 비해서 대표적인 규제이며, 역사도 오래되었다고 볼 수 있다.

---

1) 독점규제 및 공정거래에 관한 법률 제4조

2) 독과점 규제와 경제체제

독과점 규제는 경쟁원리를 보장하기 위해서 만든 제도적 장치이다. 자본주의가 발전함에 따라 거대규모의 기업들이 생겨나고 이윤을 추구하는 이들 기업은 거대기업과 중소기업들의 경쟁 속에서 독과점이 생겨나고 결국은 그 피해는 국민에게 돌아갈 수밖에 없다. 자유로운 시장경제체제에서 정부가 시장의 경쟁체제에 개입한다는 것은 일면 타당하지 않으나, 자본주의 시장경제체제를 목적으로 하는 이 정책이 유지 보호하려는 것은 '경쟁' 그 자체이지 특정한 '경쟁사업자'가 아니다. 경쟁시장에서 어느 기업이 살아남고 어느 기업이 도태되든 그것은 시장의 경쟁논리에 맡기고, 경쟁의 공정성만 확보된다면 정부 개입의 목적은 달성되는 것이다.

또한 독과점 규제정책은 사기업 체제를 지지하고 장려하기 때문에 정부에 의한 경영활동의 지나친 통제나 국유화 등에도 반대한다고 할 수 있다.

2절 독과점의 문제점과 경쟁기준

독과점의 문제점은 여러 가지가 있는데 이를 세분화해서 살펴보면 다음과 같다.

1. 독과점의 문제점

독과점의 피해는 다음과 같이 분류할 수 있다.

① 자원의 최적배분을 방해하여 사회적으로 총 생산량을 감소시킨다. 즉 독과점이 발생한다는 것은 수요와 공급의 적정성이 아닌 공급자 위주의 경제활동이 될 수 있어 가격을 높게 하고 초과이윤을 발생시킬 수 있다. 즉 거대

공급자가 자유로이 생산물의 수량과 가격을 조작할 수 있어 가격설정자의 역할을 하게 된다. 따라서 자원의 최적 배분에 배치되는 것이다.

② 독과점은 물가를 상승시킨다. 당연히 기업은 이익이 최대가 되도록 하기위하여 완전경쟁의 상태보다 공급량을 적게 하여 가격이 높아진다. 또한 독점기업의 이윤율은 경쟁 상태하의 기업보다 이윤율이 높아지게 마련이다.

독점이 아닌 과점의 경우도 대동소이한 결과가 나타날 것이다. 이들은 서로 담합하여 공급량을 결정하든지, 혹은 가격자체를 아예 담합하는 경우가 종종 발견되어 사회적 문제가 되곤 한다.

③ 독과점은 경제력을 집중화 시킨다. 시장집중의 원인은 여러 가지 있을 수 있으나 ㉮자연독점이며, 규모의 경제가 실현되는 독점이거나 ㉯희귀한 자원에 의한 시장집중도 있으며 ㉰특허나 상표, 저작권에 의한 시장 집중 ㉱면허나 허가에 의한 시장집중도 있을 수 있다. 특히 면허나 허가에 의한 시장집중은 정부의 권한 하에 인위적 진입장벽이 나타날 수 있고, 대부분의 현대적 독과점이 여기서부터 시작된다고도 볼 수 있다.

3절 독과점 규제의 목적

1. 자유로운 경쟁을 촉진

독과점 규제의 목적으로 무엇보다 경쟁의 촉진을 들 수 있는데, 이는 자유민주주의 국가에서 자신의 능력에 따라 균등한 기회가 주어져야 하고, 서로간에 치열하고 공정한 경쟁을 통해 개인과 기업이 발전하고 나아가 사회와 국가가 발전하는 것이다. 또한 경쟁을 촉진시킴으로 인해 과학과 기술, 더 나아가 사회 전반의 경쟁력이 향상됨에 따라 다른 나라와의 경쟁에서도 앞장설 수 있다.

2. 사업자의 시장지배적지위의 남용방지

구체적으로 시장 지배적 지위에 있는 거대 기업이나 사업자들이 그들의 거대한 자본을 앞세워 그 지위를 남용하지 못하게 하는 것이다. 즉 독점규제 및 공정거래에 관한 법률 제3조의2(시장지배적지위의 남용금지)에 의하면 ① 시장지배적 사업자는 다음 각 호의 1에 해당하는 행위(이하 "남용행위"라 한다)를 하여서는 아니 된다.

ⅰ. 상품의 가격이나 용역의 대가(이하 "가격"이라 한다)를 부당하게 결정·유지 또는 변경하는 행위

ⅱ. 상품의 판매 또는 용역의 제공을 부당하게 조절하는 행위

ⅲ. 다른 사업자의 사업 활동을 부당하게 방해하는 행위

ⅳ. 새로운 경쟁사업자의 참가를 부당하게 방해하는 행위

ⅴ. 부당하게 경쟁사업자를 배제하기 위하여 거래하거나 소비자의 이익을 현저히 저해할 우려가 있는 행위

3. 과도한 경제력의 집중을 방지

우리나라의 독점규제 및 공정거래에 관한 법률 3장에는 [기업결합의 제한 및 경제력집중의 억제]에 관한 규정을 두어 경제력 집중에 관한 규정을 두고 있다. 이는 [상호출자 제한 기업 집단 및 채무보증 제한 기업 집단] 및 [기업결합의 신고] 등 항목들을 두어 기업의 경제력 집중의 억제를 규정하고 있다.

4. 공정한 거래행위

독과점 규제정책의 또 다른 목적은 부당한 공동행위 및 불공정거래행위를 규제하여 공정한 거래질서를 유지하는 것이다. 공정한 거래행위는 행위적 측면에서 사업자는 계약·협정·결의 기타 어떠한 방법으로도 다른 사업자와 공동으로 부당하게 경쟁을 제한하는 다음 각 호의 어느 하나에 해당하는 행위를 할 것을 합의(이하 "부당한 공동행위"라 한다)하거나 다른 사업자로 하여금 이를 행하도록 하여서는 아니 된다고 규정하여 공정한 거래 행위를 선도하고 있다.[2)]

그 외에도 독과점 규제의 목적은 공정하고 창의적인 기업 활동을 조장하여, 소비자를 보호하고, 국민경제의 균형 있는 발전을 도모함을 목적으로 하고 있다.

4절 독과점 규제의 내용

독과점 규제의 내용을 여러 가지로 분류할 수 있으나 우리나라의 독점규제 및 공정거래에 관한 법률에는

(1) 시장 지배적 지위의 남용금지
(2) 기업결합의 제한 및 경제력 집중의 억제
(3) 부당한 공동행위의 제한
(4) 불공정거래행위의 금지
(5) 사업자 단체의 금지행위
(6) 재판매 가격유지 행위의 제한

---

2) 독점규제 및 공정거래에 관한 법률 제19조

(7) 국제계약의 채결 제한

(8) 기타로 나누고 있다.

1. 시장 지배적 지위의 남용 금지

우선 독점규제 및 공정거래에 관한 법률[3]의 내용을 알아보면, 제2장 시장지배적지위의 남용금지의 분야에서 제3조(독과점적 시장구조의 개선 등), 제3조의2(시장지배적지위의 남용금지), 제4조(시장지배적 사업자의 추정), 제5조(시정조치), 제6조(과징금)의 순서로 기술하고 있다. 이에 대해 독점규제 및 공정거래에 관한 법률 조문[4]을 상세히 알아보면,

제3조(독과점적 시장구조의 개선)에는

① 공정거래위원회는 독과점적 시장구조가 장기간 유지되고 있는 상품이나 용역의 공급 또는 수요시장에 대하여 경쟁을 촉진하기 위한 시책을 수립·시행하여야 한다.

② 공정거래위원회는 제1항의 규정에 의한 시책을 추진하기 위하여 필요한 경우에는 관계행정기관의 장에게 경쟁의 도입 기타 시장구조의 개선 등에 관하여 필요한 의견을 제시할 수 있다.

③ 공정거래위원회는 제1항의 규정에 의한 시책을 수립·추진하기 위하여 시장구조를 조사하여 공표한다.

④ 공정거래위원회는 사업자에 대하여 제3항에 의한 시장구조의 조사·공표를 위하여 필요한 자료의 제출을 요청할 수 있다.

---

3) 국가법령정보센터에서 발췌 : 독점규제 및 공정거래에 관한 법률 [시행 2012.6.22] [법률 제11406호, 2012.3.21, 일부개정] 공정거래위원회(경쟁정책과), 02-2023-4224

4) 독점규제 및 공정거래에 관한 법률 제3조~제6조

⑤ 공정거래위원회는 제3항 및 제4항의 사무를 대통령령이 정하는 바에 의하여 다른 기관에 위탁할 수 있다.

제3조의2(시장지배적지위의 남용금지)

① 시장지배적 사업자는 다음 각 호의 1에 해당 행위(이하 "남용행위"라 한다)를 하여서는 아니 된다.

ⅰ. 상품의 가격이나 용역의 대가(이하 "가격"이라 한다)를 부당하게 결정·유지 또는 변경하는 행위

ⅱ. 상품의 판매 또는 용역의 제공을 부당하게 조절하는 행위

ⅲ. 다른 사업자의 사업 활동을 부당하게 방해하는 행위

ⅳ. 새로운 경쟁사업자의 참가를 부당하게 방해하는 행위

ⅴ. 부당하게 경쟁사업자를 배제하기 위하여 거래하거나 소비자의 이익을 현저히 저해할 우려가 있는 행위

② 남용행위의 유형 또는 기준은 대통령령으로 정할 수 있다.

제4조(시장지배적 사업자의 추정) 일정한 거래분야에서 시장점유율이 다음 각 호의 어느 하나에 해당하는 사업자(일정한 거래분야에서 연간 매출액 또는 구매 액이 40억 원 미만인 사업자는 제외한다)는 제2조(定義)제7호의 시장지배적 사업자로 추정한다.

ⅰ. 1사업자의 시장점유율이 100분의 50 이상

ⅱ. 3 이하의 사업자의 시장점유율의 합계가 100분의 75 이상. 다만, 이 경우에 시장점유율이 100분의 10 미만인 자를 제외한다.

제5조(시정조치) 공정거래위원회는 제3조의2(시장지배적지위의 남용금지)의 규정에 위반하는 행위가 있을 때에는 당해 시장지배적 사업자에 대하여

가격의 인하, 당해 행위의 중지, 시정명령을 받은 사실의 공표 기타 시정을 위한 필요한 조치를 명할 수 있다.

제6조(과징금) 공정거래위원회는 시장지배적 사업자가 남용행위를 한 경우에는 당해 사업자에 대하여 대통령령이 정하는 매출액(대통령령이 정하는 사업자의 경우에는 영업수익을 말한다. 이하 같다)에 100분의 3을 곱한 금액을 초과하지 아니하는 범위 안에서 과징금을 부과할 수 있다. 다만, 매출액이 없거나 매출액의 산정이 곤란한 경우로서 대통령령이 정하는 경우("매출액이 없는 경우 등" 이라 한다)에는 10억 원을 초과하지 아니하는 범위 안에서 과징금을 부과할 수 있다.

1) 독과점적 시장구조의 개선

공정거래위원회는 독과점적 시장구조가 장기간 유지되고 있는 상품이나 용역의 공급 또는 수요시장에 대하여 경쟁을 촉진하기 위한 시책을 수립·시행하여야 한다고 규정하고 있다.

여기서 공정거래위원회는 국무총리소속하에 둔다. 또한 공정거래위원회는 정부조직법」 제2조(중앙행정기관의 설치와 조직)의 규정에 의한 중앙행정기관으로서 그 소관 사무를 수행한다.

공정거래위원회는 위원장 1인 및 부위원장 1인을 포함한 9인의 위원으로 구성하며, 그중 4인은 비상임위원으로 한다.

가장 기본적으로 중앙행정기관관으로서 공정거래위원회를 두어 독과점 시장구조가 장기간 유지되는 분야에는 경쟁을 촉진시키기 위한 시책을 수립·시행하여야 한다고 규정하고 있는데 이는 곧 행정기관인 공정거래위원회가 독점 사업자들을 규제를 할 수 있는 제도적 뒷받침이 되는 규정이기도 하며 또한 국민을 위해 독과점을 용납하지 않겠다는 법률의 규정이라 볼 수 있다.

2) 시장지배적지위의 남용금지

① 우리나라 독점규제 및 공정거래에 관한 법률에 의하면 시장지배적 사업자는 남용행위를 금지하는 규정을 제정하고 있는데 시장 지배적 사업자란 일정한 거래분야에서 시장점유율이 다음 각 호의 어느 하나에 해당하는 사업자(일정한 거래분야에서 연간 매출액 또는 구매액이 40억 원 미만인 사업자는 제외한다)는 제2조(定義)제7호의 시장지배적 사업자로 추정한다.

ⅰ. 1사업자의 시장점유율이 100분의 50 이상

ⅱ. 3 이하의 사업자의 시장점유율의 합계가 100분의 75 이상. 다만, 이 경우에 시장점유율이 100분의 10 미만인 자를 제외한다.

② 또한 시장지배적사업자의 남용금지 내용은 아래와 같다.

ⅰ. 상품의 가격이나 용역의 대가(이하 "가격"이라 한다)를 부당하게 결정·유지 또는 변경하는 행위

ⅱ. 상품의 판매 또는 용역의 제공을 부당하게 조절하는 행위

ⅲ. 다른 사업자의 사업 활동을 부당하게 방해하는 행위

ⅳ. 새로운 경쟁사업자의 참가를 부당하게 방해하는 행위

ⅴ. 부당하게 경쟁사업자를 배제하기 위하여 거래하거나 소비자의 이익을 현저히 저해할 우려가 있는 행위를 하여서는 안 된다.

③ 만약 규정에 위반하는 행위가 있을 때에는 당해 시장지배적 사업자에 대하여 가격의 인하, 당해 행위의 중지, 시정명령을 받은 사실의 공표 기타 시정을 위한 필요한 조치를 명할 수 있도록 하고 있다.

또한 공정거래위원회는 시장지배적 사업자가 남용행위를 한 경우에는 당해 사업자에 대하여 대통령령이 정하는 매출액(대통령령이 정하는 사업자의

경우에는 영업수익을 말한다. 이하 같다)에 100분의 3을 곱한 금액을 초과하지 아니하는 범위 안에서 과징금을 부과할 수 있다. 다만, 매출액이 없거나 매출액의 산정이 곤란한 경우로서 대통령령이 정하는 경우(이하 "매출액이 없는 경우 등"이라 한다)에는 10억 원을 초과하지 아니하는 범위 안에서 과징금을 부과할 수 있다.

2. 기업결합(합병)의 제한 및 경제력 집중의 억제

1) 기업 결합(합병) 제한

(1) 기업결합(합병)의 유형

우리나라 독점규제 및 공정거래법에 관한 법률이 기업결합이라고 부르는 합병은 다음의 3가지 형태로 나누어 벌 수 있다.

① 수평적 합병

이는 동일분야에 종사하는 경쟁자끼리의 합병을 수평적 합병이라 하며, 동일한 종류의 제품을 생산·판매하는 사업자간의 합병을 말한다. 예를 들어 해운산업의 합리화 조치로 A라는 컴퓨터 제조회사가, 동일분야의 B 라는 컴퓨터 제조회사와 합병하는 등의 경우이다.

② 수직적 합병

이는 동일한 생산·유통 과정의 다른 단계에 있는 사업자간의 합병을 말하며 철강회사와 자동차 제조회사간의 합병이나, 아파트 건설회사와 창문틀 제조회사간의 합병들을 생각할 수 있다.

③ 혼합 합병

수평적 합병이나 수직적 합병이 아닌 합병을 혼합합병이라 한다. 이는 자신의 현재 사업과 전혀 관련이 없는 회사 간의 합병을 말한다. 즉 은행이 건설회사와 합병하는 등의 경우이다.

우리나라의 합병의 건수는 혼합합병이 가장 많고, 수평·수직 합병의 순서로 나타난다.

(2) 합병의 이유

기업합병의 이유는 다양하게 나타날 수 있으나 해당기업의 관점에서는 독과점 구축, 업종분산 포토폴리오 구성, 능률의 제고, 투기적 및 상업적 동기, 팽창주의 혹은 개인적 야심 등의 이유로 합병을 추진할 수 있다.

① 독과점 구축

기업이 경쟁 상대방 회사를 합병하여 나름대로 시장점유율을 제고하고 경쟁 시장에서의 목소리를 크게 내고 독과점 체제를 구축하기 위하여 경쟁 회사를 인수하는 경우가 많다.

② 위험방지를 위한 업종다양화에 따른 포토폴리오 구축

기업의 입장에서는 업종을 다양화시키면 위험을 분산할 수 있다고 판단하고 이를 위해 다양한 업종으로 회사의 포토폴리오를 구축할 수 있다. 예를 들어 내수와 수출의 업종으로 양분화 된 포토폴리오를 짠다면, 대외적 수출 환경이 나빠질 때 국내의 내수에서 위험분을 상쇄 할 수 있을 것이고 그 역으로도 생각할 수 있다. 기업의 관점에서는 문어발 식 그룹을 구축하는 것이 훨씬 안정적인 회사 그룹 시스템을 구축하는 것이라 볼 수 있다. 따라서 대기업은 경쟁적으로 업종의 다양화를 추구하는 것이다.

③ 능률의 제고

기업이 합병을 하는 또 하나의 이유는 능률의 제고이다. 어느 대기업이 경쟁 관계에 있는 동종업계의 중소기업이 어느 분야의 기술적 수준이 탁월하거나 소프트웨어 수준이 탁월하다면 무리를 해서라도 그 중소기업을 합병하여 경영하는 것이 새로운 기술을 개발하는 것 보다 훨씬 시간적으로 경제적으로

도 능률적일 것이다. 또 규모의 경제에서 오는 능률을 생각할 수 있는데, 기업 합병으로 대량 구매가 가능해지면 원자재의 구매에 있어 충분한 협상력을 발휘하여 염가로 원자재의 구매가 가능해 지는 것 역시 능률의 제고라고 볼 수 있다.

④ 기업 사냥꾼에 의한 투기적 M&A

전문 기업 사냥꾼들이 부실에 빠진 하도급 업체나 혹은 자금난을 겪고 있는 중소기업을 염가로 M&A 하는 경우가 많다. 이는 그 기업을 인수하여 정상화 시켜 다시 시장에 내다파는 일종의 상업적, 투기적 목적으로 합병을 추진하는 것이다.

⑤ 기업가의 개인적 야심 혹은 팽창지상주의

대마불사란 이야기가 있듯, 일단 기업의 덩치가 크면, 정부나 경제계나 산업계에서 영향력을 행사할 수 있고, 또 나름대로 동종업계에서 대기업의 장점이 있기 때문에 팽창을 위한 팽창 정책을 펼쳐 기업의 합병에 적극적인 그룹도 있고, 그룹 총수의 허영심이나 그룹간의 경쟁의식으로 나타난 기업 합병도 있다.

(3) 기업 결합의 규제 내용

① 기업결합은 자산총액 또는 매출액의 규모가 2조원 이상인 회사가 기업대표 또는 특수 관계인을 통하여 다른 회사와 합병을 하여 일정한 거래분야에서 경쟁을 실질적으로 제한하는 행위를 하여서는 아니 된다고 규정하고 있다.

즉 누구든지 직접 또는 대통령령이 정하는 특수한 관계에 있는 자(이하 "특수 관계인"이라 한다)를 통하여 다음 각 호의 1에 해당하는 행위(이하 "기업결합"이라 한다)로서 일정한 거래분야에서 경쟁을 실질적으로 제한하는 행위를 하여서는 아니 된다. 다만, 자산총액 또는 매출액의 규모(계열회사의 자산총액 또는 매출액을 합산한 규모를 말한다)가 대통령령이 정하는 규모에 해당하는 회사(이하 “대규모회사”[5]라 한다)외의 자가 제2호에 해당하는 행위를 하는 경우에는 그러하지 아니하다.[6]

ⅰ. 다른 회사의 주식의 취득 또는 소유

ⅱ. 임원 또는 종업원(계속하여 회사의 업무에 종사하는 자로서 임원외의 자를 말한다. 이하 같다)에 의한 다른 회사의 임원지위의 겸임(이하 “임원겸임”이라 한다)

ⅲ. 다른 회사와의 합병

ⅳ. 다른 회사의 영업의 전부 또는 주요부분의 양수·임차 또는 경영의 수임이나 다른 회사의 영업용고정자산의 전부 또는 주요부분의 양수(이하 “영업양수”라 한다)

ⅴ. 새로운 회사설립에의 참여. 다만, 다음 각목의 1에 해당하는 경우는 제외한다.

ⅰ) 특수 관계인(대통령령이 정하는 자를 제외한다)외의 자는 참여하지 아니하는 경우

ⅱ) 「상법」 제530조의2(회사의 분할·분할합병)제1항의 규정에 의하여 분할에 의한 회사설립에 참여하는 경우

② 기업결합이 다음 각 호의 어느 하나에 해당하는 경우에는 일정한 거래분야에서 경쟁을 실질적으로 제한하는 것으로 추정한다.[7]

ⅰ. 기업결합의 당사회사(제1항 제5호의 경우에는 회사설립에 참여하는 모든 회사를 말한다. 이하 같다)의 시장점유율(계열회사의 시장점유율을 합산한 점유율을 말한다. 이하 이 조에서 같다)의 합계가 다음 각 목의 요건을

---

5) 독점규제 및 공정거래에 관한 법률 시행령 제12조의2(대규모회사의 기준), 독점규제 및 공정거래에 관한 법률 제7조(기업결합의 제한)제1항 단서에서 “대통령령이 정하는 규모에 해당하는 회사”라 함은 자산총액 또는 매출액의 규모가 2조원이상인 회사를 말한다.

6) 독점규제 및 공정거래에 관한 법률 제7조

7) 독점규제 및 공정거래에 관한 법률 제7조 제4항

갖춘 경우

ⅰ) 시장점유율의 합계가 시장지배적 사업자의 추정요건에 해당할 것

ⅱ) 시장점유율의 합계가 당해거래분야에서 제1위일 것

ⅲ) 시장점유율의 합계와 시장점유율이 제2위인 회사(당사회사를 제외한 회사 중 제1위인 회사를 말한다)의 시장점유율과의 차이가 그 시장점유율의 합계의 100분의 25이상일 것

ⅱ. 대규모회사가 직접 또는 특수 관계인 통하여 행한 기업결합이 다음 각목의 요건을 갖춘 경우

ⅰ) 「중소기업기본법」에 의한 중소기업의 시장점유율이 3분의 2이상인 거래분야에서의 기업결합일 것

ⅱ) 당해기업결합으로 100분의 5이상의 시장점유율을 가지게 될 것

2) 경제력 집중의 억제

경제력 집중의 억제는 독과점 규제정책의 가장 중요한 목표중의 하나라고 할 수 있다. 경제력 집중을 억제하기 위한 방법 중의 하나로 출자총액 제한제도를 시행하고 있다.

지금 우리나라에서 시행하고 있는 상호출자제한제도는 [어느 기업이 자기회사의 자금으로 다른 기업의 주식에 투자하여 보유할 수 있는 금액을 제한하는 제도]를 뜻한다. 이는 재벌등 대기업 그룹들이 무분별하게 사업을 확장하여 시장을 독점하는 것을 막기 위함이다. 1986년 도입 된 후 1998년 폐지, 1999년 12월에 다시 도입하였다. 이에 대한 찬반의 논란은 지금도 분분한데, 상호출자제한기업집단은 당해 기업집단에 속하는 국내 회사들의 상호출자제한기업집단지정 직전사업연도의 대차대조표상의 자산총액[금융업 또는 보험업을 영위하는 회사의 경우에는 자본총액 또는 자본금중 큰 금액으로 하며, 새로 설립된 회사로서 직전사업연도의 대차대조표가 없는 경우에는 지정일

현재의 납입자본금으로 한다]의 합계액이 5조원 이상인 기업집단으로 한다. 다만, 다음 각 호의 어느 하나에 해당하는 기업집단을 제외한다.[8]

ⅰ. 금융업 또는 보험업만을 영위하는 기업집단

ⅱ. 금융업 또는 보험업을 영위하는 회사가 법 제2조(정의)제2호에서 규정한 동일인인 경우의 기업집단.[9] 물론 공기업도 포함된다.

대기업의 경제력집중은 점점 더 심화되고 있는 상황이다. 2012년 7월1일자 신문과 인터넷 상의 정보 (연합뉴스) 들에 의하면 10대 재벌 총수중심 지배구조 더욱 강화, 내부지분율 55.7%로 20년來 최고에 달해, 총수 지분율 1% 미만 불과 계열사 통해 경영지배 등의 내용으로 우리나라의 경제가 재벌기업에게로 집중화 되고 있는 것을 나타내고 있다.

이러한 현상을 공정위는 "총수가 기업집단 전체 계열사의 경영을 좌우하는 상황에서는 재벌의 중소기업 영역 잠식이나 총수일가의 사익추구 가능성을 배제할 수 없다"며 "대기업집단의 소유구조와 경영관행 개선을 위해 견제시스템을 강화하는 등 맞춤형 정책을 지속적으로 추진할 필요가 있다"고 지적하고 있다.[10]

---

8) 독점규제 및 공정거래에 관한 법률 시행령 제17조(상호출자 제한 기업진단 등의 범위)

9) 독점규제 및 공정거래에 관한 법률 제9조(상호출자의 금지 등)제1항의 규정에 의한 상호출자제한기업집단은 당해 기업집단에 속하는 국내 회사들의 상호출자제한기업집단 지정 직전사업연도의 대차대조표상의 자산총액[금융업 또는 보험업을 영위하는 회사의 경우에는 자본총액 또는 자본금중 큰 금액으로 하며, 새로 설립된 회사로서 직전사업연도의 대차대조표가 없는 경우에는 지정일 현재의 납입자본금으로 한다. 이하 이 조, 제17조의8(대규모내부거래의 이사회 의결 및 공시) 및 제21조(상호출자제한기업집단등의 지정)에서 같다]의 합계액이 5조원 이상인 기업집단으로 한다. 다만, 다음 각 호의 어느 하나에 해당하는 기업집단을 제외한다. <개정 1993.2.20, 1995.4.1, 1997.3.31, 1998.4.1, 1999.3.31, 2000.4.1, 2002.3.30, 2005.3.31, 2006.3.29, 2006.4.14, 2008.6.25>
1. 금융업 또는 보험업만을 영위하는 기업집단
2. 금융업 또는 보험업을 영위하는 회사가 법 제2조(정의)제2호에서 규정한 동일인인 경우의 기업집단

10) 서울=2012.7.1. 연합뉴스) 고일환 기자 = 10대 대기업집단의 지배구조가 총수를 중심

으로 더욱 공고해진 것으로 나타났다. 공정거래위원회가 1일 63개 대기업집단의 주식 소유현황(4월12일 현재)을 분석한 결과, 총수가 있는 상위 10대 기업집단의 내부지분율은 55.7%로 지난해(53.5%)보다 2.2%포인트 늘었다. 최근 20년간 최고치다.

기업집단 소속 전체 계열회사의 자본금 중 동일인과 친족, 임원, 계열회사 등 집단내부자의 지분이 점하는 비중인 내부지분율이 상승했다는 것은 총수의 경영권이 강화했다는 의미다.

반면에 1993년 3.5%에 달했던 총수의 지분율은 올해 처음으로 1% 미만(0.94%)으로 줄었다. 총수가 적은 지분으로 계열 회사 간 출자를 통해 대기업집단 전체를 지배하는 현상이 심화했다는 얘기다.

63개 대기업집단 중 총수가 있는 43개 기업집단의 내부지분율은 56.1%로 총수 2.13%, 친족 2.05%, 계열회사 49.55%, 기타 2.38%의 지분구조를 보였다.

총수가 있는 대기업집단 가운데 작년에 이어 연속으로 상호출자제한기업집단으로 지정된 38개 집단의 내부지분율은 56.0%로 작년(54.2%)에 비해 1.8%포인트 증가했다. 내부지분율이 가장 많이 증가한 곳은 16.6% 포인트가 늘어난 삼성이고, 부영(10.0%포인트), 웅진(7.4%포인트), 신세계(6.24%포인트), GS(5.62%포인트) 등이 뒤를 이었다.

총수가 있는 43개 대기업집단 소속회사 1천565개 가운데 총수 일가가 100% 소유하고 있는 계열회사는 64곳(4.09%)인 반면에 총수 일가의 지분이 전혀 없는 계열회사는 1천139곳(72.8%)에 달했다.

전체 소속 회사의 70%가 넘는 회사를 대기업 총수들이 자신 및 친족 보유 지분없이 경영권을 행사하고 있다는 것이다.

총수가 없는 20개 대기업집단의 내부지분율은 10.9%로 지난해(6.7%)보다 4.2%포인트 오른 것으로 집계됐다. 금융보험사의 계열회사 출자도 더 늘어났다.

총수가 있는 43개 대기업 집단 중 29개 집단에서 139개의 금융보험사를 보유하고 있으며 이 가운데 18개 집단 60개 금융보험사가 149개 계열회사(금융 96개 · 비금융 53개)에 출자했다.

금융보험사의 계열회사 출자금(액면가 기준)은 4조8천206억 원으로 전년에 비해 32.7%(1조1천883억 원) 증가했다. 43개 대기업 집단 소속 1천565개사 가운데 상장회사는 230개(14.7%)로 집계됐다.

총수일가에 대한 견제기능을 수행할 수 있는 기관 및 외국인 투자자의 지분율은 34.0%(기관 17.8%, 외국인 16.2%)로 상장사의 내부지분율(40.1%)에 못 미쳤다.

공정위는 "총수가 기업집단 전체 계열사의 경영을 좌우하는 상황에서는 재벌의 중소기업 영역 잠식이나 총수일가의 사익추구 가능성을 배제할 수 없다"며 "대기업집단의 소유구조와 경영관행 개선을 위해 견제시스템을 강화하는 등 맞춤형 정책을 지속적으로 추진할 필요가 있다"고 지적했다.

koman@yna.co.kr

3. 부당한 공동행위의 제한

1) 부당한 공동행위의 개념

부당한 공동행위란 독점규제 및 공정거래에 관한법률 제19조에 의거하면, 사업자는 계약·협정·결의 기타 어떠한 방법으로도

ⅰ. 가격을 결정·유지 또는 변경하는 행위

ⅱ. 상품 또는 용역의 거래조건이나, 그 대금 또는 대가의 지급조건을 정하는 행위

ⅲ. 상품의 생산·출고·수송 또는 거래의 제한이나 용역의 거래를 제한하는 행위

ⅳ. 거래지역 또는 거래상대방을 제한하는 행위

ⅴ. 생산 또는 용역의 거래를 위한 설비의 신설 또는 증설이나 장비의 도입을 방해하거나 제한하는 행위

ⅵ. 상품 또는 용역의 생산·거래 시에 그 상품 또는 용역의 종류·규격을 제한하는 행위

ⅶ. 영업의 주요부문을 공동으로 수행·관리하거나 수행·관리하기 위한 회사 등을 설립하는 행위

ⅷ. 입찰 또는 경매에 있어 낙찰자, 경락자(競落者), 투찰(投札)가격, 낙찰가격 또는 경락가격, 그 밖에 대통령령으로 정하는 사항을 결정하는 행위

ⅸ. 제1호부터 제8호까지 외의 행위로서 다른 사업자(그 행위를 한 사업자를 포함한다)의 사업 활동 또는 사업내용을 방해하거나 제한함으로써 일정한 거래분야에서 경쟁을 실질적으로 제한하는 행위를 말하며, 위 각 호의 어느 하나에 해당하는 행위를 할 것을 합의(이하 "부당한 공동행위"라 한다)하거나 다른 사업자로 하여금 이를 행하도록 하여서는 아니 된다.[11)]

2) 용인되는 공동행위

① 독점거래 및 공정거래에 관한 법률 19조 2항에 보면, 예외적으로 공동행위를 인정하는 조항이 있다. 즉 19조 ②, 제1항의 규정은 부당한 공동행위가 다음 각호의 1에 해당하는 목적을 위하여 행하여지는 경우로서 대통령령이 정하는 요건에 해당하고 공정거래위원회의 인가를 받은 경우에는 이를 적용하지 아니한다.<신설 1996.12.30.>

i. 산업합리화

ii. 연구·기술개발

iii. 불황의 극복

iv. 산업구조의 조정

v. 거래조건의 합리화

vi. 중소기업의 경쟁력향상

② 제2항의 규정에 의한 인가의 기준·방법·절차 및 인가사항 변경등에 관하여 필요한 사항은 대통령령으로 정한다.

4. 불공정거래행위의 금지

1) 불공정 거래행위

사업자가 개별적 기업의 입장에서 혹은 공동으로 시장경쟁을 제한할 목적으로 행하는 부당한 거래행위는 무수히 많다. 그런 것을 총괄적으로 규제하기 위하여 제정한 독점규제 및 공정거래에 관한 법률 제5장에는 불공정거래행위의 금지를 기술하고 있다.[12]

---

11) 독점규제 및 공정거래에 관한 법률 제19조1항
12) 독점규제 및 공정거래에 관한 법률 제23조

즉 법 제23조에는

① 사업자는 다음 각 호의 어느 하나에 해당하는 행위로서 공정한 거래를 저해할 우려가 있는 행위(이하 “불공정거래행위”라 한다)를 하거나, 계열회사 또는 다른 사업자로 하여금 이를 행하도록 하여서는 아니 된다.

ⅰ. 부당하게 거래를 거절하거나 거래의 상대방을 차별하여 취급하는 행위

ⅱ. 부당하게 경쟁자를 배제하는 행위

ⅲ. 부당하게 경쟁자의 고객을 자기와 거래하도록 유인하거나 강제하는 행위

ⅳ. 자기의 거래상의 지위를 부당하게 이용하여 상대방과 거래하는 행위

ⅴ. 거래의 상대방의 사업활동을 부당하게 구속하는 조건으로 거래하거나 다른 사업자의 사업활동을 방해하는 행위

ⅵ. 삭제 <1999.2.5>

ⅶ. 부당하게 특수관계인 또는 다른 회사에 대하여 가지급금·대여금·인력·부동산·유가증권·상품·용역·무체재산권 등을 제공하거나 현저히 유리한 조건으로 거래하여 특수 관계인 또는 다른 회사를 지원하는 행위

ⅷ. 제1호 내지 제7호이외의 행위로서 공정한 거래를 저해할 우려가 있는 행위를 하여서는 아니 된다.

2) 불공정거래행위의 구체적 유형 및 기준

법 제 23조 ② 불공정거래행위의 유형 또는 기준은 대통령령으로 정한다. <개정 1996.12.30.>[13]라고 하여 구체적인 유형과 기준을 시행령에 나타내고 있다.

13) 독점규제 및 공정거래에 관한 법률 시행령 [별표 1의 2]

-참고자료2-

[별표 1의2] <개정 2010.5.14>

불공정거래행위의 유형 및 기준(제36조제1항관련)

1. 거래거절

법 제23조(불공정거래행위의 금지)제1항제1호 전단에서 "부당하게 거래를 거절하는 행위"라 함은 다음 각목의 1에 해당하는 행위를 말한다.

가. 공동의 거래거절

정당한 이유없이 자기와 경쟁관계에 있는 다른 사업자와 공동으로 특정사업자에 대하여 거래의 개시를 거절하거나 계속적인 거래관계에 있는 특정사업자에 대하여 거래를 중단하거나 거래하는 상품 또는 용역의 수량이나 내용을 현저히 제한하는 행위

나. 기타의 거래거절

부당하게 특정사업자에 대하여 거래의 개시를 거절하거나 계속적인 거래관계에 있는 특정사업자에 대하여 거래를 중단하거나 거래하는 상품 또는 용역의 수량이나 내용을 현저히 제한하는 행위

2. 차별적 취급

법 제23조(불공정거래행위의 금지)제1항제1호 후단에서 "부당하게 거래의 상대방을 차별하여 취급하는 행위"라 함은 다음 각목의 1에 해당하는 행위를 말한다.

가. 가격차별

부당하게 거래지역 또는 거래상대방에 따라 현저하게 유리하거나 불리한 가격으로 거래하는 행위

나. 거래조건차별

부당하게 특정사업자에 대하여 수량·품질 등의 거래조건이나 거래내용에 관하여 현저하게 유리하거나 불리한 취급을 하는 행위

다. 계열회사를 위한 차별

정당한 이유없이 자기의 계열회사를 유리하게 하기 위하여 가격·수량·품질 등의 거래조건이나 거래내용에 관하여 현저하게 유리하거나 불리하게 하는 행위

라. 집단적 차별

집단으로 특정사업자를 부당하게 차별적으로 취급하여 그 사업자의 사업활동을 현저하게 유리하거나 불리하게 하는 행위

3. 경쟁사업자 배제

법 제23조(불공정거래행위의 금지)제1항제2호에서 "부당하게 경쟁자를 배제하는 행위"라 함은 다음 각목의 1에 해당하는 행위를 말한다.

가. 부당염매

자기의 상품 또는 용역을 공급함에 있어서 정당한 이유없이 그 공급에 소요되는 비용보다 현저히 낮은 대가로 계속하여 공급하거나 기타 부당하게 상품 또는 용역을 낮은 대가로 공급함으로써 자기 또는 계열회사의 경쟁사업자를 배제시킬 우려가 있는 행위

나. 부당고가매입

부당하게 상품 또는 용역을 통상거래가격에 비하여 높은 대가로 구입하여 자기 또는 계열회사의 경쟁사업자를 배제시킬 우려가 있는 행위

4. 부당한 고객유인

법 제23조(불공정거래행위의 금지)제1항제3호 전단에서 "부당하게 경쟁자의 고객을 자기와 거래하도록 유인하는 행위"라 함은 다음 각목의 1에 해당하는 행위를 말한다.

가. 부당한 이익에 의한 고객유인

정상적인 거래관행에 비추어 부당하거나 과대한 이익을 제공 또는 제공할 제의를 하여 경쟁사업자의 고객을 자기와 거래하도록 유인하는 행위

나. 위계에 의한 고객유인

제9호의 규정에 의한 부당한 표시·광고 외의 방법으로 자기가 공급하는 상품 또는 용역의 내용이나 거래조건 기타 거래에 관한 사항에 관하여 실제보다 또는 경쟁사업자의 것보다 현저히 우량 또는 유리한 것으로 고객을 오인시키거나 경쟁사업자의 것이 실제보다 또는 자기의 것보다 현저히 불량 또는 불리한 것으로 고객을 오인시켜 경쟁사업자의 고객을 자기와 거래하도록 유인하는 행위

다. 기타의 부당한 고객유인

경쟁사업자와 그 고객의 거래에 대하여 계약성립의 저지, 계약불이행의 유인 등의 방법으로 거래를 부당하게 방해함으로써 경쟁사업자의 고객을 자기와 거래하도록 유인하는 행위

5. 거래강제

법 제23조(불공정거래행위의 금지)제1항제3호 후단에서 "부당하게 경쟁자의 고객을 자기와 거래하도록 강제하는 행위"라 함은 다음 각목의 1에 해당하는 행위를 말한다.

가. 끼워팔기

거래상대방에 대하여 자기의 상품 또는 용역을 공급하면서 정상적인 거래관행에 비추어 부당하게 다른 상품 또는 용역을 자기 또는 자기가 지정하는 사업자로부터 구입하도록 하는 행위

나. 사원판매

부당하게 자기 또는 계열회사의 임직원으로 하여금 자기 또는 계열회사의 상품이나 용역을 구입 또는 판매하도록 강제하는 행위

다. 기타의 거래강제

정상적인 거래관행에 비추어 부당한 조건 등 불이익을 거래상대방에게 제시하여 자기 또는 자기가 지정하는 사업자와 거래하도록 강제하는 행위

6. 거래상 지위의 남용

법 제23조(불공정거래행위의 금지)제1항제4호에서 "자기의 거래상의 지위를 부당하게 이용하여 상대방과 거래하는 행위"라 함은 다음 각목의 1에 해당하는 행위를 말한다.

가. 구입강제

거래상대방이 구입할 의사가 없는 상품 또는 용역을 구입하도록 강제하는 행위

나. 이익제공강요

거래상대방에게 자기를 위하여 금전·물품·용역 기타의 경제상이익을 제공하도록 강요하는 행위

다. 판매목표강제

자기가 공급하는 상품 또는 용역과 관련하여 거래상대방의 거래에 관한 목표를 제시하고 이를 달성하도록 강제하는 행위

라. 불이익제공

가목 내지 다목에 해당하는 행위 외의 방법으로 거래상대방에게 불이익이 되도록 거래조건을 설정 또는 변경하거나 그 이행과정에서 불이익을 주는 행위

마. 경영간섭

거래상대방의 임직원을 선임·해임함에 있어 자기의 지시 또는 승인을 얻게

하거나 거래상대방의 생산품목·시설규모·생산량·거래내용을 제한함으로써 경영활동을 간섭하는 행위

7. 구속조건부거래

법 제23조(불공정거래행위의 금지)제1항제5호 전단에서 "거래의 상대방의 사업활동을 부당하게 구속하는 조건으로 거래하는 행위"라 함은 다음 각목의 1에 해당하는 행위를 말한다.

가. 배타조건부거래

부당하게 거래상대방이 자기 또는 계열회사의 경쟁사업자와 거래하지 아니하는 조건으로 그 거래상대방과 거래하는 행위

나. 거래지역 또는 거래상대방의 제한

상품 또는 용역을 거래함에 있어서 그 거래상대방의 거래지역 또는 거래상대방을 부당하게 구속하는 조건으로 거래하는 행위

8. 사업활동 방해

법 제23조(불공정거래행위의 금지)제1항제5호 후단에서 "부당하게 다른 사업자의 사업활동을 방해하는 행위"라 함은 다음 각목의 1에 해당하는 행위를 말한다.

가. 기술의 부당이용

다른 사업자의 기술을 부당하게 이용하여 다른 사업자의 사업활동을 심히 곤란하게 할 정도로 방해하는 행위

나. 인력의 부당유인·채용

다른 사업자의 인력을 부당하게 유인·채용하여 다른 사업자의 사업활동을 심히 곤란하게 할 정도로 방해하는 행위

다. 거래처 이전 방해

다른 사업자의 거래처 이전을 부당하게 방해하여 다른 사업자의 사업활동을 심히 곤란하게 할 정도로 방해하는 행위

라. 기타의 사업활동방해

가목 내지 다목 외의 부당한 방법으로 다른 사업자의 사업활동을 심히 곤란하게 할 정도로 방해하는 행위

9. 삭제 <1999.6.30>

10. 부당한 지원행위

법 제23조(불공정거래행위의 금지)제1항제7호에서 "부당하게 특수관계인 또는 다른 회사에 대하여 가지급금·대여금·인력·부동산·유가증권·상품·용역·무

체재산권 등을 제공하거나 현저히 유리한 조건으로 거래하여 특수관계인 또는 다른 회사를 지원하는 행위"라 함은 다음 각 목의 어느 하나에 해당하는 행위를 말한다.

가. 부당한 자금지원

부당하게 특수관계인 또는 다른 회사에 대하여 가지급금·대여금 등 자금을 현저히 낮거나 높은 대가로 제공 또는 거래하거나 현저한 규모로 제공 또는 거래하여 과다한 경제상 이익을 제공함으로써 특수관계인 또는 다른 회사를 지원하는 행위

나. 부당한 자산·상품 등 지원

부당하게 특수관계인 또는 다른 회사에 대하여 부동산·유가증권·상품·용역·무체재산권 등 자산을 현저히 낮거나 높은 대가로 제공 또는 거래하거나 현저한 규모로 제공 또는 거래하여 과다한 경제상 이익을 제공함으로써 특수관계인 또는 다른 회사를 지원하는 행위

다. 부당한 인력지원

부당하게 특수관계인 또는 다른 회사에 대하여 인력을 현저히 낮거나 높은 대가로 제공하거나 현저한 규모로 제공하여 과다한 경제상 이익을 제공함으로써 특수 관계인 또는 다른 회사를 지원하는 행위

---

5. 사업자 단체의 금지행위

1) 사업자 단체의 금지행위

독점금지 및 공정거래에 관한 법률 제26조(사업자단체의 금지행위)에서 ① 사업자단체는 다음 각 호의 1에 해당하는 행위를 하여서는 아니 된다 라며 아래와 같이 규정하고 있다.[14) 즉

ⅰ. 제19조(부당한 공동행위의 금지)제1항 각호의 행위에 의하여 부당하게 경쟁을 제한하는 행위

---

14) 독점금지 및 공정거래에 관한 법률 제26조

ii. 일정한 거래분야에 있어서 현재 또는 장래의 사업자수를 제한하는 행위

iii. 구성사업자(사업자단체의 구성원인 사업자를 말한다. 이하 같다)의 사업내용 또는 활동을 부당하게 제한하는 행위

iv. 사업자에게 제23조(불공정거래행위의 금지)제1항 각호의 1의 규정에 의한 불공정거래행위 또는 제29조(재판매가격유지행위의 제한)의 규정에 의한 재판매가격유지행위를 하게 하거나 이를 방조하는 행위

② 제19조(부당한 공동행위의 금지)제2항 및 제3항은 제1항제1호의 경우에 이를 준용한다. 이 경우에 "사업자"는 "사업자단체"로 본다.

③ 공정거래위원회는 제1항의 규정에 위반하는 행위를 예방하기 위하여 필요한 경우 사업자단체가 준수하여야 할 지침을 제정·고시할 수 있다.

④ 공정거래위원회는 제3항의 지침을 제정하고자 할 경우에는 관계행정기관의 장의 의견을 들어야 한다.

2) 벌칙 : 과징금

① 공정거래위원회는 제26조(사업자단체의 금지행위)제1항 각호의 1의 규정에 위반하는 행위가 있을 때에는 당해사업자단체에 대하여 5억 원의 범위안에서 과징금을 부과할 수 있다.[15]

② 공정거래위원회는 제26조(사업자단체의 금지행위)제1항제1호를 위반하는 행위에 참가한 사업자에 대하여는 대통령령이 정하는 매출액에 100분의 10을 곱한 금액을 초과하지 아니하는 범위 안에서 과징금을 부과할 수 있다. 다만, 매출액이 없는 경우 등에는 20억 원을 초과하지 아니하는 범위 안에서 과징금을 부과할 수 있다.

③ 공정거래위원회는 제26조제1항제2호부터 제4호까지의 규정을 위반하는 행위에 참가한 사업자에 대하여는 대통령령으로 정하는 매출액에 100분

15) 독점금지 및 공정거래에 관한 법률 제28조

의 5를 곱한 금액을 초과하지 아니하는 범위에서 과징금을 부과할 수 있다. 다만, 매출액이 없는 경우 등에는 5억 원을 초과하지 아니하는 범위에서 과징금을 부과할 수 있다.

6. 재판매 가격유지 행위의 제한

재판매 가격 유지(再販賣 價格 維持)는 개개 상품의 생산, 공급자가 그 상품을 판매하는 도·소매업자에게 개별적으로 상품의 재판매 가격을 지시하여 이를 준수하게 만드는 행위를 말한다. 메이커 업체가 소매업자에게 상품의 가격 인하 판매를 허락하지 않는 것이 이에 해당한다.[16)]

재판매 가격 유지는 유통 단계의 자유롭고 공정한 경쟁을 저해하고 수요와 공급의 원칙에 근거하는 정상적인 가격 형성을 막음으로써 소비자들의 이익을 해칠 수 있다. 따라서 자본주의 경제 속에서 생활하는 많은 나라들에는 독점 금지법으로 이를 보호한다. 다만 예외적으로 일부 상품에 대해서는 일정한 요건의 바탕으로 재판매 행위를 용인하는 경우가 있다.[17)]

우리나라의 독점규제 및 공정거래에 관한 법률에는 제7장에 재판매가격유지행위의 제한에 관한 규정을 두어 규제를 하고 있다.

즉 제 제29조(재판매가격유지행위의 제한)에서

① 사업자는 재판매가격유지행위를 하여서는 아니 된다. 다만, 상품이나 용역을 일정한 가격 이상으로 거래하지 못하도록 하는 최고가격유지행위로서 정당한 이유가 있는 경우에는 그러하지 아니하다.

② 제1항의 규정은 대통령령이 정하는 저작물과 다음 각 호의 요건을 갖춘 상품으로서 사업자가 당해상품에 대하여 재판매가격유지행위를 할 수 있도

16) 독점금지 및 공정거래에 관한 법률 제29조
17) 한국어 위키백과

록 공정거래위원회로부터 미리 지정을 받은 경우에는 이를 적용하지 아니한다.

i. 당해상품의 품질이 동일하다는 것을 용이하게 식별할 수 있을 것

ii. 당해상품이 일반소비자에 의하여 일상 사용되는 것일 것

iii. 당해상품에 대하여 자유로운 경쟁이 행하여지고 있을 것

③ 사업자가 제2항의 규정에 의한 지정을 받고자 할 때에는 대통령령이 정하는 바에 의하여 이를 공정거래위원회에 신청하여야 한다.

④ 공정거래위원회가 제2항의 규정에 의하여 재판매가격유지행위를 할 수 있는 상품을 지정한 때에는 이를 고시하여야 한다.

7. 공정거래위원회

독과점 규제와 경제력 집중이라는 독점규제 및 공정거래에 관한 법률의 목적을 달성하기위해 중앙행정기관으로 국무총리 소속하에 공정거래위원회를 두고 있다. 공정거래위원회는 「정부조직법」 제2조(중앙행정기관의 설치와 조직)의 규정에 의한 중앙행정기관으로서 그 소관 사무를 수행한다.[18)]

1) 조직의 성격 및 소관사무

공정거래위원회는 비교적 독립성을 지닌 우리나라 최고의 규제담당기관이라 할 수 있다.

공정거래위원회의 소관 사무는 다음 각 호와 같다.

i. 시장지배적지위의 남용행위 규제에 관한 사항

ii. 기업결합의 제한 및 경제력집중의 억제에 관한 사항

iii. 부당한 공동행위 및 사업자단체의 경쟁제한행위 규제에 관한 사항

iv. 불공정거래행위 및 재판매가격유지행위 규제에 관한 사항

---

18) 독점금지 및 공정거래에 관한 법률 제35조

v. 부당한 국제계약의 체결제한에 관한 사항

vi. 경쟁제한적인 법령 및 행정처분의 협의·조정 등 경쟁촉진정책에 관한 사항

vii. 기타 법령에 의하여 공정거래위원회의 소관으로 규정된 사항

2) 공정거래위원회의 구성 등

① 공정거래위원회는 위원장 1인 및 부위원장 1인을 포함한 9인의 위원으로 구성하며, 그중 4인은 비상임위원으로 한다.[19]

② 공정거래위원회의 상임위원과 비상임위원(이하 "위원"이라 한다)은 독점규제 및 공정거래 또는 소비자분야에 경험 또는 전문지식이 있는 자로서 다음 각 호의 어느 하나에 해당하는 자중에서, 위원장과 부위원장은 국무총리의 제청으로 대통령이 임명하고 기타 위원은 위원장의 제청으로 대통령이 임명한다. 이 경우 위원장은 국회의 인사청문을 거쳐야 한다.

i. 2급 이상 공무원(고위공무원단에 속하는 일반직공무원을 포함한다)의 직(職)에 있던 자

ii. 판사·검사 또는 변호사의 직에 15년 이상 있던 자

iii. 법률·경제·경영 또는 소비자 관련 분야 학문을 전공하고 대학이나 공인된 연구기관에서 15년 이상 근무한 자로서 부교수 이상 또는 이에 상당하는 직에 있던 자

iv. 기업경영 및 소비자보호활동에 15년 이상 종사한 경력이 있는 자

③ 위원장과 부위원장은 정무직으로 하고, 기타 상임위원은 고위공무원단에 속하는 별정직공무원으로 보한다.

④ 위원장·부위원장 및 제47조(사무처의 설치)의 규정에 의한 사무처의 장은「정부조직법」제10조(政府委員)의 규정에 불구하고 정부위원이 된다.

---

19) 독점금지 및 공정거래에 관한 법률 제37조

3) 회의의 구분 등

ⅰ. 회의의 구분 : 공정거래위원회의 회의는 위원전원으로 구성하는 회의(이하 "전원회의"라 한다)와 상임위원 1인을 포함한 위원 3인으로 구성하는 회의(이하 "소회의"라 한다)로 구분한다.[20]

ⅱ. 전원회의 및 소회의 관장사항 : 전원회의는 다음 각 호의 1의 사항을 심의·의결한다.

ⅰ) 공정거래위원회 소관의 법령이나 규칙·고시 등의 해석적용에 관한 사항

ⅱ) 제53조(異議申請)의 규정에 의한 이의신청

ⅲ) 소회의에서 의결되지 아니하거나 소회의가 전원회의에서 처리하도록 결정한 사항

ⅳ) 규칙 또는 고시의 제정 또는 변경

ⅴ) 경제적 파급효과가 중대한 사항 기타 전원회의에서 스스로 처리하는 것이 필요하다고 인정하는 사항

ⅲ. 소회의는 제1항 각호의 사항외의 사항을 심의·의결한다.

4) 위원장 등의 권한 및 임기

(1) 위원장의 권한 등

① 위원장은 공정거래위원회를 대표한다.[21]

② 위원장은 국무회의에 출석하여 발언할 수 있다.

③ 위원장이 사고로 인하여 직무를 수행할 수 없을 때에는 부위원장이 그 직무를 대행하며, 위원장과 부위원장이 모두 사고로 인하여 직무를 수행할 수 없을 때에는 선임상임위원순으로 그 직무를 대행한다.

---

20) 독점금지 및 공정거래에 관한 법률 제37조2

21) 독점금지 및 공정거래에 관한 법률 제38조~제42조

(2) 임기 및 신분보장 등

① 공정거래위원회의 위원장, 부위원장 및 다른 위원의 임기는 3년으로 하고, 1차에 한하여 연임할 수 있다.

② 위원은 다음 각 호의 1에 해당하는 경우를 제외하고는 그 의사에 반하여 면직되지 아니한다.

i. 금고이상의 형의 선고를 받은 경우

ii. 장기간의 심신쇠약으로 직무를 수행할 수 없게 된 경우

③ 위원은 정당에 가입하거나 정치운동에 관여할 수 없다.

④ 전원회의의 의사는 위원장이 주재하며 재적위원 과반수의 찬성으로 의결한다. 소회의(3인)의 의사는 상임위원이 주재하며 구성위원 전원의 출석과 출석위원 전원의 찬성으로 한다.

8. 벌칙

1) 강행법규

① 다음 각 호의 어느 하나에 해당하는 자는 3년 이하의 징역 또는 2억 원 이하의 벌금에 처한다.[22)]

i. 제3조의2(시장지배적지위의 남용금지)의 규정에 위반하여 남용행위를 한 자

ii. 제7조(기업결합의 제한)제1항 본문을 위반하여 기업결합을 한 자

iii. 제8조의2(지주회사 등의 행위제한 등)제2항 내지 제5항을 위반한 자

iv. 제8조의3(채무보증제한기업집단의 지주회사 설립제한)의 규정에 위반하여 지주회사를 설립하거나 지주회사로 전환한 자

---

22) 독점금지 및 공정거래에 관한 법률 제66조

v. 제9조(상호출자의 금지 등)를 위반하여 주식을 취득하거나 소유하고 있는 자

vi. 제10조의2(계열회사에 대한 채무보증의 금지)제1항의 규정을 위반하여 채무보증을 하고 있는 자

vii. 제11조(금융회사 또는 보험회사의 의결권 제한) 또는 제18조(시정조치의 이행확보)의 규정에 위반하여 의결권을 행사한 자

viii. 제15조(탈법행위의 금지)의 규정에 위반하여 탈법행위를 한 자

ix. 제19조(부당한 공동행위의 금지)제1항의 규정을 위반하여 부당한 공동행위를 한 자 또는 이를 행하도록 한 자

x. 제26조(사업자단체의 금지행위)제1항제1호의 규정에 위반하여 사업자단체의 금지행위를 한 자

xi. 제50조제2항에 따른 조사 시 폭언·폭행, 고의적인 현장진입 저지·지연 등을 통하여 조사를 거부·방해 또는 기피한 자

xii. 제1항의 징역형과 벌금형은 이를 병과할 수 있다.

② 다음 각 호의 어느 하나에 해당하는 자는 2년 이하의 징역 또는 1억5천만 원 이하의 벌금에 처한다.[23)]

i. 삭제 <1996.12.30>

ii. 제23조(불공정거래행위의 금지)제1항의 규정에 위반하여 불공정거래행위를 한 자

iii. 제26조(사업자단체의 금지행위)제1항 제2호 내지 제5호의 규정에 위반한 자

iv. 제29조(재판매가격유지행위의 제한)제1항의 규정에 위반하여 재판매가격유지행위를 한 자

---

23) 독점금지 및 공정거래에 관한 법률 제67조

ⅴ. 제32조(부당한 국제계약의 체결제한)제1항의 규정에 위반하여 국제계약을 체결한 자

ⅵ. 제5조(是正措置), 제16조(시정조치 등)제1항, 제21조(是正措置), 제24조(是正措置), 제27조(是正措置), 제30조(재판매가격유지계약의 수정), 제31조(是正措置) 또는 제34조(是正措置)의 규정에 의한 시정조치 또는 금지명령에 응하지 아니한 자

ⅶ. 제14조(상호출자제한기업집단등의 지정 등)제5항의 규정에 위반하여 공인회계사의 회계감사를 받지 아니한 자

③ 다음 각 호의 어느 하나에 해당하는 자는 1억 원 이하의 벌금에 처한다.[24]

ⅰ. 제8조(지주회사 설립·전환의 신고)의 규정에 위반하여 지주회사의 설립 또는 전환의 신고를 하지 아니하거나 허위의 신고를 한 자

ⅱ. 제8조의2(지주회사 등의 행위제한 등)제7항을 위반하여 당해 지주회사 등의 사업내용에 관한 보고를 하지 아니하거나 허위의 보고를 한 자

ⅲ. 제13조(주식소유현황등의 신고)제1항 및 제2항의 규정에 위반하여 주식소유현황 또는 채무보증현황의 신고를 하지 아니하거나 허위의 신고를 한 자

ⅳ. 제14조(상호출자제한기업집단등의 지정 등)제4항의 자료요청에 대하여 정당한 이유 없이 자료제출을 거부하거나 허위의 자료를 제출한 자

ⅴ. 제50조(위반행위의 조사 등)제1항 제2호의 규정에 위반하여 허위의 감정을 한 자

2) 위반행위의 조사 시 직권남용 등

① 제50조(위반행위의 조사 등)제5항의 요건에 해당하지 아니함에도 불구

24) 독점금지 및 공정거래에 관한 법률 제68조

하고 그 직권을 남용하여 금융기관의 특정점포의 장에게 금융거래정보의 제출을 요구한 자 또는 동조제9항의 규정을 위반한 자는 5년 이하의 징역 또는 3천만 원 이하의 벌금에 처한다.[25]

② 제62조(비밀엄수의 의무)의 규정에 위반한 자는 2년 이하의 징역 또는 200만 원 이하의 벌금에 처한다.

3) 과태료

① 사업자 또는 사업자단체가 제1호 내지 제6호 및 제8호에 해당하는 경우에는 1억 원 이하, 제7호에 해당하는 경우에는 2억 원 이하, 회사 또는 사업자단체의 임원 또는 종업원 기타 이해관계인이 제1호 내지 제6호 및 제8호에 해당하는 경우에는 1천만 원 이하, 제7호에 해당하는 경우에는 5천만 원 이하의 과태료에 처한다.[26]

ⅰ. 제11조의2(대규모내부거래의 이사회 의결 및 공시)부터 제11조의4(기업집단현황 등에 관한 공시)까지의 규정에 따른 공시를 하는 경우에 이사회의 의결을 거치지 아니하거나 공시를 하지 아니한 자 또는 주요내용을 누락하거나 허위로 공시한 자

ⅱ. 제12조(기업결합의 신고)제1항 또는 제6항의 규정에 의한 기업결합의 신고를 하지 아니하거나 허위의 신고를 한 자 또는 같은 조 제8항을 위반한 자

ⅲ. 제14조의2(계열회사의 편입 및 제외등)제2항의 자료요청에 대하여 정당한 이유 없이 자료를 제출하지 아니하거나 허위의 자료를 제출한 자

ⅳ. 삭제 <2009.3.25>

ⅴ. 제50조(위반행위의 조사등)제1항제1호의 규정에 위반하여 정당한 사유 없이 출석을 하지 아니한 자

---

25) 독점금지 및 공정거래에 관한 법률 제69조

26) 독점금지 및 공정거래에 관한 법률 제66조의2

vi. 제50조(위반행위의 조사등)제1항제3호 또는 제3항의 규정에 의한 보고 또는 필요한 자료나 물건의 제출을 하지 아니하거나, 허위의 보고 또는 자료나 물건을 제출한 자

vii. 제50조제2항에 따른 조사 시 자료의 은닉·폐기, 접근거부 또는 위조·변조 등을 통하여 조사를 거부·방해 또는 기피한 자

viii. 제50조(위반행위의 조사등)제5항의 규정에 의한 금융거래정보의 제출을 거부한 자

② 제43조의2(심판정의 질서유지)의 규정에 위반하여 질서유지의 명령을 따르지 아니한 자는 100만 원 이하의 과태료에 처한다.

③ 제1항 또는 제2항의 규정에 의한 과태료는 대통령령이 정하는 바에 의하여 공정거래위원회가 부과·징수한다.

2장 경제적 규제

1절 경제적 규제의 의의와 대상

1. 경제적 규제의 의의

경제적 규제는 주로 기업의 근본적 경제활동이라고 할 수 있는 각종 경제행위에 대해, 규제를 하는 것으로 특정 산업분야에 대한 신규사업자의 진입(entry)이나, 퇴거 제한, 혹은 재화나 서비스의 가격, 생산량, 제품, 이윤율, 품질, 거래방법 등에 대해 정부가 제한을 가하는 규제를 말하며, 우리나라의 경우 광범위하게 여러 산업에 대하여 경제적 규제를 가하고 있다.

2. 특정한 산업

일반적으로 독과점 규제나 사회적 규제는 모든 산업을 대상으로 하는데 대하여 경제적 규제는 특정한 산업에만 규제를 가한다. 독과점 규제나 사회적 규제는 대부분 강행 법규를 두어 전반적으로 규제를 가하는데 비해, 경제적 규제는 강행 법규적인 측면도 있지만, 정부의 정책적 의지에 따라 융통성 있게 규제를 가하는 측면이 있다.

3. 특정산업이나 기업의 내부운영에 개입

경제적 규제는 특정 산업과 기업의 운영에 깊숙이 개입을 하는 경우로 특정사업자의 진입에 대한 규제는 정부가 허가하지 않으면, 사업을 영위할 수 없거니 혹은 반드시 어떤 조건을 만족시켜야만 허가나 인가가 나는 경우를 들 수 있다. 독과점 규제나 사회적 규제가 비 재량적 규제인데 반해, 경제적 규제는 정부의 재량적 행위에 따라 사업을 영위할 수 있는 재량적 규제라고 할 수 있다.

2절 경제적 규제의 이유

경제적 규제의 이유에는 여러 가지가 있을 수 있으나, 우선 공정성의 관점에서 접근 할 수 있고, 그 다음은 소득 재분배를 노린 소비자 보호의 관점, 그리고 국가산업의 육성과 보호에 그 근거를 두고 있다.

1. 소비자 보호

1) 자연독점

이는 자연 독점 상태가 존속하는 거대 기간산업에 주로 해당되며 철도, 항공, 통신, 전기 등이 이에 해당 된다. 예를 들어 철도나 전기와 같은 자연독점의 경우 독점적 지위의 남용을 방지하기 위하여 최고 가격이나, 최저 가격 등을 설정한다. 또한 사업의 부진에 따른 자의적인 사업퇴거를 방지하기 위한 퇴거규제를 설치하여 사업성이 없는 과소지역 등에 대한 철도폐쇄나 전력공급의 거부도 막으며, 서비스 질의 규제도 보장해 소비자를 보호하려 한다.

2) 폭리·부당이득 방지

2011년도에 정유사 들이 원유를 수입·가공하여 판매하는 과정에서 지나치게 폭리를 취득하게 된 사실을 알고 정부에서 행정지도 혹은 지속적인 휘발유 가격 인하 권유 등의 방법으로 정유사에서 휘발유 가격을 인하하였다. 그러나 이처럼 부당한 가격의 논쟁이 발생하기 전에, 언론이나 소비자 단체에서 아무리 떠들고 압력을 행사해도 해당 기업들은 꿈쩍도 하지 않는다. 따라서 정부나 지방자치단체에서 폭리 혹은 부당이득 방지라는 명목으로 지속적인 가격인하의 권고 등을 시행하게 되는데 결국은 사업자의 폭리를 방지하고 소비자를 보호하기 위한 방안인 것이다.

2. 공공재와 자원보존

예를 들어 라디오나 TV 주파수 혹은 이동통신에 사용되는 장·단파·초단파 등 무선 주파수 등에 대한 규제가 없으면, 방송국의 난립이나 이동통신사업자의 난립으로 큰 혼란이 조성 될 수 있다.

주파수경매제를 활용하는 우리나라의 경우 기간통신사업자를 선정하는 과정에서 전파이용료를 많이 내겠다고 제시하는 업자에게 사업권을 주는 제도로 기존의 비교 심사방식은 정부가 미리 사업계획서를 심사한 뒤 사업허가를 내주는 조건으로 일정한 금액의 출연금을 부과하는데 반해, 주파수경매제는 가격경쟁에 따라 사업자를 선정한다. 사업계획서 심사나 출연금 심사의 공정성 확보, 재정수입 확대, 전파자원의 효율적 관리 등이 장점이다. 그렇기 때문에 공공재적인 차원에서 주파수 등은 합리적으로 관리가 되며 자원이 보존된다고 보여 진다.

3. 산업의 육성과 보호

1) 산업의 육성

경제개발 5개년 계획(1차 : 1962년~6차 : 1991년) 이후 우리나라의 산업은 놀랄만한 발전을 이루었다. 이는 특히 정부 주도하에 고도의 경제성장을 지속해 왔으며, 이러한 과정에서 산업의 육성과 규제는 불가분의 밀접한 관계에 있었다. 즉 많은 육성법과 진흥법 등은 "규모의 경제"를 바탕으로 협소한 국내시장을 운영할 수밖에 없었고, 특히 대기업 정책으로 우리나라에서 경쟁력을 키워 세계로 수출을 해서 나라가 발전하는 모델을 활용하면서 진입규제를 활용하였다. 또한 지금도 마찬가지이지만, 신재생에너지, 태양광산업 등 갓 태어난 유치산업을 위해서 다양한 진흥법 등이 제정되어 세제혜택이나 다른 제도적인 혜택을 주고 지속적으로 장려하는 것이다.

2) 과당경쟁의 방지

과당경쟁이란 같은 업종의 기업 사이에서, 일반적인 자유 경쟁의 범위를 넘어, 지나치게 하는 경쟁을 말하는데, 특히 자본집약적인 산업은 시설과잉으로 과다한 가격경쟁이 일어나면 치명적인 타격을 서로가 입을 수 있다. 따라서 최저 가격을 설정하고, 설정된 최저 가격을 유지하기 위하여 다른 사업자의 신규 진입을 억제해야 한다고 주장한다. 한 예로서, 수출입 조합은 종류가 같거나 비슷한 물품의 수출업자와 수입업자가 설립한 조합으로 과당 경쟁을 방지하고 조합원의 공동 이익을 증진하기 위하여 수출입 화물의 종류나 가격, 수량, 품질, 경제 조건 등을 조정 한다.

3절 경제적 규제의 내용

진입규제는 경제적 규제의 가장 기본적인 유형의 하나로, 가격규제와 함께 아주 많이 활용된다. 진입규제는 시장 경쟁에 참여하는 개인사업자 또는 법인 기업체의 수를 제한하여 경쟁 시장에 대한 예외를 두는 경우이다. 즉 누구나 참여할 수 있는 자유시장의 논리를 거부하고 일정한 자격이나 조건 또는 능력이 제공 되어야만 시장 참여를 허락하는 것이다.

1. 진입규제

1) 진입 규제의 이유

(1) 중복투자와 자원낭비의 방지

자연독점산업에 있어서 중복투자와 자원의 낭비를 방지하기 위하여 진입을 규제할 필요가 있다. 투자 규모가 큰 산업의 경우 동일산업에 대한 중복투자는 시설의 과잉현상을 초래하게 되어 자원이 낭비되는 결과를 가져오게 되므로 진입규제로 인해 불필요한 중복 투자를 방지하는 것이다. 전력, 전화, 우편, 상하수도, 철도, 지하철 등 공익서비스의 대부분이 여기에 포함된다고 볼 수 있다.

(2) 과당경쟁 방지

산업 정책적 목적으로 규모경제효과를 확보하거나 과당경쟁으로 인한 폐해를 막기 위해 진입을 규제하는 경우도 있다. 즉 국내산업의 보호 육성을 위한 수입 규제, 교통산업 중 택시요금과 같이 최저가격을 설정하는 경우에 진입규제 없이는 과당경쟁에 의한 최저가격의 붕괴는 자연스럽게 나타 날 것이다.

(3) 희소자원의 개발 이용에 있어서 공익성의 확보

전파나 항공노선 또는 버스노선 등 희소자원을 가장 효율적으로 또는 공익의 목적에 맞게 사용할 수 있도록 관련 산업분야의 적격 사업자를 선정하는 방법으로 진입을 규제하는 것이 바로 이런 경우이다. 이러한 희소자원을 배분하여 적격사업자를 선정하는 방법에는 공익 기준에 의한 방법. 경쟁 입찰에 의한 방법, 추첨에 의한 방법들이 있다.

(4) 서비스 수준의 유지

어떤 서비스를 제공하는 업체가 적어도 어느 일정 수준이상의 시설이나 인력 혹은 자격 능력 등을 갖추어야 소비자에게 합당한 서비스를 제공할 수 있다는 판단 하에 서비스의 수준을 유지하고, 소비자의 이익을 보호하기 위하여 진입의 규제를 하는 것이다. 이는 일정수준이상이 되어야 자격요건을 인정하는 직업면허 등이 이에 해당되는데 병원이나 의료기관, 법률사무소, 공인회계사 등의 직업면허 등이 주로 여기에 해당된다.

(5) 교차보조의 필요성

교차보조의 필요성도 진입규제를 당위성을 설명하는데 이용되기도 하는데, 이는 만약 신규로 설립한 버스회사에서 새로 노선에 진입을 하겠다고 하면 신규 진입자는 흑자가 나는 황금노선에만 참여를 하려고 할 것이다. 그러면 적자가 나는 노선은 누구도 진입하지 않을 것이고 결국은 공공성에 심각한 위협이 된다. 이때는 흑자가 발생하는 노선에서 이익을 보는 대신에 적자 나는 노선도 운영함으로써 교차보조를 할 수 있게 해야 한다.

2) 진입규제에 대한 비판

(1) 진입규제로 인한 기득권 보호

진입을 규제함으로써 공정한 경쟁이 시행되지 않는다. 따라서 기존 사업자의 기득권을 보호하고 경쟁을 저해함으로써 많은 불이익을 소비자에게 주고 있다고 볼 수 있다. 예를 들어 휴대폰 사업이 SK텔레콤만이 독점 할 때와 그 이후 3사 경쟁체제가 도입된 이후의 차이는 기득권 보호 때문에 얼마나 많은 소비자가 피해를 보았는지 알 수 있다.

(2) 산업 활성화 저해

진입규제로 산업의 활성화가 저해되는 경우가 있다. 즉 어느 분야이든 경쟁이 더욱 치열해지고, 개인이나 기업이나 경쟁상대를 의식하고 고객을 의식하여 더욱 노력할 때 서비스 혁신과 기술적인 발달을 가져올 것이다, 따라서 서비스의 수준도 훨씬 향상 될 것이다.

(3) 지나친 정부의 재량권

진입규제의 대부분은 법률의 인·허가 관련 규정이거나 혹은 정부나 지방자치단체의 정책인 경우가 많다. 인·허가로 인한 강행법규나 정부의 정책을 집행함에 있어 지나치게 규제기관의 재량이 크다고 볼 수 있다. 즉 정치적 이해집단간의 역학 관계 등에 좌우되는 경우가 많아, 포획이론의 이론적 근거가 되기도 한다.

(4) 규제완화 추세

정부의 진입규제는 세계적인 추세가 글로벌화 되어가는 현 상황에서는 최대한 완화되어야 할 것이다. 이런 상황에 따라 우리나라의 기업이나 개인들도 국제적인 경쟁력을 가지고 당당하게 나아가야 할 것이다. 언제까지 온실속의 화초마냥 있을 수는 없는 것이다.

2. 퇴거규제

퇴거규제란 현재 사업을 운영하던 업체가 특정 사업에서 철수하려고 할 때 자신의 결정만으로 철수할 수 있는 게 아니라, 정부 등 규제기관의 승인을 받아야 하는 것을 말한다. 예를 들어 통신업자인 KT가 2011년 12월 8일로 예정하고, 방송통신위원회로부터 허락 받아 2세대(2G) 이동통신망 철거 작업에 착수했으나, 소송으로 철수가 보류된 적이 있다. 이렇게 2G 서비스를 철수하기 위해서는 방통위의 승인을 받아 철수해야 한다. 이 경우는 방통위의 승인을 받았지만, 가입자들이 소송을 해 철수가 지연되기도 했다. 그러나 퇴거규제는 진입규제처럼 그 종류가 많지는 않다.

1) 퇴거규제의 이유

퇴거규제의 이유는 특수 지역이나 특수 계층의 소비자 등을 보호하자는 것이다. 예를 들어 시골 면이나 리·동 단위의 농촌 마을에 다니던 버스가 경영상의 적자를 이유로 사업에서 철수하려 할 때, 이 경우에도 지방자치단체의 허락을 받아야 한다. 물론 지방자치단체에서는 보조금 혹은 교부금 등으로 재정적인 지원을 하면서 퇴거하지 못하도록 유도할 것이다.

2) 대상산업

이는 주로 교통산업이나 통신산업 등에 적용되는 경우가 많다. 철도회사가 산간지역의 수송량 부족으로 철로를 폐쇄하려 할 때, 혹은 전화회사가 육지에서 떨어진 도서지역의 통신 서비스를 철수하려 할 때 공히 규제기관의 승인을 받도록 하고 있다.

3) 퇴거규제의 비판

퇴거규제는 점차 사라지는 규제이긴 하지만, 퇴거규제를 강요하는 것은 별 의미가 없다. 예를 들어 산간지역을 운행하는 버스가 적자를 보면 요금을 인상하든지, 아니면 배차 시간을 늦게 하여 손님을 일시에 많이 실어 나르게 하는 등의 방법을 사업자는 취할 것이다. 그러나 정부에서 보조금이나 교부금을 주지도 않으면서, 배차시간이나 요금을 조정할 수 없도록 한다면 이는 논리에 맞지 않고 비능률을 강조하여 사업자를 도산으로 몰고 가는 것이다.

3. 가격규제

가격규제란 사전적 의미로 기업이 생산하는 제품의 가격이나 서비스의 요금을 직접적으로 규제하는 것을 말한다. 경제적 규제를 함에 있어서 진입과 퇴거가 자유롭지 않는 비경쟁시장이 되면 시장 기구에 의한 가격의 성립이 곤란해진다.

가격규제는 자연독점사업 또는 다른 독과점 산업 등이 공급을 조절함으로써 완전 경쟁시장 가격보다 높은 독점가격을 부과하지 못하도록 하기위한 목적으로 이루어진다.[27] 따라서 규제기관이 요금의 결정 등, 기업내부의 운영에 깊숙이 관여한다고 볼 수 있다. 가격규제의 대상은 공공서비스나 상품의 가격뿐만 아니라 공공요금, 협정요금, 임대료, 사용료, 입장료, 임금, 이자 등 생산요소의 가격 등도 그 대상이 된다.

가격규제 중에는 최고가격 설정을 통한 가격 규제와 최저가격 설정을 통한 규제의 두 가지 방식이 있는데, '최고가격제'는 정부가 현재의 시장가격이 지나치게 높다고 판단할 경우에 그보다 낮은 수준에서 가격을 통제할 때에 이용된다. 즉 최고가격제 규제는 공급자의 폭리나 부당한 이득의 추구를 방지하고 소비자를 보호하는데 그 목적이 있다고 하겠다.

1) 우리나라의 가격규제

우리나라의 가격규제는 전기요금, 전화요금, 가스요금, 상하수도 요금, 방송(TV)수신료, 교통요금(항공, 철도, 버스, 택시요금 등) 등 다양한 분야에서 가격규제가 이루어지고 있다. 이런 공공적인 성격을 지닌 가격의 요금규제는 최고가격과 최저가격으로 나누어 산정하기도 한다.

최고가격규제란 정부가 최고가격을 설정하고 생산자가 설정된 최고가격

27) 정부규제론, 최병선, 법문사, p.318

이상을 받지 못하도록 강제하는 제도인데, 이는 물가안정과 소비자 보호를 위해 실시하는 가격통제의 한 방식으로 이자율 규제, 임대료 규제, 아파트 분양가 규제 등이 여기에 포함된다.

최저가격규제란 우리나라에서 시행하고 있는 추곡수매가를 예로 들 수 있는데, 쌀과 같이 수익성은 떨어지지만 공공성이나 정책적인 목적으로 지속적인 공급을 유도할 필요가 있는 상품의 가격에 최저가격선을 정하여 공급을 하게한다. 또한 최저 임금제도 역시 최저가격제의 한 예라 할 수 있는데, 최저가격규제는 가격의 급격한 하락으로부터 생산자를 보호하기 위해 또는 최저임금제도의 경우처럼 경제적 약자를 보호하기 위해 이용된다.

2) 가격구제의 비판

(1) 지나친 생산자 보호

통상적인 관점에서 살펴보면 가격규제는 기본적으로 기존 사업자를 과다하게 보호하는 규제란 점이 있다. 특히 최저가격규제 중 추곡수매제도는 1969년부터 생산자로부터 비싸게 사서 소비자에게 싸게 판매하는 2중곡가제(二重穀價制)를 실시하고 있으며, 이로써 발생한 양곡관리특별회계의 누적적자는 일반회계로 메우고 있다. 이는 도시 근로자들의 세금을 받아, 농촌의 추곡을 수매하는 제도로 농촌을 위하는 것이 된다. 물론 이는 농촌을 살리기 위한 고육지책으로 이해되지만, 대부분의 근로자가 도시에서 직장생활 혹은 영세 자영업을 하는데 이들이 내는 세금으로 농촌만을 위한다는 논리가 성립될 수도 있다. 이는 쌀 완전 개방문제와 맞물려 외국과의 무역 갈등에도 일조를 하고 있다.

(2) 소비자 보호의 갈등

2012년 7월 4일 현재 전기요금 인상률을 놓고 정부와 한전이 갈등모드에

돌입했다. 즉 한전 측에서는 지속적인 적자를 보전하기 위해 전기요금을 올릴 수밖에 없다는 것이다. 이에 대해 지식경제부는 물가에 미치는 영향 등을 고려해 이를 반려하고 인상안의 재검토를 요구한 바 있다.

공공요금인 전기요금이 만성적자에 허덕이는 경우지만, 이를 회사 측의 의지대로 인상할 수는 없다. 즉 물가 등 소비자 보호를 먼저 생각해야하는 정부의 고민이 있기 때문이다. 이처럼 가격규제가 소비자를 보호하는 경우는 맞지만, 기업의 입장에서는 매년 적자에 허덕이게 되는 불합리한 사안을 맞게 될 수도 있는 것이다.

4. 서비스 질 및 생산량(제공 횟수)의 규제

1) 서비스의 질 규제

정부가 규제하는 여러 규제 중에서도 서비스의 최저수준을 유지토록 하는 규제가 있다. 최고가격규제가 자칫하면 서비스의 질적 저하를 초래할 우려가 있기 때문이다. 예를 들어 전기 공급 의무 등이다. 즉 경제성을 따져서는 전기사업자 등이 사업을 할 수 없는 경우라 하여도 공공성을 위해 일정한 서비스를 제공할 것을 강제하는 경우를 말한다. 즉, 농어촌전기공급사업촉진법 시행령(2조)을 개정해(2010년 12월13일) 기존 5가구 이상으로 되어있는 벽지지역 전기 공급 기준을 3가구 이상으로 완화 했다. 현행법 개정 전에는 육지와 인접한 도서지역으로서 지형적 여건 등을 고려해 지경부장관이 전기사업자(한전)에 의한 전기 공급이 가능하다고 인정하는 경우의 기준을 5호 이상으로 했는데, 이를 개정해 3호 이상으로 고친 것으로

① 단위공사별 전기사용자가 10호 이상인 섬 지역. 다만, 육지와 인접한 섬 지역으로서 지형적 여건 등을 고려하여 지식경제부장관이 전기사업자에 의

한 전기공급이 가능하다고 인정하는 섬 지역의 경우에는 전기사용자가 3호 이상인 섬 지역으로 한다.[28]

② 단위공사별 전기사용자가 3호 이상인 벽지(僻地) 지역 앞으로 도서, 벽지지역에 가구 수가 3가구이상만 되면 한국전력으로부터 전기를 공급받는다.

2) 생산량의 규제

이는 어떤 제품이나 서비스의 생산량을 일정수준 이상으로 고객에게 제공하여 불편을 느끼지 않을 정도의 의무를 규제하는 것이다. 예를 들어 시내버스의 배차시간 엄수, 열차시간의 준수, 항공기의 운행시간 등에 대해서도 규제를 하고 있다. 이는 서비스의 제공 횟수와 제공 시간을 일정 기준 이내로 정해놓고 그 기준에 맞추어 고객에 불편을 제공하지 않도록 하는 것으로 생산량의 규제라고 볼 수 있다.

28) 농어촌전기공급사업촉진법 시행령 제2조

3장 사회적 규제

1절 사회적 규제

1. 사회적 규제의 의의와 필요성

1) 의의

사회적 규제란 인간이 사회생활을 영위하는 가운데 가장 기본적으로 향유되어야 할 안전, 보건, 환경, 공해 등으로부터 안락한 삶을 누릴 수 있도록 정부에서 모든 산업을 대상으로 규제를 행하는 것을 말한다. 즉 사회구성원의 삶의 질(quality of life) 향상을 위해 정부가 개인 및 기업의 사회적 활동을 규제하는 것을 말한다. 우선 근로자의 보건 및 안전에 대한 위협, 소비자 권익의 침해, 환경오염 등 사회적 영향을 야기하는 기업의 사회적 행동에 대한 규제를 사회적 규제라 할 수 있다.

2) 사회적 규제의 특징

(1) 대상이 매우 광범위하다

사회적 규제는 이론상 모든 산업을 대상으로 하는 규제라 할 수 있다. 즉 사회구성원의 삶의 질을 향상시키는데 방해되는 모든 행위는 규제의 대상이 된다. 예를 들어, 신선한 공기나 물을 마실 권리가 있는 사람들을 불편하게 하는 환경관련 문제가 발생하면 이 역시 사회적 규제의 관점에서 접근할 수 있을 것이고, 근로 현장의 작업장 안전이나 보건문제를 규정하는 근로기준법이나 산업안전보건법 역시 모든 산업을 대상으로 하고 있다고 할 것이다.

(2) 강행법규로 된 기준의 준수

사회적 규제는 누구나 지켜야 하는 강행규정으로 재량적인 규제가 아닌 비재량적인 강행규정인 것이다. 따라서 누구나가 준수해야하는 기준을 설정하고 이를 지켜나가는 것으로, 기준을 설정하고 사전금지와 사후 감독 등을 통해 순응의 확보에 주력하는 것이 사회적 규제의 특징이다.

(3) 기타

사회적 규제는 경제적 규제에 비해 그 영향분석이 어렵기 때문에 그 신설이나 강화에 대한 판단을 내리기가 매우 어려운 특징이 있다. 또한 사회적 규제정책은 정부, 기업, 시민단체 간의 의견 대립으로 인해 정치적 속성을 띠므로 정책의 범위와 정도는 그 사회의 민주화 수준과 밀접한 관련을 갖고 있다.[29]

3) 역사적 배경

세계적인 관점에서 보아도 사회적 규제의 역사는 오래되지 않았다. 미국과 서구 유럽, 일본의 경우도 1960년대와 1970년대에 본 궤도에 올라섰다고 본다. 우리나라의 경우는 1960년대에 공장법, 공업표준화법, 식품위생법, 수산물검사법, 약사법, 광산보안법 등이 제정된 것이 1960년대 초의 일이다.[30]

그 후 1960년대 후반과 1970년대는 경제개발5개년 계획 등을 활발히 추진하는 과정에서 방해될 것을 우려하여, 사회적 규제에 관한 법률은 많이 위축되었다. 그러나 1970년대 후반 들면서 1977년 환경보전법, 1980년도 소비자보호법, 1981년 산업안전보건법 등이 제정되었으며 노동부, 식품의약품안전청, 환경부 등의 기관이 신설 또는 확대되었다. 이후 1990년도에는 공해방지에 대한 법률들이 대대적으로 제정되었다. 그리고 1980년 소비자보호법이 제

29) 규제정책론, 배용수, 대영문화사, 2006, p.201
30) 행정과경제, 유훈, 법문사, 2001, p.174

정되어 소비자보호가 사회적 규제의 한 핵심으로 떠오르게 되었다.

4) 사회적 규제의 필요성

사회적 규제의 필요성은 여러 가지 생각해 볼 수 있으나, 가장 기본적으로 자본주의의 고도한 발달로 부익부 빈익빈 현상이 심화되어가는 것이 가장 큰 문제점의 하나라고 볼 수 있다.

(1) 인간의 안전성 유지

예를 들어 고도의 위험한 작업장에 아무런 안전 조치도 없이 위험에 노출된 작업자가 작업 중 사고가 났을 경우, 경제적인 논리에 의하면 상당한 정도의 위험수당이 가산되어 지급되고 있기 때문에 사업주는 아무런 책임이 없다는 식의 논리가 적용될 수도 있다. 그러나 이는 인간의 생사나 혹은 안전에 관련된 문제는 도덕성이 경제적 기준보다 당연히 가치우위를 차지하게 마련이다. 따라서 위험을 예방할 수 있는 사전 조치가 철저히 준비되어 있어야 함은 당연한 결과라 할 수 있다.

(표4) 한국의 중요한 사회적 규제에 관한 법률[31)]

규제내용	규제법률	제정년도
작업장안전	근로기준법	1954
	원자력법	1958
	광산보안법	1963
	산업안전보건법	1981
공해방지	환경보전법	1977
	오존층 보호를 위한 특징물질의 제조 규정에 관한 법률	1989
	환경정책기본법	1990

31) 정부와 기업, 김찬동, 법경출판사, p.105

	대기환경보전법	1990
	수질환경보전법	1990
	소음.진동 규제법	1990
	유해화학물질관리법	1990
	환경영향평가법	1993
제품의 안전 및 규격 (소비자보호)	식품위생법	1962
	수산물검사법	1962
	약사법	1963
	공산품품질관리법	1967
	축산물위생처리법	1974
	소비자보호법	1980
	고압가스안전관리법	1983
	자동차관리법	1986

(2) 외부성 문제

우리나라는 자동차 안전검사를 의무화하고 있다. 자동차안전관리법은 자동차의 등록, 안전기준, 자기인증, 제작결함 시정, 점검, 정비, 검사 및 자동차관리사업 등에 관한 사항을 정하여 자동차를 효율적으로 관리하고 자동차의 성능 및 안전을 확보함으로써 공공의 복리를 증진함을 목적으로 한다. 즉 신차인 경우 출고 후 3년(혹은 4년)이 지나면 정기검사를 받고 그 이후부터 2년 주기로 검사를 받도록 법으로 규정되어 있다.

이는 결함 있는 자동차가 운행될 경우 사고가 발생했을 경우, 자신뿐만 아니라 다른 사람의 생명을 빼앗거나 상해를 입힐 수 있는 위해를 가하게 된다. 즉 피해를 본 사람은 전혀 자신의 잘못이나 의지 없이 막대한 손해를 보게 되는 것이다. 따라서 이러한 외부성의 문제를 해결하기 위해서라도 사회적 규제가 필요한 것이다. 이는 공해문제 등 환경오염에 대한 문제도 같은 맥락으로 이해 할 수 있다. 다시 말해 사회적 규제는 생산자 소비자도 아닌 제3자의 피해가 속출됨에 따라 정부의 개입이 필요한 것이다. 이를 규제하는 방법이 사회적 규제의 일환으로 나타나는 것이다.

(3) 정보의 불균형

인간이 먹고 마시는 음식물 등에 대한 식품안전 규제는 소비자에게 여러 가지 혜택을 주고 있는데, 포장된 식품에 대한 정보제공 등의 규제가 없으면 그 내용물에 포함된 정보를 알 수가 없다. 이러한 정보의 불균형을 해소하기 위하여 식품안전과 위생관련 법규는 내용물의 원산지 표시, 성분, 함량 등에 대해 정보를 공개하도록 엄격하게 규정하고 있다.

2절 소비자보호를 위한 규제

1. 소비자보호규제의 대두

1) 소비자보호규제의 이력

소비자보호규제는 소비자가 사용하는 제품 및 소비자 서비스에 관한 규제로 비교적 일찍부터 시작된 규제이다. 미국의 경우도 1960년 대 이후에 1962년 케네디 대통령이 의회에 보낸 교서에서 소비자의 4대 권리[32]를 언급한 이후이고, 우리나라에서는 1980년도에 소비자 보호법이 제정되었다. 소비자 보호는 소비자를 기만과 사기, 그리고 위해제품으로부터 직접적인 보호를 중심으로 생각해 보면 식품안전 및 위생규제, 의약품 안전규제, 자동차 및 각종 공산품 안전규제, 허위 또는 과장 광고 및 기만적인 판매 행위에 관한 규제 등이 포함된다.

---

32) 1)안전을 희구할 권리 2)알권리 3)선택할 권리 4)의경의 청취를 요구할 권리

2) 소비자 보호규제의 중요성

소비자 보호규제는 사회적 규제의 가장 중요한 부분이라 할 수 있다. 무엇보다 사람의 생명과 위생, 안전 등에 관한 규제이기 때문이다. 소비자 보호규제가 중요한 이유는 다음과 같은 이유가 존재한다.

① 피해가 광범위하게 일어나기 쉽다. 즉 상품이 대량생산 및 대량 판매되는 현대 사회에는 누구나 믿고 제품을 구매하여 사용하거나 활용하기 때문에 결함 있는 상품이 나타났을 경우, 전 국민에게 그 피해가 돌아갈 수 있다.

② 정보의 비대칭으로 일반 소비자가 생산자나 판매자에 비해 제품의 결함이나 문제점을 잘 알지 못한다. 이런 비대칭 정보를 생산기업이나 판매자만 알고, 소비자가 모르는 경우에 기만과 사기 등의 피해를 볼 수도 있는 것이다.

③ 피해의 원인규명이 어렵다. 예를 들어 자동차 급발진 문제가 아직도 해결되지 않고 있는데, 이러한 전문적인 기술적 문제는 제조업체는 자신들의 제품이 하자 없는 것만 입증하려고 할 뿐, 비전문가인 소비자가 문제의 원인을 규명하기가 거의 불가능하다. 따라서 소비자보호의 관점에서 법이나 제도적으로 보완해야 한다.

2. 우리나라의 소비자 보호

1) 상품의 안전성 확보

(1) 의약품 규제

우리나라는 1998년 보건복지부 산하 식품의약품안전청을 설립하여 보다 안전한 식품·의약품을 국민들에게 제공하기 위하여 식품의약품등의 기준·규격·시험방법 등의 제·개정과 유통되는 제품의 품질관리를 위한 지도, 단속업무 등을 수행하고 있다. 여기서는 주로 식품, 의약품, 의료기기, 생물의약품, 화장품의 안전성 등을 담당하고 있다. 특기할 것은 화장품을 의약품과 같이 식약청에서 규제하고 있다는 것이다.

(2) 식품안전규제

식품안전에 관한 규제 중 가장 국민들의 일상 식생활과 밀접하게 관련된 부분이 소고기, 돼지고기 등의 도축 및 유통관리일 것이다. 이러한 육 고기의 도축 등에 대해서는 엄격한 규제를 가하고 있다.

즉 소, 돼지 등 육 고기의 도축처리에는 보건복지부, 농림수산식품부, 광역자치단체장 등 광범위한 규제기관에서 규제를 담당하고 있다. 특히 도축 등 축산물의 위생관리는 농림수산식품부에서 관장하고 있으며, 축산물위생관리법 제 22조 영업의 허가에 따르면 도축업·집유업 또는 축산물가공업의 영업을 하려는 자는 농림수산식품부령으로 정하는 바에 따라 작업장별로 시·도지사의 허가를 받아야 하고, 같은 항 제4호에 따른 식육포장처리업 또는 같은 항 제5호에 따른 축산물보관업의 영업을 하려는 자는 농림수산식품부령으로 정하는 바에 따라 작업장별로 특별자치도지사·시장·군수·구청장의 허가를 받아야 한다.[33]

(3) 자동차 안전규제

우리나라의 자동차가 2011년 말 기준으로 1천843만 7천373대로 집계됐다. 이는 한 가구당 한 대 이상의 자동차를 보유하고 있다는 것이다. 이러한 자동차는 편리하지만, 항상 위험을 수반하는 기기로 1986년 12월에 제정된 자동차관리법은 자동차의 등록, 안전기준, 자기인증, 제작결함 시정, 점검, 정비, 검사 및 자동차관리사업 등에 관한 사항을 정하여 자동차를 효율적으로 관리하고 자동차의 성능 및 안전을 확보함으로써 공공의 복리를 증진함을 목적으

33) 축산물위생관리법 제22조

로 한다고 규정하고 있다.

자동차관리법 제 29조에는 자동차는 대통령령으로 정하는 구조 및 장치가 안전 운행에 필요한 성능과 기준(이하 "자동차안전기준"이라 한다)에 적합하지 아니하면 운행하지 못한다고 규정하고 있으며,[34] 자동차에 장착되거나 사용되는 부품·장치 또는 보호장구(保護裝具)로서 대통령령으로 정하는 부품·장치 또는 보호장구(이하 "자동차부품"이라 한다)는 안전운행에 필요한 성능과 기준(이하 "부품안전기준"이라 한다)에 적합하여야 한다고 규정하고 있으며, 자동차안전기준과 부품안전기준은 국토해양부령으로 정한다고 하고 있다.

2) 표시 및 광고의 규제

표시 및 광고에 관한 규제는 공정거래위원회가 담당하는데, 1999년 [표시. 광고의 공정화에 관한 법률]이 제정되었다.

(1) 이 법은 상품 또는 용역에 관한 표시·광고를 할 때 소비자를 속이거나 소비자로 하여금 잘못 알게 하는 부당한 표시·광고를 방지하고 소비자에게 바르고 유용한 정보의 제공을 촉진함으로써 공정한 거래질서를 확립하고 소비자를 보호함을 목적으로 하고 있다.

(2) 또한 제3조(부당한 표시·광고 행위의 금지)에서는 ① 사업자등은 소비자를 속이거나 소비자로 하여금 잘못 알게 할 우려가 있는 표시·광고 행위로서 공정한 거래질서를 해칠 우려가 있는 다음 각 호의 행위를 하거나 다른 사업자등으로 하여금 하게 하여서는 아니 된다고 규정하고 있는데 이에 대한 구체적인 내용은 다음과 같다.[35]

① 거짓·과장의 표시·광고 : 사실과 다르게 표시·광고하거나 사실을 지나치게 부풀려 표시·광고하는 것으로 한다.

---

34) 자동차관리법 제29조

35) 표시·광고의 공정화에 관한 법률 제3조 및 시행령 제3조

② 기만적인 표시·광고 : 사실을 은폐하거나 축소하는 등의 방법으로 표시·광고하는 것으로 한다.

③ 부당하게 비교하는 표시·광고 : 비교대상 및 기준을 명시하지 아니하거나 객관적인 근거 없이 자기 또는 자기의 상품이나 용역(이하 "상품등"이라 한다)을 다른 사업자 또는 사업자단체(이하 "사업자등"이라 한다)나 다른 사업자등의 상품등과 비교하여 우량 또는 유리하다고 표시·광고하는 것으로 한다.

④ 비방적인 표시·광고 : 다른 사업자등 또는 다른 사업자등의 상품등에 관하여 객관적인 근거가 없는 내용으로 표시·광고하여 비방하거나 불리한 사실만을 표시·광고하여 비방하는 것으로 한다.

(3) ① 공정거래위원회는 제3조제1항을 위반하여 표시·광고 행위를 한 사업자등에 대하여는 대통령령으로 정하는 매출액(대통령령으로 정하는 사업자의 경우에는 영업수익을 말한다. 이하 같다)에 100분의 2를 곱한 금액을 초과하지 아니하는 범위에서 과징금을 부과할 수 있다. 다만, 그 위반행위를 한 자가 매출액이 없거나 매출액을 산정하기 곤란한 경우로서 대통령령으로 정하는 사업자등인 경우에는 5억원을 초과하지 아니하는 범위에서 과징금을 부과할 수 있다.

② 그 사업자단체는 법령에 따르지 아니하고는 그 사업자단체에 가입한 사업자에 대하여 표시·광고를 제한하는 행위를 하여서는 아니 된다. 사업자의 표시·광고 행위를 제한하는 행위를 한 사업자단체에 대하여는 5억원의 범위에서 과징금을 부과할 수 있다.

③ 손해배상 책임 : 사업자등은 제3조제1항을 위반하여 부당한 표시·광고 행위를 함으로써 피해를 입은 자가 있는 경우에는 그 피해자에 대하여 손해배상의 책임을 진다. 또한 제1항에 따라 손해배상의 책임을 지는 사업자등은 고의 또는 과실이 없음을 들어 그 피해자에 대한 책임을 면할 수 없다고 하여 강력한 손해배상의 책임을 규정하고 있다.

3. 소비자 보호 종합 시책 기구

1) 국가 및 지방자치단체의 책무

국가 및 지방자치단체는 소비자의 기본적 권리가 실현되도록 하기 위하여 다음 각 호의 책무를 진다.

i. 관계 법령 및 조례의 제정 및 개정·폐지

ii. 필요한 행정조직의 정비 및 운영 개선

iii. 필요한 시책의 수립 및 실시

iv. 소비자의 건전하고 자주적인 조직 활동의 지원

2) 기본계획 수립

① 공정거래위원회는 소비자정책위원회의 심의·의결을 거쳐 소비자정책에 관한 기본계획(이하 "기본계획"이라 한다)을 3년마다 수립하여야 한다.

② 기본계획에는 다음 각 호의 사항이 포함되어야 한다.

i. 소비자정책과 관련된 경제·사회 환경의 변화

ii. 소비자정책의 기본방향

iii. 다음 각 목의 사항이 포함된 소비자정책의 목표

i) 소비자안전의 강화

ii) 소비자와 사업자 사이의 거래의 공정화 및 적정화

iii) 소비자교육 및 정보제공의 촉진

iv) 소비자피해의 원활한 구제

v) 국제소비자문제에 대한 대응

vi) 그 밖에 소비자의 권익과 관련된 주요한 사항

iv. 소비자정책의 추진과 관련된 재원의 조달방법

v. 어린이 위해방지를 위한 연령별 안전기준의 작성

vi. 그 밖에 소비자정책의 수립과 추진에 필요한 사항

3) 시행계획의 수립 등

① 관계 중앙행정기관의 장은 기본계획에 따라 매년 10월 31일까지 소관 업무에 관하여 다음 연도의 소비자정책에 관한 시행계획(이하 "중앙행정기관별시행계획"이라 한다)을 수립하여야 한다.

② 특별시장·광역시장·도지사 또는 특별자치도지사(이하 "시·도지사"라 한다)는 기본계획과 중앙행정기관별시행계획에 따라 매년 11월 30일까지 소비자정책에 관한 다음 연도의 시·도별시행계획(이하 "시·도별시행계획"이라 한다)을 수립하여야 한다.

③ 공정거래위원회는 매년 12월 31일까지 중앙행정기관별시행계획 및 시·도별시행계획을 취합·조정하여 제23조의 규정에 따른 소비자정책위원회의 심의·의결을 거쳐 종합적인 시행계획(이하 "종합시행계획"이라 한다)을 수립하여야 한다.

④ 관계 중앙행정기관의 장 및 시·도지사는 종합시행계획이 실효성 있게 추진될 수 있도록 매년 소요비용에 대한 예산편성 등 필요한 재정조치를 강구하여야 한다.

⑤ 종합시행계획의 수립 및 그 집행실적의 평가 등에 관하여 필요한 사항은 대통령령으로 정한다.

4. 한국소비자원[36)]

1) 설립 등

① 소비자권익 증진시책의 효과적인 추진을 위하여 한국소비자원을 설립

36) 소비자기본법 제33조~40조

한다.

② 한국소비자원은 법인으로 한다.

③ 한국소비자원은 공정거래위원회의 승인을 얻어 필요한 곳에 그 지부를 설치할 수 있다.

④ 한국소비자원은 그 주된 사무소의 소재지에서 설립등기를 함으로써 성립한다.

2) 업무

한국소비자원의 업무는 다음 각 호와 같다.

ⅰ. 소비자의 권익과 관련된 제도와 정책의 연구 및 건의

ⅱ. 소비자의 권익증진을 위하여 필요한 경우 물 품등의 규격·품질·안전성·환경성에 관한 시험·검사 및 가격 등을 포함한 거래조건이나 거래방법에 대한 조사·분석

ⅲ. 소비자의 권익증진·안전 및 소비생활의 향상을 위한 정보의 수집·제공 및 국제협력

ⅳ. 소비자의 권익증진·안전 및 능력개발과 관련된 교육·홍보 및 방송사업

ⅴ. 소비자의 불만처리 및 피해구제

ⅵ. 소비자의 권익증진 및 소비생활의 합리화를 위한 종합적인 조사·연구

ⅶ. 국가 또는 지방자치단체가 소비자의 권익증진과 관련하여 의뢰한 조사등의 업무

ⅷ. 그 밖에 소비자의 권익증진 및 안전에 관한 업무

3) 시험·검사의 의뢰

① 원장은 업무를 수행함에 있어서 필요하다고 인정되는 때에는 국립 또는 공립의 시험·검사기관에 물품 등에 대한 시험·검사를 의뢰할 수 있다.

② 제1항의 규정에 따른 의뢰를 받은 기관은 특별한 사유가 없는 한 우선하여 이에 응하여야 한다.

4) 유사명칭의 사용금지

이 법에 따른 한국소비자원이 아닌 자는 한국소비자원 또는 이와 유사한 한국소비자보호원 등의 명칭을 사용하여서는 아니 된다.

5) 임원 및 이사회

① 한국소비자원에 원장·부원장 및 제51조의 규정에 따른 소비자안전센터의 소장(이하 "소장"이라 한다) 각 1인을 포함한 10인 이내의 이사와 감사 1인을 둔다.

② 원장·부원장·소장 및 대통령령이 정하는 이사는 상임으로 하고 그 밖의 임원은 비상임으로 한다.

③ 원장은 소비자문제에 관하여 학식과 경험이 풍부한 자 중에서 공정거래위원회위원장의 제청으로 대통령이 임명한다.

④ 부원장 및 이사는 소비자문제에 관하여 학식과 경험이 풍부한 자 중에서, 소장은 소비자안전에 관하여 학식과 경험이 풍부한 자 중에서 각각 원장의 제청으로 공정거래위원회위원장이 임명한다.

⑤ 감사는 공정거래위원회위원장이 임명한다.

⑥ 임원의 임기는 3년으로 한다.

6) 임원의 직무

① 원장은 한국소비자원을 대표하고 한국소비자원의 업무를 총괄한다.

② 부원장은 원장을 보좌하며, 원장이 부득이한 사유로 직무를 수행할 수 없는 경우에 그 직무를 대행한다.

③ 소장은 원장의 지휘를 받아 제51조제1항의 규정에 따라 설치되는 소비자안전센터의 업무를 총괄하며, 원장·부원장 및 소장이 아닌 이사는 정관이 정하는 바에 따라 한국소비자원의 업무를 분장한다.

④ 원장·부원장이 모두 부득이한 사유로 직무를 수행할 수 없는 때에는 상임이사·비상임이사의 순으로 정관이 정하는 순서에 따라 그 직무를 대행한다.

⑤ 감사는 한국소비자원의 업무 및 회계를 감사한다.

7) 이사회

① 한국소비자원의 업무와 운영에 관한 중요사항을 심의·의결하기 위하여 한국소비자원에 이사회를 둔다.

② 이사회는 원장·부원장·소장 그 밖의 이사로 구성한다.

③ 원장은 이사회를 소집하고 이사회의 의장이 된다.

④ 감사는 이사회에 출석하여 의견을 진술할 수 있다.

3절 작업장 안전보건을 위한 규제

1. 산업재해

우리나라의 근로기준법은 1954년 제정된 이래 많은 발전을 거듭해 왔다. 특히 민주화의 진진에 따라 근로자의 근로조건이나 작업환경 등은 사실 많은 분야에 점진적으로 나아지고 있다. 그러나 공업화의 진전과 더불어 산업재해가 격증하는 추세를 나타내고 있다.

이 같은 경향은 취업인구의 증가와 제조업 중심으로 업종이 다원화되는 한편, 각종 산업공해의 급격한 증가에 따른 작업환경의 악화에서 오는 재해의 증가 등이 주요 원인으로 파악된다. 따라서 여전히 OECD국가 중 산업안전

재해가 가장 많은 나라로 손꼽히고 있다.[37]

이렇게 산업안전재해가 많아짐에 따라 우리나라에도 1981년 12월31일자로 공포된 산업안전보건법에는 산업안전·보건에 관한 기준을 확립하고 그 책임의 소재를 명확하게 하여 산업재해를 예방하고 쾌적한 작업환경을 조성함으로써 근로자의 안전과 보건을 유지·증진함을 목적으로 한다고 규정하고 있다.

산업재해의 발생 원인을 근로자 측에서 보면, ① 근로자의 피로 ② 근로자의 작업상의 부주의나 실수 ③ 근로자의 작업상의 숙련미달 등을 들 수 있으며, 사용자측에서 보면 주로 산업재해에 대한 안전대책이나 예방대책의 미비·부실에 기인한다고 볼 수 있다.

우리나라의 경우도 노동부 근로기준국의 보고에 의하면 직업에 의한 질병의 발생은 1970년에 비해 1985년에 9배 정도 늘었으며, 그 발생률은 0.13%에서 0.27%로 증가하였다. 산업재해의 발생은 대기업보다 중소기업이 심각하여, 소규모사업장의 노동자 중 질병보유자는 13%, 중규모의 경우 9%, 대기업은 8%이다.[38]

1) 근로시간 준수

이에 대해 근무여건이 열악한 기업에 근무하는 근로자들을 보호하기 위한 일환으로, 근로 기준법에는 근로시간에 관한 규정을 정하여 근로자의 피로 등으로 인한 사고를 줄이기 위해 노력하고 있다. 즉 근로기준법 제50조(근로시간)에는

① 1주간의 근로시간은 휴게시간을 제외하고 40시간을 초과할 수 없다.

② 1일의 근로시간은 휴게시간을 제외하고 8시간을 초과할 수 없다.

---

37) 일 년에 약 10만 명이 넘는 노동자가 일하면서 다치거나 질병에 걸리고 있고, 2천명이 넘는 노동자가 죽어나가는 것이 OECD 경제력 12위를 자랑하고 있는 한국의 현주소'라고 주장하는 사이트도 있다. http://cafe.daum.net/sinminjoo/

38) [출처] 산업재해 [産業災害, industrial accident] | 네이버 백과사전

③ 제1항 및 제2항에 따른 근로시간을 산정함에 있어 작업을 위하여 근로자가 사용자의 지휘·감독 아래에 있는 대기시간 등은 근로시간으로 본다.[39]

2) 사업주의 의무

우리나라의 산업안전보건법 제 5조에는 사업주가 지켜야할 의무사항이 규정되어 있다.

① 즉 사업주는 이 법과 이 법에 따른 명령에서 정하는 산업재해 예방을 위한 기준을 지키며,

② 해당 사업장의 안전·보건에 관한 정보를 근로자에게 제공하고,

③ 근로조건을 개선하여 적절한 작업환경을 조성함으로써 신체적 피로와 정신적 스트레스 등으로 인한 건강장해를 예방함과 동시에 근로자의 생명을 지키고 안전 및 보건을 유지·증진시켜야 하며,

④ 국가의 산업재해 예방시책에 따라야 한다. 이 경우 사업주는 이를 준수하기 위하여 지속적으로 사업장 유해·위험요인에 대한 실태를 파악하고 이를 평가하여 관리·개선하는 등 필요한 조치를 하여야 한다고 규정하고 있다.

또한 고용노동부장관은 산업재해 예방을 위하여 필요하다고 인정할 때에는 사업주, 사업주단체, 그 밖의 관계인에게 필요한 사항을 권고하거나 협조를 요청할 수 있다고 규정하고 있다.[40]

3) 사업주의 안전·보건 관리체계 및 과징금

사업주는 안전보건책임자(13조)와 관리감독자(14조), 안전 관리자(15조)등을 법규의 규정에 따라 두어야 한다.

---

39) 근로기준법 제50조
40) 산업안전보건법 제9조4항

(1) 안전보건관리책임자

① 사업주는 다음 각 호의 업무를 총괄·관리할 안전보건관리책임자(이하 "관리책임자"라 한다)를 두어야 한다.[41]

ⅰ. 산업재해 예방계획의 수립에 관한 사항

ⅱ. 제20조에 따른 안전보건관리규정의 작성 및 변경에 관한 사항

ⅲ. 제31조에 따른 근로자의 안전·보건교육에 관한 사항

ⅳ. 제42조에 따른 작업환경측정 등 작업환경의 점검 및 개선에 관한 사항

ⅴ. 제43조에 따른 근로자의 건강진단 등 건강관리에 관한 사항

ⅵ. 산업재해의 원인 조사 및 재발 방지대책 수립에 관한 사항

ⅶ. 산업재해에 관한 통계의 기록 및 유지에 관한 사항

ⅷ. 안전·보건과 관련된 안전장치 및 보호구 구입 시의 적격품 여부 확인에 관한 사항

ⅸ. 그 밖에 제4장에 따른 근로자의 유해·위험 예방조치에 관한 사항으로서 고용노동부령으로 정하는 사항

② 관리책임자는 제15조에 따른 안전관리자와 제16조에 따른 보건관리자를 지휘·감독한다.

③ 관리책임자를 두어야 할 사업의 종류·규모, 그 밖에 필요한 사항은 대통령령으로 정한다.

(2) 관리감독자

① 사업주는 사업장의 관리감독자(경영조직에서 생산과 관련되는 업무와 그 소속 직원을 직접 지휘·감독하는 부서의 장 또는 그 직위를 담당하는 자를 말한다. 이하 같다)로 하여금 직무와 관련된 안전·보건에 관한 업무로서 안전·보건점검 등 대통령령으로 정하는 업무를 수행하도록 하여야 한다. 다만,

---

41) 산업안전보건법 제13조

위험 방지가 특히 필요한 작업으로서 대통령령으로 정하는 작업에 대하여는 소속 직원에 대한 특별교육 등 대통령령으로 정하는 안전·보건에 관한 업무를 추가로 수행하도록 하여야 한다.[42]

② 제1항에 따른 관리감독자가 있는 경우에는 「건설기술관리법」 제26조의3제1항제2호에 따른 안전관리책임자 및 같은 항 제3호에 따른 안전관리담당자를 각각 둔 것으로 본다.

(3) 제15조(안전관리자 등)

① 사업주는 제13조제1항 각 호의 사항 중 안전에 관한 기술적인 사항에 관하여 사업주 또는 관리책임자를 보좌하고 관리감독자에게 지도·조언을 하도록 사업장에 안전관리자를 두어야 한다.

② 안전관리자를 두어야 할 사업의 종류·규모, 안전관리자의 수·자격·직무·권한·선임방법, 그 밖에 필요한 사항은 대통령령으로 정한다.

③ 고용노동부장관은 산업재해 예방을 위하여 필요하다고 인정할 때에는 안전관리자를 정수(定數) 이상으로 늘리거나 다시 임명할 것을 명할 수 있다.

④ 대통령령으로 정하는 종류 및 규모에 해당하는 사업의 사업주는 고용노동부장관이 지정하는 안전관리 업무를 전문적으로 수행하는 기관(이하 "안전관리대행기관"이라 한다)에 안전관리자의 업무를 위탁할 수 있다.

⑤ 안전관리대행기관의 지정 요건 및 절차에 관한 사항은 대통령령으로 정하고, 안전관리대행기관의 업무수행기준, 안전관리대행지역, 그 밖에 필요한 사항은 고용노동부령으로 정한다.

⑥ 제15조의2(지정의 취소 등)

i. 고용노동부장관은 안전관리대행기관이 다음 각 호의 어느 하나에 해당할 때에는 그 지정을 취소하거나 6개월 이내의 기간을 정하여 그 업무의

42) 산업안전보건법 제14조

정지를 명할 수 있다. 다만, 제1호 또는 제2호에 해당할 때에는 그 지정을 취소하여야 한다.

i) 거짓이나 그 밖의 부정한 방법으로 지정을 받은 경우

ii) 업무정지 기간 중에 업무를 수행한 경우

iii) 지정 요건을 충족하지 못한 경우

iv) 지정받은 사항을 위반하여 업무를 수행한 경우

v) 그 밖에 대통령령으로 정하는 사유에 해당하는 경우

ii. 제1항에 따라 지정이 취소된 자는 지정이 취소된 날부터 2년 이내에는 안전관리대행기관으로 지정받을 수 없다.

(4) 과징금

① 고용노동부장관은 제15조의2에 따라 업무의 정지를 명하여야 하는 경우에 그 업무정지가 이용자에게 심한 불편을 주거나 공익을 해칠 우려가 있다고 인정하면 업무정지처분을 갈음하여 1억원 이하의 과징금을 부과할 수 있다.[43)]

② 제1항에 따른 과징금 부과처분을 받은 자가 과징금을 기한까지 내지 아니하던 국세 체납처분의 예에 따라 징수한다.

③ 제1항에 따른 과징금의 부과기준과 그 밖에 필요한 사항은 대통령령으로 정한다.

2. 유해·위험 예방조치 및 벌칙

1) 안전조치

안전조치에 관하여 ① 사업주는 사업을 할 때 다음 각 호의 위험을 예방하

43) 산업안전보건법 제15조의3

기 위하여 필요한 조치를 하여야 한다.[44)]

i. 기계·기구, 그 밖의 설비에 의한 위험

ii. 폭발성, 발화성 및 인화성 물질 등에 의한 위험

iii. 전기, 열, 그 밖의 에너지에 의한 위험

② 사업주는 굴착, 채석, 하역, 벌목, 운송, 조작, 운반, 해체, 중량물 취급, 그 밖의 작업을 할 때 불량한 작업방법 등으로 인하여 발생하는 위험을 방지하기 위하여 필요한 조치를 하여야 한다.

③ 사업주는 작업 중 근로자가 추락할 위험이 있는 장소, 토사·구축물 등이 붕괴할 우려가 있는 장소, 물체가 떨어지거나 날아올 위험이 있는 장소, 그 밖에 작업 시 천재지변으로 인한 위험이 발생할 우려가 있는 장소에는 그 위험을 방지하기 위하여 필요한 조치를 하여야 한다.

④ 제1항부터 제3항까지의 규정에 따라 사업주가 하여야 할 안전상의 조치 사항은 고용노동부령으로 정한다.

2) 보건조치

보건조치를 위하여 ① 사업주는 사업을 할 때 다음 각 호의 건강장해를 예방하기 위하여 필요한 조치를 하여야 한다.[45)]

i. 원재료·가스·증기·분진·흄(fume)·미스트(mist)·산소결핍·병원체 등에 의한 건강장해

ii. 방사선·유해광선·고온·저온·초음파·소음·진동·이상기압 등에 의한 건강장해

iii. 사업장에서 배출되는 기체·액체 또는 찌꺼기 등에 의한 건강장해

iv. 계측감시(計測監視), 컴퓨터 단말기 조작, 정밀공작 등의 작업에 의

---

44) 산업안전보건법 제23조

45) 산업안전보건법 제24조

한 건강장해

v. 단순반복작업 또는 인체에 과도한 부담을 주는 작업에 의한 건강장해

vi. 환기·채광·조명·보온·방습·청결 등의 적정기준을 유지하지 아니하여 발생하는 건강장해

② 제1항에 따라 사업주가 하여야 할 보건상의 조치 사항은 고용노동부령으로 정한다.

3) 벌칙

법 제66조의2(벌칙)에 의하면, 제23조제1항부터 제3항까지 또는 제24조제1항을 위반하여 근로자를 사망에 이르게 한 자는 7년 이하의 징역 또는 1억 원 이하의 벌금에 처한다. 그 이외에는 각 사안에 따라 차츰 경감하고 있는데, 5년 이하의 징역 또는 5,000만 원 이하의 벌금에서 300만 원 이하의 과태료까지 다양하게 나누어져 있다.

4장 환경보전을 위한 규제

1절 환경보전을 위한 규제

환경규제는 환경오염으로 인한 질병, 재난 등을 예방하고 쾌적한 생활환경을 유지하기 위해 대기, 수질, 폐기물, 토양 등 제 분야에서 오염물질을 배출하는 시설과 행위를 제한하는 사회적 규제를 말한다. 우리나라는 헌법의 법제 아래 환경정책기본법을 기본 법령으로 1) 자연환경관리 2) 대기환경 및 소음·진동 규제 3) 수질 및 수생태계 보전 4) 폐기물 관리 5) 유해 화학물질 관리 6) 수도법 7) 환경 기술 및 환경산업지원에 관한 여러 분야의 법제로 나누어져 환경보전에 관한 규제를 구성하고 있다.

그러나 환경 규제는 이제 막 제조업을 시작하는 영세한 중소기업들에게는 커다란 장애요인으로 등장한다. 특히 폐기물 관리나 유해화학물질 관리 등에 대한 규제의 기준치를 영세 업체에서 엄격하게 다 지켜내는 데는 많은 어려움이 있다. 따라서 폭풍우가 치는 날 밤에 몰래 오·폐수를 방류하여 하천의 물고기가 떼죽음을 당하는 그런 사례들이 빈번하게 발생하곤 한다.

1. 환경정책기본법

환경정책기본법은 우리나라 환경법의 가장 근간이 되는 법으로 1963년 제정한 공해방지법을 1977년도에 전면 개정하여 환경보전법으로 제정하여 본격적인 환경규제정책의 모태가 되었다.

1) 환경보전법의 목적과 기본이념

(1) 목적

이 법은 환경보전에 관한 국민의 권리·의무와 국가의 책무를 명확히 하고 환경정책의 기본이 되는 사항을 정하여 환경오염 환경훼손을 예방하고 환경을 적정하고 지속가능하게 관리·보전함으로써 모든 국민이 건강하고 쾌적한 삶을 누릴 수 있도록 함을 목적으로 한다.[46)]

(2) 기본이념

환경의 질적인 향상과 그 보전을 통한 쾌적한 환경의 조성 및 이를 통한 인간과 환경간의 조화와 균형의 유지는 국민의 건강과 문화적인 생활의 향유 및 국토의 보전과 항구적인 국가발전에 필수불가결한 요소임에 비추어 국가·지방자치단체·사업자 및 국민은 환경을 보다 양호한 상태로 유지·조성하도록 노력하고, 환경을 이용하는 모든 행위를 할 때에는 환경보전을 우선적으로 고려하며, 지구의 환경상 위해를 예방하기 위한 공동의 노력을 강구함으로써 현재의 국민으로 하여금 그 혜택을 널리 향유할 수 있게 함과 동시에 미래의 세대에게 계승될 수 있도록 함을 이 법의 기본이념으로 한다.[47)]

2) 국가 및 사업자의 책무와 국민의 의무

(1) 국가 및 지방자치단체의 책무

① 국가는 환경오염 및 환경훼손과 그 위해를 예방하고 환경을 적정하게 관리·보전하기 위하여 환경보전계획을 수립하여 이를 시행할 책무를 진다.[48)]

46) 환경정책기본법 제1조
47) 환경정책기본법 제2조
48) 환경정책기본법 제4조

② 지방자치단체는 관할구역의 지역적 특성을 고려하여 국가의 환경보전계획에 따라 당해 지방자치단체의 계획을 수립하여 이를 시행할 책무를 진다.

(2) 사업자의 책무

사업자는 그 사업 활동으로부터 야기되는 환경오염 및 환경훼손에 대하여 스스로 이를 방지함에 필요한 조치를 하여야 하며, 국가 또는 지방자치단체의 환경보전시책에 참여하고 협력하여야 할 책무를 진다.[49]

(3) 국민의 권리와 의무

① 모든 국민은 건강하고 쾌적한 환경에서 생활할 권리를 가진다.[50]

② 모든 국민은 국가 및 지방자치단체의 환경보전시책에 협력하여야 한다.

③ 모든 국민은 일상생활에 따르는 환경오염과 환경훼손을 줄이고, 국토 및 자연환경의 보전을 위하여 노력하여야 한다.

(4) 오염 원인자 책임 원칙

자기의 행위 또는 사업활동으로 인하여 환경오염 또는 환경훼손의 원인을 야기한 자는 그 오염·훼손의 방지와 오염·훼손된 환경을 회복·복원할 책임을 지며, 환경오염 또는 환경훼손으로 인한 피해의 구제에 소요되는 비용을 부담함을 원칙으로 한다.[51]

(5) 환경오염 등의 사전예방

① 국가 및 지방자치단체는 환경오염물질 및 환경오염원의 원천적인 감소를 통한 사전 예방적 오염관리에 우선적인 노력을 기울여야 하며, 사업자로 하여금 환경오염의 예방을 위하여 스스로 노력하도록 촉진하기 위한 시책을

---

49) 환경정책기본법 제5조
50) 환경정책기본법 제6조
51) 환경정책기본법 제7조

강구하여야 한다.[52)]

② 사업자는 제품의 제조·판매·유통 및 폐기 등 사업 활동의 모든 과정에서 환경오염이 적은 원료를 사용하고 공정을 개선하며, 자원의 절약과 재활용의 촉진 등을 통하여 오염물질의 배출을 원천적으로 줄이고, 제품의 사용 및 폐기로 인하여 환경에 미치는 해로운 영향을 최소화하도록 노력하여야 한다.

③ 국가·지방자치단체 및 사업자는 행정계획이나 개발 사업에 따른 국토 및 자연환경의 훼손을 예방하기 위하여 당해 행정계획 또는 개발 사업으로 인하여 환경에 미치는 해로운 영향을 최소화하도록 노력하여야 한다.

(6) 국가 환경종합계획의 수립

① 환경부장관은 관계중앙행정기관의 장과 협의하여 국가차원의 환경보전을 위한 종합계획(이하 "국가환경종합계획"이라 한다)을 10년마다 수립하여야 한다.[53)]

② 제1항의 규정에 의하여 수립된 국가환경종합계획은 국무회의의 심의를 거쳐 확정한다.

③ 제1항 및 제2항의 규정은 확정된 국가환경종합계획을 변경하고자 하는 경우에 이를 준용한다. 다만, 대통령령이 정하는 경미한 사항을 변경하는 경우에는 국무회의의 심의를 생략할 수 있다.

(7) 국가환경종합계획의 내용

국가환경종합계획에는 다음 각호의 사항이 포함되어야 한다.

ⅰ. 인구·산업·경제·토지 및 해양의 이용 등 환경변화 여건에 관한 사항

ⅱ. 환경오염원·환경오염도 및 오염물질 배출량의 예측과 환경오염 및 환경훼손으로 인한 환경질의 변화전망

52) 환경정책기본법 제8조
53) 환경정책기본법 제14조

(표 5) 환경관련 법률체계[54)]

헌법

환경정책 기본법

자연환경 관리	배출규제 및 관리				상수원 관리	기타
	대기	수질	폐기물	기타		
1.자연환경보전법 2.환경영향평가법 3.독도등 도서지역의 생태계보전에 관한 특별법 4.자연공원법 5.토양환경보전법 6.습지보전봅 7.조수보호 및 수렵에 관한법률	1.대기환경보전법 2.소음.진동 규제법 3.지하생활공간공기질 관리법	1.수질 및 수생태계 보전에 관한 법률 2.오수,분뇨 및 축산폐수의 처리에 관한 법률 3.하수도법 4.한강수계 상수원 수질개선 및 주민지원 등에 관한 법률	1.폐기물 관리법 2.자원의 절약과 재활용촉진에 관한 법률 3.폐기물 처리시설 설치촉진 및 주변지역 지원등에 관한 법률 4.폐기물의 국가간 이동 및 그 처리에 관한 법률	1.유해화학물질 관리법 2.환경범죄의 처벌에 관한 특별조치법	1.수도법 2.먹는물 관리법	1.환경기술 및 환경산업 지원법 2.환경분쟁조정법 3.환경개선특별회계법 4.환경개선비용부담법 5.환경관리공단법 6.한국자원재상공사법

iii. 자연환경의 현황 및 전망

iv. 환경보전 목표의 설정과 이의 달성을 위한 다음 각목의 사항에 관한 단계별 대책 및 사업계획

i) 생물다양성·생태계·경관 등 자연환경의 보전에 관한 사항

54) 행정권과경제, 유훈, 법문사, 2001, p.197에서 인용·보완

ii) 토양보전에 관한 사항

iii) 해양환경의 보전에 관한 사항

iv) 국토환경의 보전에 관한 사항

v) 대기환경의 보전에 관한 사항

vi) 수질환경의 보전에 관한 사항

vii) 상·하수도의 보급에 관한 사항

viii) 폐기물의 관리 및 재활용에 관한 사항

ix) 유해화학물질의 관리에 관한 사항

x) 방사능오염물질의 관리 그 밖의 환경의 관리에 관한 사항

v. 사업의 시행에 소요되는 비용의 산정 및 재원 조달방법

vi. 그 밖에 제1호 내지 제5호에 부대되는 사항

2. 대기환경보전법

1) 법의 제정 목적과 규제내용

우리나라의 대기환경에 관해서는 대기환경보전법이 기본적인 법률이라고 볼 수 있다. 대기환경보전법은 대기오염으로 인한 국민건강이나 환경에 관한 위해(危害)를 예방하고 대기환경을 적정하고 지속가능하게 관리·보전하여 모든 국민이 건강하고 쾌적한 환경에서 생활할 수 있게 하는 것을 목적으로 하고 있다.[55]

(1) 용어의 정리

대기환경보전법에서 규정하고 있는 용어를 간단히 정리해 보면[56]

---

55) 대기환경보전법 제1조

56) 대기환경보전법 제2조

① 여기서 “대기오염물질”이란 대기오염의 원인이 되는 가스·입자상물질로서 환경부령으로 정하는 것을 말한다.

② “기후·생태계 변화유발물질”이란 지구 온난화 등으로 생태계의 변화를 가져올 수 있는 기체상물질(氣體狀物質)로서 온실가스와 환경부령으로 정하는 것을 말한다.

③ “온실가스”란 적외선 복사열을 흡수하거나 다시 방출하여 온실효과를 유발하는 대기 중의 가스상태 물질로서 이산화탄소, 메탄, 아산화질소, 수소불화탄소, 과불화탄소, 육불화황을 말한다.

(2) 오염의 측정

이러한 오염물질들을 측정[57]하기 위하여

① 환경부장관은 전국적인 대기오염 및 기후·생태계 변화유발물질의 실태를 파악하기 위하여 환경부령으로 정하는 바에 따라 측정망을 설치하고 대기오염도 등을 상시 측정하여야 한다.

② 특별시장·광역시장·특별자치시장·도지사 또는 특별자치도지사(이하 “시·도지사”라 한다)는 해당 관할 구역 안의 대기오염 실태를 파악하기 위하여 환경부령으로 정하는 바에 따라 측정망을 설치하여 대기오염도를 상시 측정하고, 그 측정 결과를 환경부장관에게 보고하여야 한다.

(3) 대기오염에 대한 경보

① 시·도지사는 대기오염도가 「환경정책기본법」 제12조에 따른 대기에 대한 환경기준(이하 “환경기준”이라 한다)을 초과하여 주민의 건강·재산이나 동식물의 생육에 심각한 위해를 끼칠 우려가 있다고 인정되면 그 지역에 대기오염경보를 발령할 수 있다. 대기오염경보의 발령 사유가 없어진 경우 시·도지사는 대기오염경보를 즉시 해제하여야 한다.[58]

---

57) 대기환경보전법 제3조

② 시·도지사는 대기오염경보가 발령된 지역의 대기오염을 긴급하게 줄일 필요가 있다고 인정하면 기간을 정하여 그 지역에서 자동차의 운행을 제한하거나 사업장의 조업 단축을 명하거나, 그 밖에 필요한 조치를 할 수 있다.

③ 제2항에 따라 자동차의 운행 제한이나 사업장의 조업 단축 등을 명령받은 자는 정당한 사유가 없으면 따라야 한다.

④ 대기오염경보의 대상 지역, 대상 오염물질, 발령 기준, 경보 단계 및 경보 단계별 조치 등에 필요한 사항은 대통령령으로 정한다.

(4) 기후·생태계 변화유발물질 배출 억제

① 정부는 기후·생태계 변화유발물질의 배출을 줄이기 위하여 국가 간에 환경정보와 기술을 교류하는 등 국제적인 노력에 적극 참여하여야 한다.

② 환경부장관은 기후·생태계 변화유발물질의 배출을 줄이기 위하여 다음 각 호의 사업을 추진하여야 한다.

i. 기후·생태계 변화유발물질 배출저감을 위한 연구 및 변화유발물질의 회수·재사용·대체물질 개발에 관한 사업

ii. 기후·생태계 변화유발물질 배출에 관한 조사 및 관련 통계의 구축에 관한 사업

iii. 기후·생태계 변화유발물질 배출저감 및 탄소시장 활용에 관한 사업

iv. 기후변화 관련 대국민 인식확산 및 실천지원에 관한 사업

v. 기후변화 관련 전문인력 육성 및 지원에 관한 사업

vi. 그 밖에 대통령령으로 정하는 사업

③ 환경부장관은 기후·생태계 변화유발물질의 배출을 줄이기 위하여 환경부령으로 정하는 바에 따라 제2항 각 호의 사업의 일부를 전문기관에 위탁하여 추진할 수 있으며, 필요한 재정적·기술적 지원을 할 수 있다.

58) 대기환경보전법 제8조

(5) 대기환경개선 종합계획의 수립

① 환경부장관은 대기오염물질과 온실가스를 줄여 대기환경을 개선하기 위하여 대기환경개선 종합계획(이하 "종합계획"이라 한다)을 10년마다 수립하여 시행하여야 한다.[59]

② 종합계획에는 다음 각 호의 사항이 포함되어야 한다.

i. 대기오염물질의 배출현황 및 전망

ii. 대기 중 온실가스의 농도 변화 현황 및 전망

iii. 대기오염물질을 줄이기 위한 목표 설정과 이의 달성을 위한 분야별·단계별 대책

iv. 환경분야 온실가스 배출을 줄이기 위한 목표 설정과 이의 달성을 위한 분야별·단계별 대책

v. 기후변화로 인한 영향평가와 적응대책에 관한 사항

vi. 대기오염물질과 온실가스를 연계한 통합대기환경 관리체계의 구축

vii. 기후변화 관련 국제적 조화와 협력에 관한 사항

viii. 그 밖에 대기환경을 개선하기 위하여 필요한 사항

③ 환경부장관은 종합계획을 수립하는 경우에는 미리 관계 중앙행정기관의 장과 협의하고 공청회 등을 통하여 의견을 수렴하여야 한다.

④ 환경부장관은 종합계획이 수립된 날부터 5년이 지나거나 종합계획의 변경이 필요하다고 인정되면 그 타당성을 검토하여 변경할 수 있다. 이 경우 미리 관계 중앙행정기관의 장과 협의하여야 한다.

(6) 배출허용기준

① 대기오염물질 배출시설(이하 "배출시설"이라 한다)에서 나오는 대기오염물질(이하 "오염물질"이라 한다)의 배출허용기준은 환경부령으로 정한다.[60]

---

59) 대기환경보전법 제11조

② 환경부장관이 제1항에 따른 환경부령을 정하는 경우에는 관계 중앙행정기관의 장과 협의하여야 한다.

③ 특별시·광역시·도 또는 특별자치도(이하 "시·도"라 한다)는 「환경정책기본법」 제12조제3항에 따른 지역 환경기준의 유지가 곤란하다고 인정되거나 제18조에 따른 대기환경규제지역의 대기질에 대한 개선을 위하여 필요하다고 인정되면 그 시·도의 조례로 제1항에 따른 배출허용기준보다 강화된 배출허용기준(기준 항목의 추가 및 기준의 적용 시기를 포함한다)을 정할 수 있다. 다만, 제87조제1항에 따라 제23조, 제30조, 제33조 및 제35조부터 제37조까지의 규정에 따른 환경부장관의 권한이 시·도지사에게 위임된 경우만 해당한다.

④ 제3항에 따라 조례에 따른 배출허용기준이 적용되는 시·도에 그 기준이 적용되지 아니하는 지역이 있으면 그 지역에 설치되었거나 설치되는 배출시설에도 조례에 따른 배출허용기준을 적용한다.

(7) 대기오염물질의 배출원 및 배출량 조사

① 환경부장관은 종합계획, 「환경정책기본법」 제17조에 따른 환경보전중기종합계획과 「수도권 대기환경개선에 관한 특별법」 제8조에 따른 수도권 대기환경관리기본계획을 합리적으로 수립·시행하기 위하여 전국의 대기오염물질 배출원(排出源) 및 배출량을 조사하여야 한다.[61]

② 시·도지사 및 지방 환경관서의 장은 환경부령으로 정하는 바에 따라 관할 구역의 배출시설 등 대기오염물질의 배출원 및 배출량을 조사하여야 한다.

(8) 총량규제

① 환경부장관은 대기오염 상태가 환경기준을 초과하여 주민의 건강·재산

60) 대기환경보전법 제16조
61) 대기환경보전법 제17조

이나 동식물의 생육에 심각한 위해를 끼칠 우려가 있다고 인정하는 구역 또는 특별대책지역 중 사업장이 밀집되어 있는 구역의 경우에는 그 구역의 사업장에서 배출되는 오염물질을 총량으로 규제할 수 있다.

② 제1항에 따른 총량규제의 항목과 방법, 그 밖에 필요한 사항은 환경부령으로 정한다.

(9) 배출시설의 설치 허가 및 신고

① 배출시설을 설치하려는 자는 대통령령으로 정하는 바에 따라 시·도지사의 허가를 받거나 시·도지사에게 신고하여야 한다.

② 제1항에 따라 허가를 받은 자가 허가받은 사항 중 대통령령으로 정하는 중요한 사항을 변경하려면 변경허가를 받아야 하고, 그 밖의 사항을 변경하려면 변경신고를 하여야 한다.

(10) 권리와 의무의 승계 등

사업자가 배출시설이나 방지시설을 양도하거나 사망한 경우 또는 사업자인 법인이 합병한 경우에는 그 양수인이나 상속인 또는 합병 후 존속하는 법인이나 합병에 따라 설립되는 법인은 허가·변경허가·신고 또는 변경신고에 따른 사업자의 권리·의무를 승계한다.[62)]

(11) 배출부과금

환경부장관은 대기오염물질로 인한 대기환경상의 피해를 방지하거나 줄이기 위하여 대기오염물질을 배출하는 사업자(제29조에 따라 공동 방지시설을 설치·운영하는 자를 포함한다)와 제23조 1항부터 제3항까지의 규정에 따른 허가·변경허가를 받지 아니 하거나 신고·변경신고를 하지 아니하고 배출시설을 설치 또는 변경한 자에 대하여 배출부과금을 부과·징수한다. 이 경우 배출

62) 대기환경보전법 제27조

부과금은 다음 각 호와 같이 구분하여 부과하고, 그 산정방법과 산정기준 등에 관하여 필요한 사항은 대통령령으로 정한다.[63]

ⅰ. 초과부과금은 배출허용기준을 초과하여 배출하는 경우에 오염물질의 배출량과 배출농도 등에 따라 부과하는 금액으로 한다.

ⅱ. 기본부과금은 대기오염물질을 배출하는 사업자(「환경개선비용 부담법」 제9조제3항에 따라 개선부담금이 면제되는 시설물의 소유자 또는 점유자는 제외한다)가 배출허용기준 이하로 배출하는 오염물질의 배출량 및 배출농도 등에 따라 부과하는 금액으로 한다.

(12) 허가의 취소 등

시·도지사는 사업자가 다음 각 호의 어느 하나에 해당하는 경우에는 배출시설의 설치허가 또는 변경허가를 취소하거나 배출시설의 폐쇄를 명하거나 6개월 이내의 기간을 정하여 배출시설 조업정지를 명할 수 있다. 다만, 제1호·제2호·제10호·제11호 또는 제18호부터 제20호까지의 어느 하나에 해당하면 배출시설의 설치허가 또는 변경허가를 취소하거나 폐쇄를 명하여야 한다.[64]

ⅰ. 거짓이나 그 밖의 부정한 방법으로 허가·변경허가를 받은 경우

ⅱ. 거짓이나 그 밖의 부정한 방법으로 신고·변경신고를 한 경우

ⅲ. 제23조제2항 또는 제3항에 따른 변경허가를 받지 아니하거나 변경신고를 하지 아니한 경우

ⅳ. 제26조제1항 본문이나 제2항에 따른 방지시설을 설치하지 아니하고 배출시설을 설치·운영한 경우 등

(13) 과징금 처분

시·도지사는 다음 각 호의 어느 하나에 해당하는 배출시설을 설치·운영하

---

63) 대기환경보전법 제35조
64) 대기환경보전법 제36조

는 사업자에 대하여 제36조에 따라 조업정지를 명하여야 하는 경우로서 그 조업정지가 주민의 생활, 대외적인 신용·고용·물가 등 국민경제, 그 밖에 공익에 현저한 지장을 줄 우려가 있다고 인정되는 경우 등 그 밖에 대통령령으로 정하는 경우에는 조업정지처분을 갈음하여 2억원 이하의 과징금을 부과할 수 있다.

i. 「의료법」에 따른 의료기관의 배출시설

ii. 사회복지시설 및 공동주택의 냉난방시설

iii. 발전소의 발전 설비

iv. 「집단에너지사업법」에 따른 집단에너지시설

v. 「초·중등교육법」 및 「고등교육법」에 따른 학교의 배출시설

vi. 제조업의 배출시설

vii. 그 밖에 대통령령으로 정하는 배출시설

3. 수질 및 수생태계 보전에 관한 법률 (수질환경보전법)

1) 법의 제정 목적과 규제내용

수질환경보전법이 수질 및 수생태계 보전에 관한 법률로 변화하여 수질오염에 대한 전 국가적 관심이 높아지고 있다. 우선 이 법의 목적과 중요내용에 대해 알아보고자 한다.

(1) 목적 및 책무

이 법은 수질오염으로 인한 국민건강 및 환경상의 위해를 예방하고 하천·호소 등 공공수역의 수질 및 수생태계를 적정하게 관리·보전함으로써 국민으로 하여금 그 혜택을 널리 향유할 수 있도록 함과 동시에 미래의 세대에게 승계될 수 있도록 함을 목적[65]으로 한다.

또한 책무[66]로는 ① 국가 및 지방자치단체는 수질 및 수생태계(水生態系)의 오염이나 훼손을 사전에 억제하고 오염되거나 훼손된 수질 및 수생태계를 적정하게 보전할 수 있는 시책을 강구하여 하천·호소 등 공공수역의 수질 및 수생태계를 적정하게 관리·보전함으로써 모든 국민이 건강하고 쾌적한 환경에서 생활할 수 있도록 하여야 한다.

② 모든 국민은 일상생활이나 사업활동에서 발생되는 수질오염물질의 발생을 줄이고, 국가 또는 지방자치단체가 추진하는 수질 및 수생태계 보전을 위한 시책에 적극 참여하고 협력하여야 한다.

(2) 수질오염물질의 총량관리

① 환경부장관은 다음 각 호의 어느 하나에 해당하는 지역에 대하여는 제22조제2항에 따른 수계영향권별로 배출되는 수질오염물질을 총량으로 관리할 수 있다. 다만, 4대강수계법[67] 의 적용을 받는 지역의 경우에는 4대강수계법의 해당 규정에서 정하는 바에 따르고, 「해양오염방지법」에 따라 오염총량규제가 실시되는 지역의 경우에는 「해양오염방지법」의 해당 규정에서 정하는 바에 따른다.[68]

ⅰ. 제10조의2제2항 및 제3항에 따라 수질 및 수생태계의 목표기준 달성 여부를 평가한 결과 그 기준을 달성·유지하지 못한다고 인정되는 수계의 유역에 속하는 지역

ⅱ. 수질오염으로 주민의 건강·재산이나 수생태계에 중대한 위해를 가져올 우려가 있다고 인정되는 수계의 유역에 속하는 지역

---

65) 수질 및 수생태계 보전에 관한 법률 제1조
66) 수질 및 수생태계 보전에 관한 법률 제3조
67) 「금강수계 물관리 및 지원에 관한 법률 등에 관한 법률」, 「낙동강수계 물관리 및 주민지원 등에 관한 법률」, 「영산강·섬진강수계 물관리 및 주민지원 등에 관한 법률」 및 「한강수계 상수원 수질개선 및 주민지원 등에 관한 법률」
68) 수질 및 수생태계 보전에 관한 법률 제4조

② 환경부장관은 제1항에 따라 수질오염물질을 총량으로 관리할 지역을 대통령령이 정하는 바에 따라 지정하여 고시한다.

(3) 시설별 오염부하량의 할당

환경부장관은 오염총량목표수질을 달성·유지하기 위하여 필요하다고 인정되는 경우에는 다음 각 호의 어느 하나의 기준을 적용받는 시설 중 대통령령이 정하는 시설에 대하여 환경부령이 정하는 바에 따라 최종방류구별·단위기간별로 오염부하량을 할당하거나 배출량을 지정할 수 있다. 이 경우 환경부장관은 관할 오염총량관리시행 지방자치단체의 장과 미리 협의하여야 한다.[69)]

i. 제12조제3항에 따른 방류수 수질기준

ii. 제32조에 따른 배출허용기준

iii. 「하수도법」 제7조에 따른 방류수수질기준

iv. 「가축분뇨의 관리 및 이용에 관한 법률」 제13조에 따른 방류수수질기준

(4) 초과배출자에 대한 조치명령 등

① 환경부장관 또는 오염총량관리시행 지방자치단체장은 제4조의5제1항 또는 제2항에 따라 할당된 오염부하량 또는 지정된 배출량(이하 "할당오염부하량등"이라 한다)을 초과하여 배출하는 자에게 수질오염방지시설의 개선 등 필요한 조치를 명령할 수 있다.[70)]

② 제1항에 따라 조치명령을 받은 자는 환경부령이 정하는 바에 따라 개선계획서를 환경부장관 또는 오염총량관리시행 지방자치단체장에게 제출한 후 제1항에 따른 조치명령을 이행하여야 한다.

(5) 오염총량초과부과금

① 환경부장관 또는 오염총량관리시행 지방자치단체장은 할당오염부하량

69) 수질 및 수생태계 보전에 관한 법률 제4조의5

70) 수질 및 수생태계 보전에 관한 법률 제4조의6

등을 초과하여 배출한 자에 대하여 총량초과부과금(이하 "오염총량초과부과금"이라 한다)을 부과·징수한다.[71]

② 오염총량초과부과금의 산정방법 및 산정기준 등에 관하여 필요한 사항은 대통령령으로 정한다.

(6) 공공수역의 수질 및 수생태계 보전

① 환경부장관은 하천·호소, 그 밖에 환경부령이 정하는 공공수역(이하 "하천·호소등"이라 한다)의 전국적인 수질 및 수생태계의 실태를 파악하기 위하여 측정망을 설치하여 수질오염도를 상시측정하여야 하며, 하천·호소등의 수질 및 수생태계 현황을 전국적으로 조사할 수 있다.[72]

② 환경부장관은 제1항에 따라 수생태계 현황 조사를 하는 지역 중 「하천법」 제2조제1항제2호의 하천구역을 조사하기 위한 계획을 수립하는 때에는 국토해양부장관과 협의하여야 한다.

③ 시·도지사는 당해 관할 구역 안의 수질 및 수생태계의 실태를 파악하기 위하여 측정망을 설치하여 수질오염도를 상시측정하거나 당해 관할 구역 안의 수질 및 수생태계 현황을 조사할 수 있다. 이 경우 그 상시측정 또는 조사결과를 환경부장관에게 보고하여야 한다.

④ 제1항 및 제3항에 따른 상시측정 및 보고에 관하여 필요한 사항은 환경부령으로 정한다.

(7) 배출 등의 금지

① 누구든지 정당한 사유 없이 다음 각호의 어느 하나에 해당하는 행위를 하여서는 아니 된다.[73]

---

71) 수질 및 수생태계 보전에 관한 법률 제4조의7
72) 수질 및 수생태계 보전에 관한 법률 제9조
73) 수질 및 수생태계 보전에 관한 법률 제15조

ⅰ. 공공수역에 특정수질유해물질, 「폐기물관리법」에 의한 지정폐기물, 「석유 및 석유대체연료 사업법」에 의한 석유제품 및 원유(석유가스를 제외한다. 이하 "유류"라 한다), 「유해화학물질 관리법」에 의한 유독물(이하 "유독물"이라 한다), 「농약관리법」에 의한 농약(이하 "농약"이라 한다)을 누출·유출하거나 버리는 행위

ⅱ. 공공수역에 분뇨, 축산폐수, 동물의 사체, 폐기물(「폐기물관리법」에 의한 지정폐기물을 제외한다) 또는 오니(汚泥)를 버리는 행위

ⅲ. 하천·호소에서 자동차를 세차하는 행위

ⅳ. 공공수역에 다량의 토사를 유출하거나 버려 상수원 또는 하천·호소를 현저히 오염되게 하는 행위

(8) 상수원의 수질보전을 위한 통행제한

전복, 추락 등 사고 시 상수원을 오염시킬 우려가 있는 물질을 수송하는 자동차를 운행하는 자는 다음 각호의 어느 하나에 해당하는 지역 또는 그 지역에 인접한 지역 중에서 제4항의 규정에 의하여 환경부령이 정하는 도로·구간을 통행할 수 없다.[74)]

ⅰ. 상수원보호구역

ⅱ. 특별대책지역

ⅲ. 「한강수계 상수원수질개선 및 주민지원 등에 관한 법률」 제4조, 「낙동강수계물관리 및 주민지원 등에 관한 법률」 제4조, 「금강수계 물관리 및 주민지원 등에 관한 법률」 제4조 및 「영산강·섬진강수계 물관리 및 주민지원 등에 관한 법률」 제4조의 규정에 의하여 각각 지정·고시된 수변구역

ⅳ. 상수원에 중대한 오염을 일으킬 수 있어 환경부령이 정하는 지역

74) 수질 및 수생태계 보전에 관한 법률 제17조

(9) 과징금 처분

① 환경부장관은 다음 각호의 어느 하나에 해당하는 배출시설(폐수무방류배출시설을 제외한다)을 설치·운영하는 사업자에 대하여 제 42조의 규정에 의하여 조업정지를 명하여야 하는 경우로서 그 조업정지가 주민의 생활, 대외적인 신용·고용·물가 등 국민경제 그 밖에 공익에 현저한 지장을 초래할 우려가 있다고 인정되는 경우에는 조업정지처분에 갈음하여 **3억원** 이하의 과징금을 부과할 수 있다.[75)]

i. 「의료법」에 의한 의료기관의 배출시설

ii. 발전소의 발전설비

iii. 「초·중등교육법」 및 「고등교육법」에 의한 학교의 배출시설

iv. 제조업의 배출시설

v. 그 밖에 대통령령이 정하는 배출시설

② 환경부장관은 다음 각 호의 어느 하나에 해당하는 위반행위에 대하여는 제1항에도 불구하고 조업정지를 명하여야 한다.

i. 제35조에 따라 방지시설(공동방지시설을 포함한다)을 설치하여야 하는 자가 방지시설을 설치하지 아니하고 배출시설을 가동한 경우

ii. 제38조제1항 각 호의 어느 하나에 해당하는 행위를 한 경우로서 30일 이상의 조업정지처분 대상이 되는 경우

iii. 제39조에 따른 개선명령을 이행하지 아니한 경우

(10) 위법시설에 대한 폐쇄조치

환경부장관은 제33조제1항 내지 제3항의 규정에 의한 허가를 받지 아니하거나 신고를 하지 아니하고 배출시설을 설치하거나 사용하는 자에 대하여 당해 배출시설의 사용중지를 명하여야 한다. 다만, 당해 배출시설을 개선하거나

---

75) 수질 및 수생태계 보전에 관한 법률 제43조

방지시설을 설치·개선하더라도 그 배출시설에서 배출되는 수질오염물질의 정도가 제32조의 규정에 의한 배출허용기준 이하로 내려갈 가능성이 없다고 인정되는 경우(폐수무방류배출시설의 경우에는 그 배출시설에서 나오는 폐수가 공공수역으로 배출될 가능성이 있다고 인정되는 경우를 말한다) 또는 그 설치장소가 다른 법률의 규정에 의하여 당해 배출시설의 설치가 금지된 장소인 경우에는 그 배출시설의 폐쇄를 명하여야 한다.[76)]

4. 폐기물관리법

1) 법 제정의 목적 및 규제내용

(1) 법 제정의 목적

이 법은 폐기물의 발생을 최대한 억제하고 발생한 폐기물을 친환경적으로 처리함으로써 환경보전과 국민생활의 질적 향상에 이바지하는 것을 목적으로 한다.[77)]

(2) 적용 범위

① 이 법은 다음 각 호의 어느 하나에 해당하는 물질에 대하여는 적용하지 아니한다.[78)]

i. 「원자력안전법」에 따른 방사성 물질과 이로 인하여 오염된 물질

ii. 용기에 들어 있지 아니한 기체상태의 물질

iii. 「수질 및 수생태계 보전에 관한 법률」에 따른 수질 오염 방지시설에 유입되거나 공공 수역(水域)으로 배출되는 폐수

76) 수질 및 수생태계 보전에 관한 법률 제44조
77) 폐기물 관리법 제1조
78) 폐기물 관리법 제3조

ⅳ. 「가축분뇨의 관리 및 이용에 관한 법률」에 따른 가축분뇨

ⅴ. 「하수도법」에 따른 하수·분뇨

ⅵ. 「가축전염병예방법」 제22조제2항, 제23조, 제33조 및 제44조가 적용되는 가축의 사체, 오염 물건, 수입 금지 물건 및 검역 불합격품

ⅶ. 「수산생물질병 관리법」 제17조제2항, 제18조, 제25조제1항 각 호 및 제34조제1항이 적용되는 수산동물의 사체, 오염된 시설 또는 물건, 수입금지물건 및 검역 불합격품

ⅷ. 「군수품관리법」 제13조의2에 따라 폐기되는 탄약

② 이 법에 따른 폐기물의 해역 배출은 「해양환경관리법」으로 정하는 바에 따른다.

(3) 폐기물 관리의 기본원칙

① 사업자는 제품의 생산방식 등을 개선하여 폐기물의 발생을 최대한 억제하고, 발생한 폐기물을 스스로 재활용함으로써 폐기물의 배출을 최소화하여야 한다.[79)]

② 누구든지 폐기물을 배출하는 경우에는 주변 환경이나 주민의 건강에 위해를 끼치지 아니하도록 사전에 적절한 조치를 하여야 한다.

③ 폐기물은 그 처리과정에서 양과 유해성(有害性)을 줄이도록 하는 등 환경보전과 국민건강보호에 적합하게 처리되어야 한다.

④ 폐기물로 인하여 환경오염을 일으킨 자는 오염된 환경을 복원할 책임을 지며, 오염으로 인한 피해의 구제에 드는 비용을 부담하여야 한다.

⑤ 국내에서 발생한 폐기물은 가능하면 국내에서 처리되어야 하고, 폐기물의 수입은 되도록 억제되어야 한다.

⑥ 폐기물은 소각, 매립 등의 처분을 하기보다는 우선적으로 재활용함으로

79) 폐기물 관리법 제3조의2

써 자원생산성의 향상에 이바지하도록 하여야 한다.

(4) 국가와 지방자치단체의 책무

특별자치도지사, 시장·군수·구청장(자치구의 구청장을 말한다. 이하 같다)은 관할 구역의 폐기물의 배출 및 처리상황을 파악하여 폐기물이 적정하게 처리될 수 있도록 폐기물처리시설을 설치·운영하여야 하며, 폐기물의 처리방법의 개선 및 관계인의 자질 향상으로 폐기물 처리사업을 능률적으로 수행하는 한편, 주민과 사업자의 청소 의식 함양과 폐기물 발생 억제를 위하여 노력하여야 한다.[80)]

(5) 폐기물의 투기 금지 등

① 누구든지 특별자치도지사, 시장·군수·구청장이나 공원·도로 등 시설의 관리자가 폐기물의 수집을 위하여 마련한 장소나 설비 외의 장소에 폐기물을 버려서는 아니 된다.[81)]

② 누구든지 이 법에 따라 허가 또는 승인을 받거나 신고한 폐기물처리시설이 아닌 곳에서 폐기물을 매립하거나 소각하여서는 아니 된다. 다만, 제14조제1항 단서에 따른 지역에서 해당 특별자치도, 시·군·구의 조례로 정하는 바에 따라 소각하는 경우에는 그러하지 아니하다.

(6) 폐기물의 처리 기준

① 누구든지 폐기물을 처리하려는 자는 대통령령으로 정하는 기준과 방법을 따라야 한다. 다만, 제13조의2의 용도 또는 방법에 따라 재활용을 하기 쉬운 상태로 만든 폐기물(이하 "중간가공 폐기물"이라 한다)에 대하여는 완화된 처리기준과 방법을 대통령령으로 따로 정할 수 있다.[82)]

---

80) 폐기물 관리법 제4조
81) 폐기물 관리법 제8조
82) 폐기물 관리법 제13조

② 의료폐기물은 환경부장관이 지정한 기관이나 단체가 환경부장관이 정하여 고시한 검사기준에 따라 검사한 전용용기만을 사용하여 처리하여야 한다.

(7) 생활폐기물의 처리[83)]

① 특별자치도지사, 시장·군수·구청장은 관할 구역에서 배출되는 생활폐기물을 처리하여야 한다. 다만, 환경부령으로 정하는 바에 따라 특별자치도지사, 시장·군수·구청장이 지정하는 지역은 제외한다.

② 특별자치도지사, 시장·군수·구청장은 해당 지방자치단체의 조례로 정하는 바에 따라 대통령령으로 정하는 자에게 제1항에 따른 처리를 대행하게 할 수 있다.

(8) 벌칙 및 과태로

(벌금)

① 제8조제1항 또는 제2항을 위반하여 사업장폐기물을 버리거나 매립한 자는 7년 이하의 징역이나 5천만 원 이하의 벌금에 처한다. 이 경우 징역형과 벌금형은 병과(倂科)할 수 있다.[84)]

② 다음 각 호의 어느 하나에 해당하는 자는 5년 이하의 징역이나 3천만 원 이하의 벌금에 처한다.[85)]

i. 제25조제3항에 따른 허가를 받지 아니하고 폐기물처리업을 한 자

ii. 거짓이나 그 밖의 부정한 방법으로 제25조제3항에 따른 폐기물처리업 허가를 받은 자

iii. 제31조제5항에 따른 폐쇄명령을 이행하지 아니한 자

iv. 제14조제5항에 따라 대행계약을 체결하지 아니하고 종량제 봉투등을

83) 폐기물 관리법 제14조
84) 폐기물 관리법 제63조
85) 폐기물 관리법 제64조

제작·유통한 자

(과태료)

① 폐기물 관리법 제 68조 이하 다음 각 호의 어느 하나에 해당하는 자에게는 1천만 원 이하의 과태료에서 100만 원 이하의 과태료까지 사안의 경중을 가려 과태료를 부과하고 있다.[86)]

5. 유해화학물질관리법

1) 법 제정의 목적 및 규제내용

(1) 목적

이 법은 화학물질로 인한 국민건강 및 환경상의 위해(危害)를 예방하고 유해화학물질을 적절하게 관리함으로써 모든 국민이 건강하고 쾌적한 환경에서 생활할 수 있게 함을 목적으로 한다.[87)]

(2) 국가의 책무

① 국가는 유해화학물질이 국민건강과 환경에 미치는 영향을 늘 파악하고, 국민건강이나 환경상의 위해를 예방하기 위하여 필요한 시책을 수립·시행하여야 한다.[88)]

② 국가는 유해화학물질의 관리를 위한 오염도 측정, 조사·연구, 기술개발, 전문인력양성, 교육 및 홍보시책 등을 강구하여야 하고, 유해화학물질의 안전관리에 필요한 행정 및 재정 지원을 하여야 한다.

---

86) 폐기물 관리법 제68조
87) 유해화학물질 관리법 제1조
88) 유해화학물질 관리법 제4조

(3) 영업자의 책무

유해화학물질을 제조, 수출, 수입, 판매, 보관·저장, 운반 또는 사용하는 영업을 하는 자는 유해화학물질로 인한 국민건강 또는 환경상의 위해가 발생하지 아니하도록 적절한 시설·설비의 유지, 종업원의 교육, 기술개발 및 정보의 교환 등 필요한 조치를 하여야 하며, 유해화학물질의 적절한 관리를 위한 국가의 시책에 참여하고 협력하여야 한다.[89)]

(4) 규제의 내용 : 신규화학물질의 유해성심사 신청 등

신규화학물질을 제조하거나 수입하려는 자(이하 "신규화학물질제조자등"이라 한다)는 해당 화학물질에 대하여 미리 환경부장관의 유해성심사를 받아야 한다. 다만, 다음 각 호의 어느 하나에 해당하는 경우에는 그러하지 아니하다.[90)]

ⅰ. 기계 또는 장치에 내장되어 있거나 시운전용(試運轉用)으로 그 기계 또는 장치류(裝置類)와 함께 수입되는 신규화학물질

ⅱ. 특정한 고체 형태로 일정한 기능을 발휘하는 제품에 함유되어 그 사용과정에서 유출되지 아니하는 신규화학물질

ⅲ. 대통령령으로 정하는 유해성심사 면제대상에 해당하는 것으로 환경부장관의 확인(이하 "유해성심사 면제확인"이라 한다)을 받은 신규화학물질

6. 상수원 관리 : 수도법, 먹는 물 관리법

1) 법 제정의 목적 및 규제내용

(1) 목적 및 책무

이 법은 수도(水道)에 관한 종합적인 계획을 수립하고 수도를 적정하고 합

89) 유해화학물질 관리법 제5조
90) 유해화학물질 관리법 제10조

리적으로 설치·관리하여 공중위생을 향상시키고 생활환경을 개선하게 하는 것을 목적으로 한다.[91)]

이 법의 책무는 아래와 같다.

① 국가는 모든 국민이 질 좋은 물을 공급받을 수 있도록 수도에 관한 종합적인 계획을 수립하고 합리적인 시책을 강구하며 수도사업자에 대한 기술 지원 및 재정 지원을 위하여 노력하여야 한다.[92)]

② 특별시장·광역시장·특별자치시장·도지사·특별자치도지사(이하 "시·도지사"라 한다)와 시장·군수·구청장(자치구의 구청장을 말한다. 이하 같다)은 관할 구역의 주민이 질 좋은 물을 공급받을 수 있도록 상수원의 관리 등에 노력하여야 한다.

(2) 규제의 내용 : 수도정비기본계획의 수립

① 국토해양부장관과 특별시장·광역시장·특별자치시장·특별자치도지사·시장·군수(광역시의 군수는 제외한다)는 일반수도 및 공업용수도를 적정하고 합리적으로 설치·관리하기 위하여 10년마다 다음 각 호에 따라 수도의 정비에 관한 종합적인 기본계획(이하 "수도정비기본계획"이라 한다)을 수립하여야 한다.

ⅰ. 국토해양부장관의 경우에는 국가나 한국수자원공사가 설치·관리하는 광역상수도 및 공업용수도에 관한 수도정비기본계획의 수립

ⅱ. 특별시장·광역시장·특별자치시장·특별자치도지사·시장·군수(광역시의 군수는 제외한다)의 경우에는 그 특별시·광역시·특별자치시·특별자치도·시·군이 설치·관리하는 일반수도 및 공업용수도에 관한 수도정비기본계획의 수립

---

91) 수도법 제1조
92) 수도법 제2조

(3) 상수원보호구역 지정 등

① 환경부장관은 상수원의 확보와 수질 보전을 위하여 필요하다고 인정되는 지역을 상수원 보호를 위한 구역(이하 "상수원보호구역"이라 한다)으로 지정하거나 변경할 수 있다.[93)]

② 환경부장관은 제1항에 따라 상수원보호구역을 지정하거나 변경하면 지체 없이 공고하여야 한다.

③ 제1항과 제2항에 따라 지정·공고된 상수원보호구역에서는 다음 각 호의 행위를 할 수 없다.

i. 「수질 및 수생태계 보전에 관한 법률」 제2조제7호 및 제8호에 따른 수질오염물질·특정수질유해물질, 「유해화학물질 관리법」 제2조제8호에 따른 유해화학물질, 「농약관리법」 제2조제1호에 따른 농약, 「폐기물관리법」 제2조제1호에 따른 폐기물, 「하수도법」 제2조제1호·제2호에 따른 오수·분뇨 또는 「가축분뇨의 관리 및 이용에 관한 법률」 제2조제2호에 따른 가축분뇨를 사용하거나 버리는 행위

ii. 그 밖에 상수원을 오염시킬 명백한 위험이 있는 행위로서 대통령령으로 정하는 금지행위

④ 제1항과 제2항에 따라 지정·공고된 상수원보호구역에서 다음 각 호의 어느 하나에 해당하는 행위를 하려는 자는 관할 특별자치시장·특별자치도지사·시장·군수·구청장의 허가를 받아야 한다. 다만, 대통령령으로 정하는 경미한 행위인 경우에는 신고하여야 한다.

i. 건축물, 그 밖의 공작물의 신축·증축·개축·재축(再築)·이전·용도변경 또는 제거

ii. 입목(立木) 및 대나무의 재배 또는 벌채

---

93) 수도법 제7조

iii. 토지의 굴착·성토(盛土), 그 밖에 토지의 형질변경

⑤ 제1항부터 제4항까지의 규정에 따른 상수원보호구역의 지정절차, 허가의 기준에 필요한 사항은 대통령령으로 정한다.

(4) 상수원보호구역 외의 지역에서의 공장설립의 제한

① 상수원보호구역의 상류지역이나 취수시설(광역상수도 및 지방상수도의 취수시설만을 말한다)의 상류·하류 일정지역으로서 대통령령으로 정하는 지역에서는 산업집적활성화 및 공장설립에 관한 법률」 제2조제1호에 따른 공장을 설립할 수 없다.[94)]

② 시장·군수·구청장은 제1항에도 불구하고 공장설립이 제한되는 지역 중 상수원에 미치는 영향 등을 고려하여 대통령령으로 정하는 지역에는 환경부령으로 정하는 공장의 설립을 승인할 수 있다. 이 경우 상수원보호구역이 다른 시장·군수·구청장의 관할에 속하는 경우에는 해당 시장·군수·구청장과 미리 협의하여야 한다.

③ 제2항에 따른 승인을 받아 공장을 설립한 자는 상수원 보호를 위하여 환경부령으로 정하는 준수사항을 지켜야 한다.

(5) 상수원보호구역의 관리

① 상수원보호구역은 해당 구역을 관할하는 특별자치시장·특별자치도지사·시장·군수·구청장이 관리한다.

② 상수원보호구역이 둘 이상의 시·군·구의 관할 구역에 걸치거나 그 밖에 특별한 이유가 있으면 대통령령으로 정하는 시·도지사 또는 시장·군수·구청장이 관리한다.

③ 환경부장관은 상수원보호구역의 관리상태를 환경부령으로 정하는 바에 따라 평가하고 관계 행정기관의 장에게 그 구역의 적정한 관리를 위하여 필

---

94) 수도법 제7조의2

요한 조치를 요청할 수 있다.

(6) 수질기준

① 수도를 통하여 음용을 목적으로 공급되는 물에는 다음 각 호의 어느 하나에 해당하는 물질이 함유되어서는 아니 된다.[95]

i. 병원성 미생물에 오염되었거나 오염될 우려가 있는 물질

ii. 건강에 해로운 영향을 미칠 수 있는 무기물질 또는 유기물질

iii. 심미적(審美的) 영향을 미칠 수 있는 물질

iv. 그 밖에 건강에 해로운 영향을 미칠 수 있는 물질

② 제1항에 따른 수질기준에 관하여 필요한 사항은 환경부령으로 정한다.

③ 시·도지사는 주민의 건강보호 등을 위하여 필요하다고 인정하면 제2항에 따른 수질기준 외의 항목에 대하여 지역별 수질기준 및 검사 방법을 조례로 정할 수 있다. 다만, 둘 이상의 시·도에 원수(原水) 또는 정수(淨水)를 공급하는 광역상수도에 대하여는 그러하지 아니하다.

2절 우리나라 환경규제의 문제점

1. 우리나라 환경규제의 문제점

우리나라의 환경규제는 정부에서 환경부를 중심으로, 또한 각 지방자체단체에서도 여러 가지 규제를 하고 있다. 그러나 많은 기관에서 규제를 하지만 다음과 같이 몇 가지 문제점이 있다.

---

95) 수도법 제26조

1) 중소기업의 과중한 부담

환경규제에서 중소기업은 상당히 어려운 상황에 처해있다. 즉 공해방지 뿐만 아니라, 오수 등을 정화 혹은 폐수를 방지하기 위하여 중소 공장에서 오. 폐수 혹은 오염된 공해물질 정화 장치를 구비해야 하는데, 이런 시설을 구축하는데 지나치게 많은 액수의 경비가 들어 중소기업의 입장에서는 시설 구축이 어렵다는 것이다. 사업을 하기 위해서 환경보전을 위한 시설을 구축해야 하지만, 이것이 영세한 중소기업으로서는 거의 불가능하다는 것이다. 따라서 처음에는 융자 등을 얻어 시설을 구축한다고 하여도, 곧 유명무실하게 사용하지 않게 된다는 것이다. 즉 배출 대상시설을 신고하여 정화시설을 구축해야 하나, 이를 미신고하고 또는 시설을 구축해 놓았다 하더라도 이를 정상적으로 가동시키지 않는, 즉 비정상적인 가동을 한다는 것이다.[96] 이 미신고시설과 비정상가동이 발각 건수의 73%에 해당되고 있어 근본적인 대책을 마련해야 할 것이다.

2) 공해배출부과금 제도의 난점

공해배출부과금은 일정한 환경기준을 초과하는 공해배출량(잔류량)에 대하여 일정한 단위당 부과금을 곱하여 산정되는 부과금을 공해배출업체에 부

---

96) 환경부 대구지방환경청은 2012년 1월부터 4월까지 총 363곳 업소를 특별 기획단속한 결과 총 125곳의 위반업소를 적발(위반율 34.4%)했다고 8일 밝혔다. 폐수처리시설 비정상 가동이 37건(29.6%)으로 가장 많았고 배출시설 미신고 36건(28.8%), 배출허용기준초과 3건(2.4%), 기타 49건(39.2%) 등이 적발됐다. <저작권자 뉴스1 코리아, 12/05/08 12:03>

구분	점 검 업소수	위 반 업소수 (위반율%)	위 반 내 역					고발대상	
			계	기준 초과	비정상 가 동	미신고	기타	계	자체수사 (고발율%)
계	363	125 (34.4)	125	3	37	36	49	82	82 (65.6)

과하는 제도이다.[97)]

즉 허용기준치가 넘는 대기·수질오염물질·산업폐수를 내보내는 사업장에 부과되는 벌금으로 1983년 도입한 이 제도는 대기환경보전법과 수질환경보전법의 오수, 분뇨 및 축산폐수 처리법에 의한 기준치를 위반했을 때 배출량 등을 감안해 부과한다. 즉, 암모니아나 먼지 등 10개 대기오염물질과 유기물질, 부유물질 등 16개 수질오염물질을 허용기준치 이상 배출 했을 때 행정처분과는 별도로 부과하는 것이다. 부과액은 오염물질 kg당 부과금액·배출허용기준 초과오염물질 배출량·배출허용기준 초과율별 부과계수·지역별 조건·위반횟수별 부과계수·연도별 부과금 산정지수를 곱한 금액에 사업장 규모별로 부과되는 기본부과금을 합해 산정한다.

배출부담금제도나 환경개선비용부담제도는 오염원인자에게 오염원을 줄이게 하려는 규제의 목적이 첫째이고, 환경개선을 위한 투자 재원의 조달을 위한 목적이 두 번째라고 할 수 있다. 그러나 기업의 입장에서는 도덕적 해이를 가져올 수도 있다. 즉 부담금만 내면 공해물질을 얼마든지 배출해도 된다는 식의 인식을 가질 수도 있기 때문이다. 이는 규제의 근본 본질을 망각한 태도라고 할 수 있다.

또한 공해배출부담금에 대한 적정한 세율이나 공식을 정하기가 어렵다는 단점이 있다. 지역별 부과계수나 혹은 연도별 부과금 산정지수의 도출이 정부나 정권 혹은 지방자치단체의 자의적 해석에 따라 가감할 수도 있어 이를 체계화시켜 산정해야 할 것이다.

97) 정부구제론, 최병선, p.479

제4부 금융·보험·증권 규제

제 4부 금융·보험·증권 규제

1장 금융관련 규제의 총괄

1절 금융관련 규제의 의의와 규제기관

우리나라의 금융시장은 1997년도 11월 21일에 일어난 IMF 사태로 국가가 완전히 부도위기에 빠져들고 수많은 은행들이 도산했으며, 또한 많은 은행들이 외국인의 손에 넘어갔다. 물론 IMF가 발생한 이유는 다양하지만, 그 이유 중의 하나는 금융자율화·자본시장 자유화는 급속히 진행된 반면, 이에 부합한 금융 감독 체제의 구축이 미흡하였고, 1994년 이후 경상수지 적자가 확대되고 급기야는 외환유동성 부족이 초래된 것이었다. (특히, 1996년에는 반도체 가격 하락 등 교역조건 악화에 따라 230억 달러의 적자를 기록함에(94~96년 경상수지 누적적자 : 354억 달러) 따라 IMF 사태를 불러왔다. 그러나 우리나라 국민들의 단합된 힘과 정부의 노력으로 비교적 잘 극복하였다.

그 후 2008년 미국의 리먼브라더스 사태로 말미암아 사람들이 세계최강의 나라에서 최고의 은행이 파산할 수도 있고, 세계 경제가 한순간에 마비될 수도 있는, 우리나라 사람들의 잘못이 아닌 국제적인 문제가 우리들의 경제 활동에 결정적인 변수의 역할을 할 수도 있다는 것을 실감나게 인식하게 되었다.

이에 반해 2011년에 발생한 우리나라의 저축은행 사태는 삼화저축은행을 시작으로 부산저축은행에 그 계열사와 보해저축은행까지 영업정지가 되면서 파장이 커졌다. 그 후 솔로몬저축은행까지 사건이 확대되면서 저축은행이 정말 언제 터지지 모르는 화약고와 같다는 인식을 하게 되고, 정부에서의 은행에 대한 규제, 아니 더 나아가 금융시장에 대한 규제가 얼마나 중요하며, 국민들에게 지대한 영향을 미치는지 절감하게 되었다. 따라서 제4부에서는 금융(은헝, 저축은행), 보험, 증권 등의 규제에 대해 관련 법규 중심으로 살펴보고자 한다.

1. 금융·보험·증권 규제기관의 종류와 목적

1) 금융기관의 종류

금융·보험·증권의 규제는 금융기관 혹은 금융관련 회사를 규제한다는 의미에서 경제적 규제로 볼 수 있다.

금융기관에는 공공기관 성격을 지닌 한국은행과 일반 시중 은행인 사기업, 즉 금융거래를 통한 이익을 추구하는 사기업인 은행이 있다. 은행은 크게 두 종류로 나누는데, 일반은행과 특수은행으로 나누어진다.

(1) 일반은행(상업은행)

은행법에 따라 설립 및 운용, 주로 예금 등 금융거래를 해서 이익을 얻을 목적으로 영업하며,

① 시중은행 : 전국을 무대로 영업

② 지방은행 : 지방에서 영업

③ 외국은행 국내 지점 : 외국에 본사가 있는 은행

(2) 특수은행(특별은행)

정부가 특별한 목적을 두고 정한 법에 따라 설립 및 운용하는 은행으로 그

역할은 일반은행에서 자금을 공급하기 어려운 경제 부문에 자금을 공급해 공공사업을 원활하게 하는 것이다. 예를 들면 한국산업은행, 한국수출입은행, 중소기업은행, 농협, 수협 등이 있다.

(3) 비은행

은행이 아니면서 은행과 비슷한 금융상품을 취급하는 금융기관으로

① 종합금융회사는 주로 기업을 상대로 예금과 대출을 전문 거래하는 소형 금융업체이다. 이에 비해

② 저축은행은 도시 자영 상인과 지역 주민을 주요 고객으로 하는 소형 금융기관으로 은행보다 이자가 높아 지역 서민들이 즐겨 이용하나, 2011년 부산저축은행 같은 사고가 나기도 한다. 저축은행은 대출도 일반은행에 비해 쉬운 대신 대출 금리도 상대적으로 비싸다.

③ 신용협동기구는 직장 또는 지역 단위로 조합원을 모으고 조합원 예금을 재원으로 삼아 자금을 빌려주는 금융 서비스를 제공하며, 간단한 절차로 조합원이 될 수 있으며, 인근 주민과 상인이 주요 고객으로 신용협동조합, 새마을금고, 농협. 수협 단위 조합, 상호금융 등이 있다.

④ 우체국은 우편 업무와 함께 운영하는 우체국 예금도 농협, 수협과 함께 대표적인 서민 상대의 금융기관이다.

(4) 보험회사

계약자에게 매월 납부 받은 보험료로 대출이나 투자를 통해 수익을 얻고 사고가 발생했을 때 보험료도 내주는 회사로 생명보험회사, 손해보험회사, 우체국보험 등이 있다.

(5) 증권관련기관

증권거래에 관련된 금융서비스를 제공하는 기관으로 다음과 같다.

① 증권회사

주로 기업을 상대로 증권 발행을 주선하고 발행된 증권의 매매를 중개하며, 일반인들에게 펀드 등을 판매하며, 증권 서비스를 제공한다.

② 자산운용회사

여러 투자자가 맡기는 투자용 뭉칫돈으로 펀드를 만든 다음 주식, 채권, 부동산, 원자재 등에 투자해 수익을 내고 대가를 받으며, 주요고객이 증권회사이다.

③ 증권금융회사

증권회사를 상대로 돈을 빌려준다.

④ 투자자문회사

투자자를 상대로 투자 자문을 해주고 수수료를 받아 운영한다.

(6) 기타금융기관

대출을 전문으로 하는 여신전문금융회사, 신용카드회사, XX캐피털과 같은 할부 금융회사, 생산설비 등 각종 시설을 기업 등에 장기간 빌려주고 대가를 받는 리스업체 등이 해당된다.

(7) 금융보조기관

금융기관 사이에서 금융이 원활하게 이뤄지도록 돕는 서비스를 제공하는 기관으로 다음과 같은 기관들이 있다.

① 금융감독원은 금융기업이 금융 관련 법규에 맞게 영업하는지 감독하는 기관으로 공무원 조직이 아니다(금융감독위원회 산하).

② 신용평가회사는 기업이 사업자금을 마련하기 위해 빚을 내는 데 필요한 기업신용정보를 평가해주고 대가를 받는다.

③ 신용보증기관은 기업이 금융기관에서 자금을 빌릴 수 있도록 보증을 서주고 대가를 받는다.

④ 증권거래소는 증권시장을 운영한다.

⑤ 예금보험공사

평소 금융기관으로부터 예금 보험료를 받아 목돈을 만들어두었다가 보험 가입 금융기관 중 경영에 문제가 생겨 고객 예금을 못 내주는 곳이 생기면 고객 예금을 대신 내주며, 1인당 5,000만 원까지가 한도이다.

⑥ 한국자산관리공사

금융기관 등이 대출거래를 하며 담보로 잡아뒀으나 가치가 폭락해 부실채권이 된 재산을 사들여 짐을 덜어줌으로써 업계 구조조정을 돕는다.

⑦ 금융결제원

금융기관이 온라인 입출금과 이체 등 전자금융결재를 할 수 있도록 금융기관 공동 전산망을 운영한다.

2) 규제기관의 종류와 규제의 목적

금융기관의 규제는 대상이 금융(은행),보험, 증권으로 서로간의 영역이 중복되기도 하고 규제하는 기관이 금융위원회와 금융감독원으로 통일되어 있다. 여기서 금융, 보험, 증권 분야의 법적인 규제기관인 금융위원회와 그 집행기구인 금융감독원에 대해 알아본다.

(1) 규제기관의 종류

① 금융위원회 [金融委員會, Financial Commission]

금융거래 확립과 금융수요자 보호를 위해 설치한 기관으로 행정기관이며, 1998년 4월에 설립되었다. 설립목적은 공정한 금융거래 확립 및 국민경제의 발전을 위함이며, 주요활동으로는 금융 감독 주요 사항의 심의·의결 및 금융감독원에 대한 지시·감독을 수행하며, 위원은 9명으로 존속한다.

또한 금융위원회는 건전한 신용질서와 공정한 금융거래 관행을 확립하고 예금자 및 투자자 등 금융수요자를 보호하기 위해 '금융감독기구 설치 등에 관한 법률'에 의하여 설립하였다. 특별법에 의해 행정권을 부여받아 금융 감독에 관련된 규정의 개정, 금융기관에 대한 검사와 제재, 증권·선물시장의 감시기능 등 금융기관 감독에 대한 중요한 역할을 한다.

1997년 1월 대통령 직속기구로 발족한 금융개혁위원회가 그 해 6월 '금융개혁 보고서'를 통하여 은행감독원, 증권감독원, 보험감독원 및 신용관리기금으로 분산되던 금융 감독 체계를 하나로 통합하도록 권고하였다. 이에 따라 정부는 1997년 6월 그때까지 재정경제원(지금의 재정경제부)과 한국은행이 나누어 맡고 있던 금융통화정책과 금융감독업무를 금융감독위원회와 재정경제원 및 중앙은행의 삼각체제로 운용한다는 내용의 '중앙은행제도 및 금융감독체계 개편안'을 발표하였다.

그 후 1997년 6월 정부는 금융감독위원회와 금융감독원을 설치하여 금융감독을 일원화하는 것을 주요내용으로 하는 '금융감독기구 설치 등에 관한 법률'을 국회에 제출하였고, 같은 해 12월 동 법안이 국회를 통과함으로써 1998년 4월 금융감독위원회가 설립되었다. 이어 1999년 1월에는 중간 감독기구로서 금융감독원이 설립되었다.

금융감독위원회의 조직은 위원장, 부위원장과 상임위원, 재정경제부 차관, 한국은행 부총재, 예금보험공사 사장, 재정경제부 장관이 추천하는 회계전문가, 법무부 장관이 추천하는 법률전문가, 대한상공회의소 회장이 추천하는 경제계 대표 1인 등 총 9명의 위원으로 구성한다. 내부기구로는 공무원 조직인 사무국이 있다. 국무회의의 심의를 거쳐 대통령이 임명하는 위원장은 위원회를 대표하며 회의를 주재하고 사무를 총괄한다.[1)]

② 금융감독원 [金融監督院, Financial Supervisory Service]

금융감독원은 금융감독기구의 설치등에관한법률에 의거 은행감독원, 증권

1) 금융위원회 설치 등에 관한 법률

감독원, 보험감독원, 신용관리기금 등 기존 4개 감독기관이 통합되어 1999. 1. 2. 설립되었으며, 그 후 2008.2.29에 제정된 "금융위원회의 설치 등에 관한 법률"에 의거하여 현재의 금융감독원으로 거듭났다. 금융감독원은 금융 산업의 선진화와 금융시장의 안정을 도모하고 건전한 신용질서와 공정한 금융거래 관행을 확립하며 예금자 및 투자자 등 금융수요자를 보호하여 국민경제 발전에 기여함을 목적으로 하고 있으며,

또한 금융회사에 대한 감독업무, 이들 회사의 업무 및 재산상황에 대한 검사와 검사결과에 따른 제재업무, 금융 분쟁의 조정 등 금융소비자 보호업무, 기타 금융감독위원회의 업무 보좌 등의 기능을 수행하고 있으며, 금융기관의 건전성을 확보하고 공정한 시장질서를 확립하며 금융소비자를 보호하기 위하여 각종 금융기관의 업무 및 재산상황에 대하여 검사하고 위반사항이 있는 경우에는 제재를 가한다.

'금융감독기구 설치 등에 관한 법률'은 금융감독위원회, 재정경제부, 금융통화위원회 상호 간에 자료를 요청할 수 있는 권한을 규정하고 있을 뿐만 아니라 한국은행과 예금보험공사에게 업무수행상 필요한 경우 금융감독원에 대하여 금융기관에 대한 검사를 요청할 수 있도록 하고 있다.

조직에는 원장 1인과 4인 이내의 부원장, 9인 이내의 부원장보 그리고 감사 1인을 둔다. 원장은 금융감독위원회의 위원장이 겸임하고 부원장과 부원장보는 원장의 제청으로 금융감독위원회가, 감사는 위원회의 제청으로 대통령이 임명한다. 부원장·부원장보 및 감사의 임기는 3년이며, 1차에 한하여 연임할 수 있다.[2)]

(2) 금융규제의 목적

'금융위원회의 설치 등에 관한 법률'에서 이 법은 금융위원회와 금융감독원

2) 금융위원회 등 설치에 관한법률 [제3장 금융감독원] 24조 이하

을 설치하여

① 금융산업의 선진화와 금융시장의 안정을 도모하고

② 건전한 신용질서와 공정한 금융거래 관행(慣行)을 확립하며

③ 예금자 및 투자자 등 금융 수요자를 보호함으로써

④ 국민경제의 발전에 이바지함을 목적으로 한다.

(3) 금융규제의 특징

여기서 은행, 보험, 증권규제의 포괄적인 특징을 알아보자. 우선 분야별 규제의 목적과 특징을 알아보면,[3)]

① 은행규제는 예금자 보호, 신용질서의 유지를 그 목적으로 하며 금융기관에 한하여 규제를 한다.

② 보험규제는 보험계약자, 피보험자 등의 권익보호와 보험사업의 효율적인 지도·감독을 목적으로 하며 보험사업자 뿐만 아니라 보험모집 등도 규제하고 있다.

③ 증권규제는 투자자의 보호 및 공정한 거래와 원활한 유통이 그 목적이다. 증권규제는 증권기관 뿐만 아니라 증권거래 그 자체도 규제의 대상으로 하고 있다.

---

3) 행정권과 경제, 유훈, 법문사, p.205

2장 금융에 관한 규제

1절 은행 규제

금융에 관한 규제로서 금융기관 또는 은행에 관한 규제를 말하며, 은행법의 규정을 그 기본으로 삼는다.

여기서 "은행업"이란 예금을 받거나 유가증권 또는 그 밖의 채무증서를 발행하여 불특정 다수인으로부터 채무를 부담함으로써 조달한 자금을 대출하는 것을 업(業)으로 하는 것을 말한다. 또한 "은행"이란 은행업을 규칙적·조직적으로 경영하는 한국은행 외의 모든 법인을 말한다.

1. 은행에 관한 규제 목적 (은행법)

이 법은 은행의 건전한 운영을 도모하고 자금중개기능의 효율성을 높이며 예금자를 보호하고 신용질서를 유지함으로써 금융시장의 안정과 국민경제의 발전에 이바지함을 목적으로 한다.[4)]

① 금융기관의 건전한 운용 도모 : 어느 나라에서나 국가경제의 발전과 나라의 안정을 위해서 금융의 안정은 대단히 중요하며, 금융기관의 건전한 운용을 위해 법률적 제도적 장치를 두고 있다.

② 자금 중개 기능의 효율성 고양 : 국가 산업의 발전이나 일반 국민의 경제적 발전을 위해서도 은행은 자금 중개기능의 효율성을 높여야 한다. 즉 가계저축 등을 모아 산업의 자원으로 재생산, 재투자를 위해 자금의 중개기능이 활성화 되어야 한다.

---

4) 은행법 제1조

③ 예금자 보호 : 예금자를 보호하기 위한 기본적인 법률이며, 우리나라 예금보험제도 등의 제도적 뒷받침이 되고 있어 국민은 안심하고 은행을 이용하고 또한 활용하는 것이다.

④ 신용질서 유지 : 국민경제의 안정을 위하여 신용질서가 유지되어야 함은 당연한 일이며, 이를 위해 은행은 국민들에게 신용을 제공하고 국민들은 이를 활용한다.

⑤ 금융시장의 안정 : 은행에 대한 제도적 뒷받침과 법률적인 규제 등으로 금융시장의 안정을 가져온다.

⑥ 국민경제의 발전에 이바지하게 된다.

2. 적용 법규[5)]

① 대한민국에 있는 모든 은행은 이 법 한국은행법, 금융위원회의 설치에 관한 법률 및 이에 따른 규정 및 명령에 따라 운영되어야 한다.

② 이 법과 한국은행법은 상법이나 그 밖의 법령에 우선하여 적용한다.

③ 법인이 아니면 은행업을 경영할 수 없다.

④ 수산업협동조합중앙회에 대한 특례로 수산업협동조합중앙회의 신용사업 부문은 이를 하나의 은행으로 본다.

⑤ 보험사업자와 상호저축은행업무 또는 신탁업무만을 경영하는 회사는 은행으로 보지 아니한다.

⑥ 법인이 은행에 해당하는지 여부는 금융위원회가 결정한다. 금융위원회는 위 결정을 위하여 필요하면 해당 법인에 장부와 그 밖의서류를 제출하도록 요구할 수 있다.

---

5) 은행법 3조~7조

3. 규제의 내용

1) 영업의 인가

우리나라에서는 은행업을 경영하려는 자는 금융위원회의 인가를 받아야 하며, 은행업 인가를 받으려는 자는 다음 각 호의 요건을 모두 갖추어야 한다.

① 자본금이 1천억원 이상일 것. 다만, 지방은행의 자본금은 250억원 이상으로 할 수 있다.

② 은행업 경영에 드는 자금 조달방안이 적정할 것

③ 주주구성계획이 은행법 제15조, 제15조의2, 제15조의3 및 제16조의2에 적합할 것

④ 대주주가 충분한 출자능력, 건전한 재무상태 및 사회적 신용을 갖출 것

⑤ 사업계획이 타당하고 건전할 것

⑥ 발기인(개인인 경우만 해당한다) 및 임원이 제18조에 적합할 것

⑦ 은행업을 경영하기에 충분한 인력, 영업시설, 전산체계 및 그 밖의 물적 설비를 갖출 것

2) 기업의 형태는 법인이어야 한다.

3) 국외현지법인 등의 신설

① 은행이 대한민국 외에 소재하는 제37조제2항에 따른 자회사등(이하 "국외현지법인"이라 한다) 또는 지점(이하 "국외지점"이라 한다)을 신설하려는 경우에는 신설계획을 수립하여야 한다.

② 제1항에 따른 신설계획을 수립한 은행 중 다음 각 호의 사항 등을 고려하여 대통령령으로 정하는 경우에는 그 계획을 미리 금융위원회에 신고하여야 한다.

ⅰ. 해당 은행, 그 국외현지법인 및 국외지점의 경영건전성

ⅱ. 해당 은행의 국외현지법인 및 국외지점의 진출방식

ⅲ. 해당 은행의 국외현지법인 및 국외지점의 업무범위

ⅳ. 해당 은행의 국외현지법인 및 국외지점이 소재할 국가의 특성

③ 금융위원회는 제2항에 따라 신고 받은 내용이 은행의 경영건전성 및 금융시장의 안정성을 해칠 우려가 있는 경우 신설계획의 보완, 변경 및 제한을 명할 수 있다.

4) 은행 주식의 보유한도 규제

(1) 동일인의 주식보유한도 등

① 동일인은 은행의 의결권 있는 발행주식 총수의 100분의 10을 초과하여 은행의 주식을 보유할 수 없다. 다만, 다음 각 호의 어느 하나에 해당하는 경우와 제3항 및 제16조의2제3항의 경우에는 그러하지 아니하다.[6)]

ⅰ. 정부 또는 「예금자보호법」에 따른 예금보험공사가 은행의 주식을 보유하는 경우

ⅱ. 지방은행의 의결권 있는 발행주식 총수의 100분의 15 이내에서 보유하는 경우

② 동일인(대통령령으로 정하는 자를 제외한다)은 다음 각 호의 어느 하나에 해당하게 된 경우에는 은행 주식보유상황 또는 주식보유비율의 변동 상황 확인을 위하여 필요한 사항으로서 대통령령으로 정하는 사항을 금융위원회에 보고하여야 한다.

ⅰ. 은행(지방은행은 제외한다. 이하 이 항에서 같다)의 의결권 있는 발행주식 총수의 100분의 4를 초과하여 주식을 보유하게 되었을 때

6) 은행법 제15조

ii. 제1호에 해당하는 동일인이 해당 은행의 최대주주가 되었을 때

iii. 제1호에 해당하는 동일인의 주식보유비율이 해당 은행의 의결권 있는 발행주식 총수의 100분의 1 이상 변동되었을 때

iv. 은행의 의결권 있는 발행주식총수의 100분의 4를 초과하여 보유한 사모투자전문회사의 경우 그 사원의 변동이 있을 때

v. 은행의 의결권 있는 발행주식총수의 100분의 4를 초과하여 보유한 투자목적회사의 경우 그 주주 또는 사원의 변동이 있을 때(해당 투자목적회사의 주주 또는 사원인 사모투자전문회사의 사원의 변동이 있을 때를 포함한다)

③ 제1항 각 호 외의 부분 본문에도 불구하고 동일인은 다음 각 호의 구분에 따른 한도를 각각 초과할 때마다 금융위원회의 승인을 받아 은행의 주식을 보유할 수 있다. 다만, 금융위원회는 은행업의 효율성과 건전성에 기여할 가능성, 해당 은행 주주의 보유지분 분포 등을 고려하여 필요하다고 인정되는 경우에만 각 호에서 정한 한도 외에 따로 구체적인 보유한도를 정하여 승인할 수 있으며, 동일인이 그 승인받은 한도를 초과하여 주식을 보유하려는 경우에는 다시 금융위원회의 승인을 받아야 한다.

i. 제1항 각 호 외의 부분 본문에서 정한 한도(지방은행의 경우에는 제1항제2호에서 정한 한도)

ii. 해당 은행의 의결권 있는 발행주식 총수의 100분의 25

iii. 해당 은행의 의결권 있는 발행주식 총수의 100분의 33

④ 금융위원회는 제3항에 따른 승인을 하지 아니하는 경우에는 대통령령으로 정하는 기간 이내에 신청인에게 그 사유를 명시하여 알려야 한다.

⑤ 제2항을 적용할 때 보고의 절차·방법·세부기준과 제3항을 적용할 때 은행의 주식을 보유할 수 있는 자의 자격, 주식보유와 관련한 승인의 요건·절차, 그 밖에 필요한 사항은 다음 각 호의 사항 등을 고려하여 대통령령으로 정한다.

ⅰ. 해당 은행의 건전성을 해칠 위험성

ⅱ. 자산규모 및 재무상태의 적정성

ⅲ. 해당 은행으로부터 받은 신용공여의 규모

ⅳ. 은행업의 효율성과 건전성에 기여할 가능성

⑥ 투자회사가 제3항에 따른 승인을 받아 은행의 주식을 보유하는 경우 그 투자회사에 대하여는 「자본시장과 금융투자업에 관한 법률」 제81조제1항제1호 가목부터 다목까지를 적용하지 아니한다.

⑦ 금융위원회는 해당 은행이 다음 각 호의 어느 하나에 해당하는 경우에는 제5항에 따른 승인의 요건을 갖추지 아니한 경우에도 승인을 할 수 있다.

ⅰ. 「금융산업의 구조개선에 관한 법률」 제2조제2호에 따른 부실금융기관인 경우

ⅱ. 「예금자보호법」 제2조제5호에 따른 부실금융기관인 경우

ⅲ. 「예금자보호법」 제2조제5호의2에 따른 부실우려금융기관인 경우

ⅳ. 제34조제2항에 따른 경영지도기준을 준수하지 못하는 등 금융위원회가 정하여 고시하는 경우

⑧ 금융위원회 또는 은행은 그 은행의 주식을 보유하고 있는 동일인과 그 동일인이 보유하는 주식의 범위를 확인하기 위하여 그 은행의 주주에게 필요한 자료의 제출을 요구할 수 있다.

⑨ 제8항에 따른 자료 제출 요구와 관련하여 필요한 사항은 대통령령으로 정한다.

(2) 한도초과주식의 의결권 제한

① 동일인이 제15조제1항·제3항 또는 제16조의2제1항·제2항에 따른 주식의 보유한도를 초과하여 은행의 주식을 보유하거나 금융위원회의 승인을 받지 아니하고 은행(지방은행은 제외한다. 이하 이 항에서 같다)의 의결권 있는

발행주식 총수의 100분의 4를 초과하여 보유하는 경우 제15조제1항·제3항 또는 제16조의2제1항·제2항에 따른 한도 및 은행의 의결권 있는 발행주식 총수의 100분의 4(이하 이 조에서 "한도등"이라 한다)를 초과하는 주식에 대하여는 그 의결권을 행사할 수 없으며, 지체 없이 그 한도 등에 적합하도록 하여야 한다.[7)]

② 금융위원회는 동일인이 제1항을 준수하지 아니하는 경우에는 6개월 이내의 기간을 정하여 그 한도 등을 초과하는 주식을 처분할 것을 명할 수 있다.

(3) 임원 등의 겸직 제한

① 은행의 임직원은 한국은행, 다른 은행 또는 「금융지주회사법」에 따른 은행지주회사(이하 "은행지주회사"라 한다)의 임직원이 될 수 없다. 다만, 다음 각 호의 어느 하나에 해당하는 경우에는 그러하지 아니하다.[8)]

i. 제37조제5항에 따른 자은행(子銀行)의 임직원이 되는 경우

ii. 해당 은행을 자회사로 하는 은행지주회사의 임직원이 되는 경우

iii. 해당 은행을 자회사로 하는 은행지주회사의 다른 자회사인 은행의 임원이 되는 경우

② 은행의 상임임원은 다른 영리법인의 상시적인 업무에 종사할 수 없다. 다만, 다음 각 호의 어느 하나에 해당하는 경우에는 그러하지 아니하다.

i. 제1항 각 호의 어느 하나에 해당하는 경우

ii. 「채무자 회생 및 파산에 관한 법률」에 따라 관리인으로 선임되는 경우

iii. 제37조제2항에 따른 자회사 등의 임직원이 되는 경우(대통령령으로 정하는 경우는 제외한다)

---

7) 은행법 제16조
8) 은행법 제15조

(4) 감사위원회의 설치로 인한 은행 규제

① 은행은 이사회에 「상법」 제415조의2에 따른 감사위원회(이하 "감사위원회"라 한다)를 설치하여야 한다.[9]

② 감사위원회는 다음 각 호의 요건을 모두 충족하여야 한다.

i. 총위원의 3분의 2 이상이 사외이사일 것

ii. 위원 중 1명 이상은 대통령령으로 정하는 회계 또는 재무 전문가일 것

③ 다음 각 호의 어느 하나에 해당하는 자는 사외이사가 아닌 감사위원회 위원(이하 이 조에서 "상임감사위원"이라 한다)이 될 수 없으며, 상임감사위원이 된 후 이에 해당하게 되면 그 직을 잃는다. 다만, 해당 은행의 상임감사위원으로 재임 중이거나 재임하였던 자는 제3호에도 불구하고 상임감사위원이 될 수 있다.

i. 제18조제1항 각 호의 어느 하나에 해당하는 자

ii. 해당 은행의 대주주(대주주가 법인인 경우에는 그 법인의 임직원을 포함한다)

iii. 해당 은행의 상임 임직원이거나 최근 2년 이내에 상임 임직원이었던 자

iv. 그 밖에 해당 은행의 경영에 영향을 미칠 수 있는 사람 등 상임감사위원으로서의 직무를 충실하게 수행하기 어렵다고 인정되는 자로서 대통령령으로 정하는 자

④ 감사위원회 위원의 사임 또는 사망 등의 사유로 감사위원회의 구성이 제2항에 규정된 요건에 맞지 아니하게 된 경우에는 그 사유가 발생한 날 이후 최초로 소집되는 정기주주총회에서 감사위원회의 구성이 제2항에 규정된 요건에 맞도록 하여야 한다.

⑤ 감사위원회 위원이 되는 사외이사의 선임에 관하여는 「상법」 제409조

---

9) 은행법 제23조의2

제2항 및 제3항을 준용한다.

(5) 건전경영의 유지

① 은행은 은행업을 경영할 때 자기자본을 충실하게 하고 적정한 유동성을 유지하는 등 경영의 건전성을 확보하여야 한다.[10)]

② 은행은 경영의 건전성을 유지하기 위하여 다음 각 호의 사항에 관하여 대통령령으로 정하는 바에 따라 금융위원회가 정하는 경영지도기준을 지켜야 한다.

i. 자본의 적정성에 관한 사항

ii. 자산의 건전성에 관한 사항

iii. 유동성에 관한 사항

iv. 그 밖에 경영의 건전성 확보를 위하여 필요한 사항

③ 제2항에 따라 금융위원회가 경영지도기준을 정할 때에는 국제결제은행이 권고하는 은행의 건전성 감독에 관한 원칙을 충분히 반영하여야 한다.

④ 금융위원회는 은행이 제2항에 따른 경영지도기준을 충족시키지 못하는 등 경영의 건전성을 크게 해칠 우려가 있다고 인정될 때에는 자본금의 증액, 이익배당의 제한 등 경영개선을 위하여 필요한 조치를 요구할 수 있다.

⑤ 은행은 동일한 개인·법인 및 그 개인·법인과 대통령령이 정하는신용위험을 공유하는 자[이하 "동일차주"(同一借主)라 한다]에 대하여 그 은행의 자기자본의 100분의 25를 초과하는 신용공여를 할 수 없다.

(6) 대주주가 발행한 지분증권의 취득한도 제한

은행은 자기자본의 100분의 1의 범위에서 대통령령으로 정하는 비율에 해당하는 금액을 초과하여 그 은행의 대주주(제37조제2항에 따른 자회사등을 제외한 특수관계인을 포함한다. 이하 같다)가 발행한 지분증권(「자본시장과

10) 은행법 제34조

금융투자업에 관한 법률」 제4조제4항에 따른 지분증권을 말한다. 이하 같다)을 취득(대통령령으로 정하는 바에 따라 신탁업무를 운영함으로써 취득하는 것을 포함한다. 이하 이 조에서 같다)하여서는 아니 된다.

다만, 「금융지주회사법」 제2조제1항제5호에 따른 은행지주회사의 자회사등(「금융지주회사법」 제4조제1항제2호에 따른 자회사등을 말한다. 이하 이 항에서 같다)인 은행이 그 은행지주회사의 다른 자회사등이 업무집행사원인 사모투자전문회사에 출자하는 경우에는 그러하지 아니하다.[11]

(7) 다른 회사 등에 대한 출자제한

① 은행은 다른 회사등의 의결권 있는 지분증권의 100분의 15를 초과하는 지분증권을 소유할 수 없다.[12]

② 은행은 제1항에도 불구하고 금융위원회가 정하는 업종에 속하는 회사등에 출자하는 경우 또는 기업구조조정 촉진을 위하여 필요한 것으로 금융위원회의 승인을 받은 경우에는 의결권 있는 지분증권의 100분의 15를 초과하는 지분증권을 소유할 수 있다

(8) 금지업무

은행은 다음 각 호의 어느 하나에 해당하는 업무를 하여서는 아니 된다.[13]

① 다음 각 목의 증권에 대한 투자의 총 합계액이 은행의 자기자본의 100분의 100의 범위에서 대통령령으로 정하는 비율에 해당하는 금액을 초과하는 투자. 이 경우 금융위원회는 필요한 경우 같은 투자한도의 범위에서 다음 각 목의 증권에 대한 투자한도를 따로 정할 수 있다.

ⅰ. 「자본시장과 금융투자업에 관한 법률」 제4조제3항에 따른 채무증권으

---

11) 은행법 제35조의3
12) 은행법 제37조
13) 은행법 제38조

로서 상환기간이 3년을 초과하는 것. 다만, 국채 및 한국은행 통화안정증권, 「금융산업의 구조개선에 관한 법률」 제11조제6항제2호에 따른 채권은 제외한다.

ii. 지분증권. 다만, 「금융산업의 구조개선에 관한 법률」 제11조제6항제1호에 따른 주식은 제외한다.

iii. 「자본시장과 금융투자업에 관한 법률」 제4조제7항에 따른 파생결합증권 중 대통령령으로 정하는 것

iv. 그 밖에 「자본시장과 금융투자업에 관한 법률」 제4조제2항 각 호의 증권 중 대통령령으로 정하는 증권

② 대통령령으로 정하는 업무용 부동산이 아닌 부동산(저당권 등 담보권의 실행으로 취득한 부동산은 제외한다)의 소유

③ 자기자본의 100분의 100의 범위에서 대통령령으로 정하는 비율에 해당하는 금액을 초과하는 업무용 부동산의 소유

④ 직접·간접을 불문하고 해당 은행의 주식을 담보로 하는 대출

⑤ 직접·간접을 불문하고 해당 은행의 주식을 사게 하기 위한 대출

⑥ 해당 은행의 임직원에 대한 대출(금융위원회가 정하는 소액대출은 제외한다)

(9) 이익준비금 및 제무제표의 공고

① 은행은 적립금이 자본금의 총액이 될 때까지 결산 순이익금을 배당 할 때마다 그 순이익금의 100분의 10 이상을 적립하여야 한다.[14)]

② 은행은 그 결산일 후 3개월 이내에 금융위원회가 정하는 서식에따라 결산일 현재의 대차대조표, 그 결산기(決算期)의 손익계산서 및 금융위원회가 정하는 연결재무제표(聯結財務諸表)를 공고하여야 한다. 다만, 부득이한 사

---

14) 은행법 제40조,41조

유로 3개월 이내에 공고할 수 없는 서류에 대하여는 금융위원회의 승인을 받아 그 공고를 연기할 수 있다.

(10) 불공정영업행위의 금지

① 은행은 공정한 금융거래 질서를 해칠 우려가 있는 다음 각 호의 어느 하나에 해당하는 행위(이하 "불공정영업행위"라 한다)를 하여서는 아니 된다.[15]

ⅰ. 여신거래와 관련하여 차주의 의사에 반하여 예금 가입 등을 강요하는 행위

ⅱ. 여신거래와 관련하여 차주 등에게 부당하게 담보를 요구하거나 보증을 요구하는 행위

iii. 은행 또는 그 임직원이 업무와 관련하여 부당하게 편익을 요구하거나 제공받는 행위

iv. 그 밖에 은행이 우월적 지위를 이용하여 은행이용자의 권익을 부당하게 침해하는 행위

② 은행은 예금자 등 은행이용자를 보호하고 금융분쟁의 발생을 방지하기 위하여 은행이용자에게 금융거래상 중요 정보를 제공하는 등 적절한 조치를 마련하여야 한다.

③ 제1항 및 제2항에 따른 구체적 내용은 대통령령으로 정한다.

④ 금융위원회는 제1항을 위반하는 행위가 있을 경우에는 해당 은행에 대하여 해당 불공정영업행위의 중지 등 시정조치를 명할 수 있다.

⑤ 금융위원회는 은행이용자의 보호 등이 필요하다고 인정하는 경우 제2항에 따른 조치에 대하여 시정 또는 보완을 명할 수 있다.

(11) 광고 등

① 은행은 예금, 대출 등 은행이 취급하는 상품(이하 이 조에서 "은행상품"

15) 은행법 제52조의 2

이라 한다)에 관하여 광고를 하는 경우 그 은행의 명칭, 은행상품의 내용, 거래 조건 등이 포함되도록 하여야 한다.[16]

② 은행은 은행상품과 관련하여 은행이용자의 합리적 의사결정을 위하여 이자율의 범위 및 산정방법, 이자의 지급 및 부과 시기, 부수적 혜택 및 비용을 명확히 표시하여 은행이용자가 오해하지 아니하도록 하여야 한다.

③ 은행이 은행상품에 관한 광고를 할 때 「표시·광고의 공정화에 관한 법률」 제4조제1항에 따른 표시·광고 사항이 있는 경우에는 같은 법에서 정하는 바에 따른다.

④ 제1항 및 제2항에 따른 거래조건의 구체적 내용, 광고의 방법·절차 등에 관하여 필요한 사항은 대통령령으로 정한다.

(12) 은행에 대한 제재

① 이 법에 따른 규정·명령 또는 지시를 위반하여 은행의 건전한 경영을 해칠 우려가 있다고 인정되면 금융감독원장의 건의에 따라 다음 각 호의 어느 하나에 해당하는 조치를 하거나 금융감독원장으로 하여금 해당 위반행위의 중지 및 경고 등 적절한 조치를 하게 할 수 있다.[17]

i. 해당 위반행위에 대한 시정명령

ii. 6개월 이내의 영업의 일부정지

② 금융위원회는 은행이 다음 각 호의 어느 하나에 해당하면 그 은행에 대하여 6개월 이내의 기간을 정하여 영업의 전부정지를 명하거나 은행업의 인가를 취소할 수 있다.

i. 거짓이나 그 밖의 부정한 방법으로 은행업의 인가를 받은 경우

ii. 인가 내용 또는 인가 조건을 위반한 경우

iii. 영업정지 기간에 그 영업을 한 경우

---

16) 은행법 제52조의3

17) 은행법 제53조

iv. 제1항제1호에 따른 시정명령을 이행하지 아니한 경우

v. 제1호부터 제4호까지의 경우 외의 경우로서 이 법 또는 이 법에 따른 명령이나 처분을 위반하여 예금자 또는 투자자의 이익을 크게 해칠 우려가 있는 경우

(13) 과징금 등의 부과 및 징수

금융위원회는 은행이 법규를 위반하거나 대주주가 위반한 경우에는 다음 각 호의 구분에 따라 과징금을 부과할 수 있다.[18]

첫째, 제35조제1항·제3항·제4항 또는 제37조제3항제1호·제6항제3호에 따른 신용공여한도를 초과한 경우 : 초과한 신용공여액의 100분의 10 이하부터

둘째, 대주주가 제35조의4를 위반함으로써 은행이 제35조의3제1항에 따른 주식취득한도를 초과하여 해당 대주주의 주식을 취득한 경우 : 초과취득한 주식의 장부가액 합계액의 100분의 40 이하까지 다양하게 과징금을 부과할 수 있다.

18) 은행법 제65조의3 : 1~18호

3장 보험에 관한 규제

1절 보험에 관한 규제

보험에 관한 규제는 보험회사에 대한 규제와 보험계약자. 피보험계약자 그리고 이해관계인들에 대한 규제도 일부 포함한다고 볼 수 있다. 따라서 꼭 보험회사만이 아닌, 부정적인 방법으로 보험료를 타내는 범죄가 많이 발생하는데 이런 사안들에 대해서도 규제가 필요하다고 할 수 있다.

1. 보험규제의 의의

1) 보험사업과 보험업법의 용어

(1) 보험사업

보험이란 미래에 우발적으로 발생할지도 모르는 사고나 병 따위의 장차 발생할 수 있는 일의 가능성을 두고 현재에 약간의 분산된 돈으로 꾸준히 적립하여, 불의로 약정의 조건이 발생했을 때 그에 맞는 일정금액을 일시적으로 혹은 지속적으로 보상을 받는 제도를 의미한다.

다른 한편으로는 우리나라의 경우 후진국 경제에서 저축과 같은 의미의 일환으로 소액의 자금을 꾸준히 적립하여 그 적립된 금액이 개인에게는 자산형성의 한 방법으로도 발전되어 왔다. 또한 보험회사에서는 적립되는 자금을 경제발전의 투자재원으로 활용하여 우리나라 경제발전의 한 몫을 단단히 하였다고 할 수 있다.

보험규제에 관련된 일반적인 용어의 정의는 보험업법 제 2조에 다음과 같이 규정하고 있다.

(2) 용어의 정의

이 법에서 사용하는 용어의 뜻은 다음과 같다.[19)]

① **"브험상품"**이란 위험보장을 목적으로 우연한 사건 발생에 관하여 금전 및 그 밖의 급여를 지급할 것을 약정하고 대가를 수수(授受)하는 계약(「국민건강보험법」에 따른 건강보험, 「고용보험법」에 따른 고용보험 등 보험계약자의 보호 필요성 및 금융거래 관행 등을 고려하여 대통령령으로 정하는 것은 제외한다)으로서 다음 각 목의 것을 말한다.

ⅰ. **생명보험상품** : 위험보장을 목적으로 사람의 생존 또는 사망에 관하여 약정한 금전 및 그 밖의 급여를 지급할 것을 약속하고 대가를 수수하는 계약으로서 대통령령으로 정하는 계약

ⅱ. **손해보험상품** : 위험보장을 목적으로 우연한 사건(다목에 따른 질병·상해 및 간병은 제외한다)으로 발생하는 손해(계약상 채무불이행 또는 법령상 의무불이행으로 발생하는 손해를 포함한다)에 관하여 금전 및 그 밖의 급여를 지급할 것을 약속하고 대가를 수수하는 계약으로서 대통령령으로 정하는 계약

ⅲ. **제3보험상품** : 위험보장을 목적으로 사람의 질병·상해 또는 이에 따른 간병에 관하여 금전 및 그 밖의 급여를 지급할 것을 약속하고 대가를 수수하는 계약으로서 대통령령으로 정하는 계약

② **"보험업"**이란 보험상품의 취급과 관련하여 발생하는 보험의 인수(引受), 보험료 수수 및 보험금 지급 등을 영업으로 하는 것으로서 생명보험업·손해보험업 및 제3보험업을 말한다.

③ **"생명보험업"**이란 생명보험상품의 취급과 관련하여 발생하는 보험의

---

19) 보험업법 제2조

인수, 보험료 수수 및 보험금 지급 등을 영업으로 하는 것을 말한다.

④ “**손해보험업**”이란 손해보험상품의 취급과 관련하여 발생하는 보험의 인수, 보험료 수수 및 보험금 지급 등을 영업으로 하는 것을 말한다.

⑤ “**제3보험업**”이란 제3보험상품의 취급과 관련하여 발생하는 보험의 인수, 보험료 수수 및 보험금 지급 등을 영업으로 하는 것을 말한다.

⑥ “**보험설계사**”란 보험회사·보험대리점 또는 보험중개사에 소속되어 보험계약의 체결을 중개하는 자[법인이 아닌 사단(社團)과 재단을 포함한다]로서 제84조에 따라 등록된 자를 말한다.

⑦ “**보험대리점**”이란 보험회사를 위하여 보험계약의 체결을 대리하는 자(법인이 아닌 사단과 재단을 포함한다)로서 제87조에 따라 등록된 자를 말한다.

⑧ “**보험중개사**”란 독립적으로 보험계약의 체결을 중개하는 자(법인이 아닌 사단과 재단을 포함한다)로서 제89조에 따라 등록된 자를 말한다.

⑨ “**모집**”이란 보험계약의 체결을 중개하거나 대리하는 것을 말한다.

2) 보험규제의 목적

이 법은 보험업을 경영하는 자의 건전한 경영을 도모하고 보험계약자, 피보험자, 그 밖의 이해관계인의 권익을 보호함으로써 보험업의 건전한 육성과 국민경제의 균형 있는 발전에 기여함을 목적으로 한다.[20] 또한 제3조(보험계약의 체결)에서는 누구든지 보험회사가 아닌 자와 보험계약을 체결하거나 중개 또는 대리하지 못한다. 다만, 대통령령으로 정하는 경우에는 그러하지 아니하다 라고 하고 있어 법에 규정된 자만이 보험업을 영위할 수 있다.

20) 보험업법 제1조

2. 보험사업자 규제의 내용

1) 보험업의 허가

(1) 보험업을 경영하려는 자는 다음 각 호에서 정하는 보험종목별로 금융위원회의 허가를 받아야 한다.[21]

① 생명보험업의 보험종목

i. 생명보험

ii. 연금보험(퇴직보험을 포함한다)

iii. 그 밖에 대통령령으로 정하는 보험종목

② 손해보험업의 보험종목

i. 화재보험

ii. 해상보험(항공·운송보험을 포함한다)

iii. 자동차보험

iv. 보증보험

v. 재보험(再保險)

vi. 그 밖에 대통령령으로 정하는 보험종목

③ 제3보험업의 보험종목

i. 상해보험

ii. 질병보험

iii. 간병보험

iv. 그 밖에 대통령령으로 정하는 보험종목

(2) 제1항에 따른 허가를 받은 자는 해당 보험종목의 재보험에 대한 허가를 받은 것으로 본다.

---

21) 보험업법 제4조

(3) 생명보험업이나 손해보험업에 해당하는 보험종목의 전부(제1항제2호 라목에 따른 보증보험 및 같은 호 마목에 따른 재보험은 제외한다)에 관하여 제1항에 따른 허가를 받은 자는 제3보험업에 해당하는 보험종목에 대한 허가를 받은 것으로 본다.

(4) 생명보험업 또는 손해보험업에 해당하는 보험종목의 전부(제1항제2호 라목에 따른 보증보험 및 같은 호 마목에 따른 재보험은 제외한다)에 관하여 제1항에 따른 허가를 받은 자는 경제질서의 건전성을 해친 사실이 없으면 해당 생명보험업 또는 손해보험업의 종목으로 신설되는 보험종목에 대한 허가를 받은 것으로 본다.

(5) 제3보험업에 관하여 제1항에 따른 허가를 받은 자는 제10조제3호에 따른 보험종목을 취급할 수 있다.

(6) 보험업의 허가를 받을 수 있는 자는 주식회사, 상호회사 및 외국보험회사로 제한하며, 제1항에 따라 허가를 받은 외국보험회사의 국내지점(이하 "외국보험회사국내지점"이라 한다)은 이 법에 따른 보험회사로 본다.

(7) 금융위원회는 제1항에 따른 허가에 조건을 붙일 수 있다.

2) 보험업 허가의 요건

(1) 보험업의 허가를 받으려는 자(외국보험회사 및 제3항에 따라 보험종목을 추가하려는 보험회사는 제외한다)는 다음 각 호의 요건을 갖추어야 한다.[22]

① 제9조제1항 및 제2항에 따른 자본금 또는 기금을 보유할 것

② 보험계약자를 보호할 수 있고 그 경영하려는 보험업을 수행하기 위하여 필요한 전문 인력과 전산설비 등 물적(物的) 시설을 충분히 갖추고 있을 것. 이 경우 대통령령으로 정하는 바에 따라 업무의 일부를 외부에 위탁하는 경우

22) 보험업법 제6조

에는 그 위탁한 업무와 관련된 전문 인력과 물적 시설을 갖춘 것으로 본다.

③ 사업계획이 타당하고 건전할 것

④ 대주주(최대주주의 특수관계인인 주주를 포함한다. 이하 이 조에서 같다)가 제13조제1항 각 호의 어느 하나에 해당하지 아니하고, 충분한 출자능력과 건전한 재무상태를 갖추고 있으며, 건전한 경제질서를 해친 사실이 없을 것

(2) 보험업의 허가를 받으려는 외국보험회사는 다음 각 호의 요건을 갖추어야 한다.

① 제9조제3항에 따른 영업기금을 보유할 것

② 국내에서 경영하려는 보험업과 같은 보험업을 외국 법령에 따라 경영하고 있을 것

③ 자산상황·재무건전성 및 영업건전성이 국내에서 보험업을 경영하기에 충분하고, 국제적으로 인정받고 있을 것

④ 제1항제2호 및 제3호의 요건을 갖출 것

(3) 보험종목을 추가하여 허가를 받으려는 보험회사는 다음 각 호의 요건을 갖추어야 한다.

① 제1항의 요건을 충족할 것(다만, 같은 항 제4호의 허가 요건은 같은 호에도 불구하고 대통령령으로 정하는 완화된 요건을 적용한다)

② 대통령령으로 정하는 건전한 재무상태와 사회적 신용을 갖출 것

(4) 보험회사는 제1항제2호의 요건을 대통령령으로 정하는 바에 따라 보험업의 허가를 받은 이후에도 계속하여 유지하여야 한다. 다만, 보험회사의 경영건전성을 확보하고 보험가입자 등의 이익을 보호하기 위하여 대통령령으로 정하는 경우로서 금융위원회의 승인을 받은 경우에는 그러하지 아니하다.

(5) 보험회사의 주식을 취득하여 대주주(대통령령으로 정하는 자는 제외한다)가 되려는 자는 제1항제4호의 요건 중 건전한 경영을 위하여 대통령령으

로 정하는 요건을 갖추어야 하며, 미리 금융위원회의 승인을 받아야 한다.

(6) 금융위원회는 6개월 이내의 기간을 정하여 제5항에 따른 승인 없이 주식을 취득한 자에 대하여 그 주식을 처분할 것을 명할 수 있다.

(7) 제5항에 따른 승인 없이 주식을 취득한 자는 그 승인을 받지 아니한 취득분에 대하여는 의결권을 행사할 수 없다.

(8) 제1항부터 제6항까지의 규정에 따른 허가, 승인 및 명령의 세부 요건에 관하여 필요한 사항은 대통령령으로 정한다.

(9) (상호 또는 명칭)

① 보험회사는 그 상호 또는 명칭 중에 주로 경영하는 보험업의 종류를 표시하여야 한다.

② 보험회사가 아닌 자는 그 상호 또는 명칭 중에 보험회사임을 표시하는 글자를 포함하여서는 아니 된다.

3) 자본금 또는 기금의 요건

(1) 보험회사는 300억원 이상의 자본금 또는 기금을 납입함으로써 보험업을 시작할 수 있다. 다만, 보험회사가 제4조제1항에 따른 보험종목의 일부만을 취급하려는 경우에는 50억원 이상의 범위에서 대통령령으로 자본금 또는 기금의 액수를 다르게 정할 수 있다.[23)]

(2) 제1항에도 불구하고 전화·우편·컴퓨터통신 등 통신수단을 이용하여 대통령령으로 정하는 바에 따라 모집을 하는 보험회사는 제1항에 따른 자본금 또는 기금의 3분의 2에 상당하는 금액 이상을 자본금 또는 기금으로 납입함으로써 보험업을 시작할 수 있다.

(3) 외국보험회사가 대한민국에서 보험업을 경영하려는 경우에는 대통령령으로 정하는 영업기금을 제1항 또는 제2항의 자본금 또는 기금으로 본다.

---

23) 보험업법 제9조

4) 보험업 겸영의 제한

보험회사는 생명보험업과 손해보험업을 겸영(兼營)하지 못한다. 다만, 다음 각 호의 어느 하나에 해당하는 보험종목은 그러하지 아니하다.[24)]

(1) 생명보험의 재보험 및 제3보험의 재보험

(2) 다른 법령에 따라 겸영할 수 있는 보험종목으로서 대통령령으로 정하는 보험종목

(3) 대통령령으로 정하는 기준에 따라 제3보험의 보험종목에 부가되는 보험

5) 내부통제기준

(1) 보험회사는 법령을 준수하고 자산운용을 건전하게 하며 보험계약자를 보호하기 위하여 그 임직원이 직무를 수행할 때 따라야 할 기본적인 절차와 기준(이하 "내부통제기준"이라 한다)을 정하여야 한다.[25)]

(2) 보험회사는 내부통제기준의 준수 여부를 점검하고, 그 위반사항을 조사하여 감사 또는 감사위원회에 보고하는 자(이하 "준법감시인"이라 한다)를 1명 이상 두어야 한다.

(3) 보험회사는 준법감시인을 임면하려면 이사회의 의결을 거쳐야 한다. 다만, 외국보험회사국내지점의 경우에는 그러하지 아니하다.

3. 금융감독원의 검사 및 영업정지 등 규제

1) 검사 : 보험업법에 따른 보험회사는 금융감독원의 검사를 받아야 한다.[26)]

---

24) 보험업법 제10조
25) 보험업법 제17조
26) 금융위원회설치등에 관한 법률 제38조, 42조

2) 임원의 해임권고 등 : 또한 해당하는 기관의 임원이 이 법 또는 이 법에 따른 규정·명령 또는 지시를 고의로 위반한 때에는 그 임원의 해임을 임면권자에게 권고할 수 있으며, 그 임원의 업무집행의 정지를 명할 것을 금융위원회에 건의할 수 있다.

3) 영업정지 등

보험회사 등의 기관이 이 법[27] 또는 이 법에 따른 규정·명령 또는 지시를 계속 위반하여 위법 또는 불건전한 방법으로 영업하는 경우에는 금융위원회에 다음 각 호의 어느 하나의 조치를 명할 것을 건의할 수 있다.

i. 해당 기관의 위법행위 또는 비행(非行)의 중지

ii. 6개월의 범위에서의 업무의 전부 또는 일부 정지

4. 보험모집에 대한 규제

1) 모집종사자

(1) 모집할 수 있는 자

① 모집을 할 수 있는 자는 다음 각 호의 어느 하나에 해당하는 자이어야 한다.[28]

i. 보험설계사

ii. 보험대리점

iii. 보험중개사

iv. 보험회사의 임원(대표이사·사외이사·감사 및 감사위원은 제외한다. 이하 이 장에서 같다) 또는 직원

---

27) 금융위원회설치등에 관한 법률 43조

28) 보험업법 제83조

② 제91조에 따른 금융기관보험대리점등은 대통령령으로 정하는 바에 따라 그 금융기관 소속 임직원이 아닌 자로 하여금 모집을 하게 하거나, 보험계약 체결과 관련한 상담 또는 소개를 하게하고 상담 또는 소개의 대가를 지급하여서는 아니 된다.

(2) 보험설계사의 등록

보험회사·보험대리점 및 보험중개사(이하 이 절에서 "보험회사등" 이라 한다)는 소속 보험설계사가 되려는 자를 금융위원회에 등록하여야 한다.[29)]

(3) 보험설계사에 의한 모집의 제한

① 보험회사등은 다른 보험회사등에 소속된 보험설계사에게 모집을 위탁하지 못한다.[30)]

② 보험설계사는 자기가 소속된 보험회사등 이외의 자를 위하여 모집을 하지 못한다.

③ 다음 각 호의 어느 하나에 해당하는 경우에는 제1항 및 제2항을 적용하지 아니한다.

ⅰ. 생명보험회사 또는 제3보험업을 전업(專業)으로 하는 보험회사에 소속된 보험설계사가 1개의 손해보험회사를 위하여 모집을 하는 경우

ⅱ. 손해보험회사 또는 제3보험업을 전업으로 하는 보험회사에 소속된 보험설계사가 1개의 생명보험회사를 위하여 모집을 하는 경우

ⅲ. 생명보험회사나 손해보험회사에 소속된 보험설계사가 1개의 제3보험업을 전업으로 하는 보험회사를 위하여 모집을 하는 경우

④ 제3항을 적용받는 보험회사 및 보험설계사가 모집을 할 때 지켜야 할 사항은 대통령령으로 정한다.

---

29) 보험업법 제84조
30) 보험업법 제85조

(4) 보험설계사에 대한 불공정 행위 금지

① 보험회사등은 보험설계사에게 보험계약의 모집을 위탁할 때 다음 각 호의 행위를 하여서는 아니 된다.[31)]

i. 보험모집 위탁계약서를 교부하지 아니하는 행위

ii. 위탁계약서상 계약사항을 이행하지 아니하는 행위

iii. 그 밖에 대통령령으로 정하는 불공정한 행위

② 제175조에 따른 보험협회(이하 "보험협회"라 한다)는 보험설계사에 대한 보험회사등의 불공정한 모집위탁행위를 막기 위하여 보험회사등이 지켜야 할 규약을 정할 수 있다.

2) 보험계약의 체결 또는 모집에 관한 금지행위

① 보험계약의 체결 또는 모집에 종사하는 자는 그 체결 또는 모집에 관하여 다음 각 호의 어느 하나에 해당하는 행위를 하여서는 아니 된다.[32)]

i. 보험계약자나 피보험자에게 보험상품의 내용을 사실과 다르게 알리거나 그 내용의 중요한 사항을 알리지 아니하는 행위

ii. 보험계약자나 피보험자에게 보험상품의 내용의 일부에 대하여 비교의 대상 및 기준을 분명하게 밝히지 아니하거나 객관적인 근거 없이 다른 보험상품과 비교하여 그 보험상품이 우수하거나 유리하다고 알리는 행위

iii. 보험계약자나 피보험자가 보험상품의 중요한 사항을 보험회사에 알리는 것을 방해하거나 알리지 아니할 것을 권유하는 행위

iv. 보험계약자나 피보험자가 보험상품의 중요한 사항에 대하여 부실한 사항을 보험회사에 알릴 것을 권유하는 행위

v. 보험계약자 또는 피보험자로 하여금 이미 성립된 보험계약(이하 이

31) 보험업법 제85조의3
32) 보험업법 제97조

조에서 "기존보험계약"이라 한다)을 부당하게 소멸시킴으로써 새로운 보험계약(대통령령으로 정하는 바에 따라 기존보험계약과 보장 내용 등이 비슷한 경우만 해당한다. 이하 이 조에서 같다)을 청약하게 하거나 새로운 보험계약을 청약하게 함으로써 기존보험계약을 부당하게 소멸시키거나 그 밖에 부당하게 보험계약을 청약하게 하거나 이러한 것을 권유하는 행위

vi. 실제 명의인이 아닌 자의 보험계약을 모집하거나 실제 명의인의 동의가 없는 보험계약을 모집하는 행위

vii. 보험계약자 또는 피보험자의 자필서명이 필요한 경우에 보험계약자 또는 피보험자로부터 자필서명을 받지 아니하고 서명을 대신하거나 다른 사람으로 하여금 서명하게 하는 행위

viii. 다른 모집 종사자의 명의를 이용하여 보험계약을 모집하는 행위

ix. 보험계약자 또는 피보험자와의 금전대차의 관계를 이용하여 보험계약자 또는 피보험자로 하여금 보험계약을 청약하게 하거나 이러한 것을 요구하는 행위

x. 정당한 이유 없이 「장애인차별금지 및 권리구제 등에 관한 법률」 제2조에 따른 장애인의 보험가입을 거부하는 행위

② 제1항제2호에 따른 보험상품의 내용의 일부에 대한 비교 금지규정은 다음 각 호의 어느 하나에 해당하는 자가 보험계약자의 합리적인 보험상품 선택을 위하여 비교하는 경우에는 적용하지 아니한다.

i. 제85조제3항에 따라 다른 보험회사를 위하여 모집을 하는 보험설계사

ii. 제87조에 따라 등록한 보험대리점 중 각각 2 이상의 생명보험업을 경영하는 보험회사·손해보험업을 경영하는 보험회사(보증보험업만을 경영하는 보험회사는 제외한다) 또는 제3보험업을 경영하는 보험회사와 모집에 관한 위탁계약을 체결한 보험대리점

iii. 제89조에 따라 등록한 보험중개사

③ 보험계약의 체결 또는 모집에 종사하는 자가 다음 각 호의 어느 하나에 해당하는 행위를 한 경우에는 제1항제5호를 위반하여 기존보험계약을 부당하게 소멸시키거나 소멸하게 하는 행위를 한 것으로 본다.

ⅰ. 기존보험계약이 소멸된 날부터 1개월 이내에 새로운 보험계약을 청약하게 하거나 새로운 보험계약을 청약하게 한 날부터 1개월 이내에 기존보험계약을 소멸하게 하는 행위. 다만, 보험계약자가 기존 보험계약 소멸 후 새로운 보험계약 체결 시 손해가 발생할 가능성이 있다는 사실을 알고 있음을 자필로 서명하는 등 대통령령으로 정하는 바에 따라 본인의 의사에 따른 행위임이 명백히 증명되는 경우에는 그러하지 아니하다.

ⅱ. 기존보험계약이 소멸된 날부터 6개월 이내에 새로운 보험계약을 청약하게 하거나 새로운 보험계약을 청약하게 한 날부터 6개월 이내에 기존보험계약을 소멸하게 하는 경우로서 해당 보험계약자 또는 피보험자에게 기존보험계약과 새로운 보험계약의 보험기간 및 예정 이자율 등 대통령령으로 정하는 중요한 사항을 비교하여 알리지 아니하는 행위

④ 보험계약자는 보험계약의 체결 또는 모집에 종사하는 자(보험중개사는 제외한다. 이하 이 항에서 같다)가 제1항제5호를 위반하여 기존보험계약을 소멸시키거나 소멸하게 하였을 때에는 그 보험계약의 체결 또는 모집에 종사하는 자가 속하거나 모집을 위탁한 보험회사에 대하여 그 보험계약이 소멸한 날부터 6개월 이내에 소멸된 보험계약의 부활을 청구하고 새로운 보험계약은 취소할 수 있다.

⑤ 제4항에 따라 보험계약의 부활의 청구를 받은 보험회사는 특별한 사유가 없으면 소멸된 보험계약의 부활을 승낙하여야 한다.

⑥ 제4항과 제5항에 따라 보험계약의 부활을 청구하는 절차 및 방법과 그 밖에 보험계약의 부활에 관하여 필요한 사항은 대통령령으로 정한다.

3) 특별이익의 제공 금지

보험계약의 체결 또는 모집에 종사하는 자는 그 체결 또는 모집과 관련하여 보험계약자나 피보험자에게 다음 각 호의 어느 하나에 해당하는 특별이익을 제공하거나 제공하기로 약속하여서는 아니 된다.[33]

ⅰ. 금품(대통령령으로 정하는 금액을 초과하지 아니하는 금품은 제외한다)

ⅱ. 기초서류에서 정한 사유에 근거하지 아니한 보험료의 할인 또는 수수료의 지급

ⅲ. 기초서류에서 정한 보험금액보다 많은 보험금액의 지급 약속

ⅳ. 보험계약자나 피보험자를 위한 보험료의 대납(代納)

ⅴ. 보험계약자나 피보험자가 해당 보험회사로부터 받은 대출금에 대한 이자의 대납

ⅵ. 보험료로 받은 수표 또는 어음에 대한 이자 상당액의 대납

ⅶ. 「상법」 제682조에 따른 제3자에 대한 청구권 대위행사의 포기

4) 수수료 지급 등의 금지

① 보험회사는 제83조에 따라 모집할 수 있는 자 이외의 자에게 모집을 위탁하거나 모집에 관하여 수수료, 보수, 그 밖의 대가를 지급하지 못한다. 다만, 다음 각 호의 어느 하나에 해당하는 경우에는 그러하지 아니하다.[34]

ⅰ. 기초서류에서 정하는 방법에 따른 경우

ⅱ. 보험회사가 대한민국 밖에서 외국보험사와 공동으로 원보험계약(原保險契約)을 인수하거나 대한민국 밖에서 외국의 모집조직(외국의 법령에

33) 보험업법 제98조
34) 보험업법 제99조

따라 모집을 할 수 있도록 허용된 경우만 해당한다)을 이용하여 원보험계약 또는 재보험계약을 인수하는 경우

iii. 그 밖에 대통령령으로 정하는 경우

② 모집에 종사하는 자는 다음 각 호의 어느 하나에 해당하는 경우 이외에는 타인에게 모집을 하게 하거나 그 위탁을 하거나, 모집에 관하여 수수료·보수나 그 밖의 대가를 지급하지 못한다.

i. 보험설계사 : 같은 보험회사등에 소속된 다른 보험설계사에 대한 경우

ii. 보험대리점 : 같은 보험회사와 모집에 관한 위탁계약이 체결된 다른 보험대리점이나 소속 보험설계사에 대한 경우

iii. 보험중개사 : 다른 보험중개사나 소속 보험설계사에 대한 경우

③ 보험중개사는 대통령령으로 정하는 경우 이외에는 보험계약 체결의 중개와 관련한 수수료나 그 밖의 대가를 보험계약자에게 청구할 수 없다.

5) 금융기관보험대리점등의 금지행위

① 금융기관보험대점등은 모집을 할 때 다음 각 호의 어느 하나에 해당하는 행위를 하여서는 아니 된다.[35)]

i. 대출 등 해당 금융기관이 제공하는 용역(이하 이 조에서 "대출등"이라 한다)을 제공하는 조건으로 대출등을 받는 자에게 그 금융기관이 대리 또는 중개하는 보험계약을 체결할 것을 요구하거나 특정한 보험회사와 보험계약을 체결할 것을 요구하는 행위

ii. 대출등을 받는 자의 동의를 미리 받지 아니하고 보험료를 대출등의 거래에 포함시키는 행위

iii. 해당 금융기관의 임직원(제83조에 따라 모집할 수 있는 자는 제외한다)에게 모집을 하도록 하거나 이를 용인하는 행위

---

35) 보험업법 제100조

ⅳ. 해당 금융기관의 점포 외의 장소에서 모집을 하는 행위

ⅴ. 모집과 관련이 없는 금융거래를 통하여 취득한 개인정보를 미리 그 개인의 동의를 받지 아니하고 모집에 이용하는 행위

ⅵ. 그 밖에 제1호부터 제5호까지의 행위와 비슷한 행위로서 대통령령으로 정하는 행위

② 금융기관보험대리점등은 모집을 할 때 다음 각 호의 사항을 지켜야 한다.

ⅰ. 해당 금융기관이 대출 등을 받는 자에게 보험계약의 청약을 권유하는 경우 대출 등을 받는 자가 그 금융기관이 대리하거나 중개하는 보험계약을 체결하지 아니하더라도 대출 등을 받는 데 영향이 없음을 알릴 것

ⅱ. 해당 금융기관이 보험회사가 아니라 보험대리점 또는 보험중개사라는 사실과 보험계약의 이행에 따른 지급책임은 보험회사에 있음을 보험계약을 청약하는 자에게 알릴 것

ⅲ. 보험을 모집하는 장소와 대출 등을 취급하는 장소를 보험계약을 청약하는 자가 쉽게 알 수 있을 정도로 분리할 것

ⅳ. 제1호부터 제3호까지의 사항과 비슷한 사항으로서 대통령령으로 정하는 사항

③ 금융기관보험대리점등이나 금융기관보험대리점등이 되려는 자는 보험계약 체결을 대리하거나 중개하는 조건으로 보험회사에 대하여 다음 각 호의 어느 하나의 행위를 하여서는 아니 된다.

ⅰ. 해당 금융기관을 계약자로 하는 보험계약의 할인을 요구하거나 그 금융기관에 대한 신용공여, 자금지원 및 보험료 등의 예탁을 요구하는 행위

ⅱ. 보험계약 체결을 대리하거나 중개하면서 발생하는 비용 또는 손실을 보험회사에 부당하게 떠넘기는 행위

ⅲ. 그 밖에 금융기관의 우월적 지위를 이용하여 부당한 요구 등을 하는 행위로서 대통령령으로 정하는 행위

④ 제3항에 따른 행위의 구체적 기준은 대통령령으로 정하는 바에 따라 금융위원회가 정한다.

6) 자기계약의 금지

① 보험대리점 또는 보험중개사는 자기 또는 자기를 고용하고 있는 자를 보험계약자 또는 피보험자로 하는 보험을 모집하는 것을 주된 목적으로 하지 못한다.[36)]

② 보험대리점 또는 보험중개사가 모집한 자기 또는 자기를 고용하고 있는 자를 보험계약자나 피보험자로 하는 보험의 보험료 누계액(累計額)이 그 보험대리점 또는 보험중개사가 모집한 보험의 보험료의 100분의 50을 초과하게 된 경우에는 그 보험대리점 또는 보험중개사는 제1항을 적용할 때 자기 또는 자기를 고용하고 있는 자를 보험계약자 또는 피보험자로 하는 보험을 모집하는 것을 그 주된 목적으로 한 것으로 본다.

36) 보험업법 제101조

4장 증권에 관한 규제

1절 증권기관에 관한 규제

1. 증권규제의 필요성

우리나라의 증권투자자 수가 400만이 넘는다는 보고가 있다. 그만큼 많은 사람들이 주식투자를 하고 있거나 혹은 펀드 등에 가입하여 자산을 굴리는 등 경제활동을 하고 있다. 이러한 광범위한 경제활동의 하나인 증권투자에 대하여, 증권회사는 물론, 증권거래소, 증권투자를 하는 개인투자자에 이르기까지 증권투자와 관계되는 제반 이해관계자들을 광범위하게 규제를 해야 하는 것은 당연한 일일 것이다.

사실 주식이나 사채와 같은 유가증권은, 다른 물품과는 달리, 눈에 보이는 물건이나 품질을 확인 할 수 있는 재화가 아니다 보니, 그 성격이나 품질 혹은 그 가치를 일반인들이 파악하기 어렵다는 문제점이 있다. 사실 유가증권은 그냥 한 장의 종이에 불과하며, 그 종이에 부여된 권리가 재산적 가치를 가진다고 인식하는 것이다. 그런데 그 가치란 것이 시시각각으로 변화하고 외부적인 경제변수나 당해기업 자체의 상황에 따라 시시각각으로 변하다 보니 그 가격에 대한 일반인들의 인식은 불안에 기초할 수밖에 없다. 또한 주식시장에서의 거래는 매수인과 매도인이 누구인지 전혀 알 수도 없고, 조작과 허위 부실 등 사기적인 요소가 항상 도사리고 있어 이에 대한 대비책으로 일반대중의 거래를 안심하게 할 수 있도록 하기위해 증권시장에 대한 강력하고 특별한 규제가 필요한 것이다.

1) 증권의 개념

① 이 법에서 "증권"이란 내국인 또는 외국인이 발행한 금융투자상품으로서 투자자가 취득과 동시에 지급한 금전등 외에 어떠한 명목으로든지 추가로 지급의무(투자자가 기초자산에 대한 매매를 성립시킬 수 있는 권리를 행사하게 됨으로써 부담하게 되는 지급의무를 제외한다)를 부담하지 아니하는 것을 말한다.[37]

② 제1항의 증권은 다음 각 호와 같이 구분한다.

ⅰ. 채무증권 ⅱ. 지분증권 ⅲ. 수익증권 ⅳ. 투자계약증권 ⅴ. 파생결합증권 ⅵ. 증권예탁증권으로 구분 한다.

2) 증권규제의 목적

자본시장과 금융투자업에 관한 법률은 2007년 8월3일 제정되어 2009년 2월4일부터 시행되었는데,[38] 이 법은 종래의 증권거래법, 간접투자자산운용법, 선물거래법, 신탁업업, 종합금융회사에 관한 법률 등의 금융법 규정들을 모두 폐지(은행법, 보험업법, 서민금융관련 금융법은 존치)하고 본법으로 통합하며면 자본시장을 규율하는 일반법으로 제정되었다.[39]

이 법은 '자본시장과 금융투자업에 관한 법률제 1조'에 당해 법률제정의 목적을 제시하고 있다. 즉 "자본시장에서 의 금융혁신과 공정한 경쟁을 촉진하고 투자자를 보호하며 금융투자업을 건전하게 육성함으로써 자본시장의 공정성·신뢰성 및 효율성을 높여 국민경제의 발전에 이바지함을 목적으로 한다"고 규정하고 있다. 또한 2조에는 이법은 국외에서 이루어진 행위로서 그

37) 자본시장과 금융투자업에 관한 법률 제4조
38) 자본시장과 금융투자업에 관한 법률 제1조
39) 재정경제부 : 자본사장과 금융투자업에 관한 법률안 설명자료"(2006.12.28.), p.5

효과가 국내에 미치는 경우에도 적용한다고 규정하고 있다. 즉

① 투자자의 보호를 위하여 정부에서는 증권을 발행한 회사의 재산상태나 영업상태를 잘 알 수 있도록 최신의 자료가 충분하고 정확하게 공시될 필요가 있어 이법을 근거로 국가가 개입하게 되는 것이다.[40]

② 자본시장에서의 금융혁신과 공정한 경쟁의 촉진하고

③ 금융투자업의 건전한 육성과

④ 자본시장의 공정성·신뢰성 및 효율성을 제고하고

⑤ 국민경제의 발전에 이바지함을 목적으로 하고 있다.

2. 증권관련 기관에 대한 규제

1) 증권회사에 관한 규제

금융투자업에 관한 규제에는 여러 가지가 있으나, 기본적으로 인가 혹은 등록으로 인한 진입규제와 금융투자업의 지배구조로서 대주주의 변경 승인 및 임원의 자격 등에 대한 규제가 있으며, 재무건전성 등 건전경영에 관한 규제 및 영업행위에 대한 규칙들로 광범위하게 금융투자업을 규제하고 있다.

(1) 인가요건 및 절차

① 무인가 영업행위 금지

누구든지 이 법에 따른 금융투자업인가(변경인가를 포함한다)를 받지 아니하고는 금융투자업(투자자문업 및 투자일임업을 제외한다. 이하 이 절에서 같다)을 영위하여서는 아니 된다.[41]

② 금융투자업의 인가

40) 행정권과 경제, 유휴훈, 법문사, p.227

41) 자본시장과 금융투자업 관한 법률 제11조~13조

ⅰ. 금융투자업을 영위하려는 자는 다음 각 호의 사항을 구성요소로 하여 대통령령으로 정하는 업무 단위(이하 "인가업무 단위"라 한다)의 전부나 일부를 선택하여 금융위원회로부터 하나의 금융투자업인가를 받아야 한다.

ⅰ) 금융투자업의 종류(투자매매업, 투자중개업, 집합투자업 및 신탁업을 말하되, 투자매매업 중 인수업을 포함한다)

ⅱ) 금융투자상품(집합투자업의 경우에는 제229조에 따른 집합투자기구의 종류를 말하며, 신탁업의 경우에는 제103조제1항 각 호의 신탁재산을 말한다)의 범위(증권, 장내파생상품 및 장외파생상품을 말하되, 증권 중 국채증권, 사채권, 그 밖에 대통령령으로 정하는 것을 포함하고 파생상품 중 주권을 기초자산으로 하는 파생상품, 그 밖에 대통령령으로 정하는 것을 포함한다)

ⅲ) 투자자의 유형(전문투자자 및 일반투자자를 말한다. 이하 같다)

ⅱ. 제1항에 따라 금융투자업인가를 받으려는 자는 다음 각 호의 요건을 모두 갖추어야 한다.

ⅰ) 다음 각 목의 어느 하나에 해당하는 자일 것. 다만, 투자중개업 중 제78조에 따른 전자증권중개업무를 하고자 하는 자의 경우에는 「상법」에 따른 주식회사로서 거래소의 회원이어야 한다.

(ⅰ) 「상법」에 따른 주식회사이거나 대통령령으로 정하는 금융기관

(ⅱ) 외국 금융투자업자(외국 법령에 따라 외국에서 금융투자업에 상당하는 영업을 영위하는 자를 말한다. 이하 같다)로서 외국에서 영위하고 있는 영업에 상당하는 금융투자업 수행에 필요한 지점, 그 밖의 영업소를 설치한 자

ⅱ) 인가업무 단위별로 5억원 이상으로서 대통령령으로 정하는 금액 이상의 자기자본을 갖출 것

ⅲ) 사업계획이 타당하고 건전할 것

ⅳ) 투자자의 보호가 가능하고 그 영위하고자 하는 금융투자업을 수행하기에 충분한 인력과 전산설비, 그 밖의 물적 설비를 갖출 것

v) 임원이 제24조 각 호의 어느 하나에 해당하지 아니할 것

vi) 대주주나 외국 금융투자업자가 다음 각 목의 구분에 따른 요건을 갖출 것

(i) 제1호가목의 경우 대주주(최대주주의 특수관계인인 주주를 포함하며, 최대주주가 법인인 경우 그 법인의 중요한 경영사항에 대하여 사실상 영향력을 행사하고 있는 자로서 대통령령으로 정하는 자를 포함한다)가 충분한 출자능력, 건전한 재무상태 및 사회적 신용을 갖출 것

(ii) 제1호나목의 경우 외국 금융투자업자가 충분한 출자능력, 건전한 재무상태 및 사회적 신용을 갖출 것

vii) 대통령령으로 정하는 건전한 재무상태와 사회적 신용을 갖출 것

viii) 금융투자업자와 투자자 간, 특정 투자자와 다른 투자자 간의 이해상충(利害相衝)을 방지하기 위한 체계를 갖출 것

iii. 제2항의 인가요건에 관하여 필요한 세부사항은 대통령령으로 정한다.

③ 인가의 신청 및 심사

i. 제12조제1항에 따른 금융투자업인가를 받으려는 자는 인가신청서를 금융위원회에 제출하여야 한다.

ii. 금융위원회는 제1항의 인가신청서를 접수한 경우에는 그 내용을 심사하여 3개월(제14조에 따른 예비인가를 받은 경우에는 1개월) 이내에 금융투자업인가 여부를 결정하고, 그 결과와 이유를 지체 없이 신청인에게 문서로 통지하여야 한다. 이 경우 인가신청서에 흠결(欠缺)이 있는 때에는 보완을 요구할 수 있다.

iii. 제2항의 심사기간을 산정함에 있어서 인가신청서 흠결의 보완기간 등 총리령으로 정하는 기간은 심사기간에 산입(算入)하지 아니한다.

iv. 금융위원회는 제2항에 따라 금융투자업인가를 하는 경우에는 경영의 건전성 확보 및 투자자 보호에 필요한 조건을 붙일 수 있다.

ⅴ. 제4항에 따라 조건이 붙은 금융투자업인가를 받은 자는 사정의 변경, 그 밖에 정당한 사유가 있는 경우에는 금융위원회에 조건의 취소 또는 변경을 신청할 수 있다. 이 경우 금융위원회는 2개월 이내에 조건의 취소 또는 변경 여부를 결정하고, 그 결과를 지체 없이 신청인에게 문서로 통지하여야 한다.

(2) 등록요건 및 절차

① 미등록 영업행위의 금지

누구든지 이 법에 따른 금융투자업등록(변경등록을 포함한다)을 하지 아니하고는 투자자문업 또는 투자일임업을 영위하여서는 아니 된다.[42)]

② 투자자문업 또는 투자일임업의 등록

ⅰ. 투자자문업 또는 투자일임업을 영위하려는 자는 다음 각 호의 사항을 구성요소로 하여 대통령령으로 정하는 업무 단위(이하 "등록업무 단위"라 한다)의 전부나 일부를 선택하여 금융위원회에 하나의 금융투자업등록을 하여야 한다.

ⅰ) 투자자문업 또는 투자일임업

ⅱ) 금융투자상품의 범위(증권, 장내파생상품 및 장외파생상품을 말한다)

ⅲ) 투자자의 유형

ⅱ. 제1항에 따라 금융투자업등록을 하려는 자는 다음 각 호의 요건을 모두 갖추어야 한다.

ⅰ) 다음 각 목의 어느 하나에 해당하는 자일 것.

(ⅰ) 「상법」에 따른 주식회사이거나 대통령령으로 정하는 금융기관

(ⅱ) 외국 투자자문업자로서 투자자문업의 수행에 필요한 지점, 그 밖의 영업소를 설치한 자

---

42) 자본시장과 금융투자업 관한 법률 제17조~20조

(iii) 외국 투자일임업자로서 투자일임업의 수행에 필요한 지점, 그 밖의 영업소를 설치한 자

ii) 등록업무 단위별로 1억 원 이상으로서 대통령령으로 정하는 금액 이상의 자기자본을 갖출 것

iii) 다음 각 목의 구분에 따른 투자권유자문인력(제286조제1항제3호가목에 따른 투자권유자문인력을 말한다. 이하 같다) 또는 투자운용인력(제286조제1항제3호다목에 따른 투자운용인력을 말한다. 이하 같다)을 갖출 것. 이 경우 제1호 각 목 외의 부분 단서에 규정된 자가 해당 국가에서 투자권유자문인력 또는 투자운용인력에 상당하는 자를 다음 각 목의 수 이상 확보하고 있는 때에는 해당 요건을 갖춘 것으로 본다.

(i) 투자자문업의 경우에는 투자권유자문인력을 대통령령으로 정하는 수 이상 갖출 것

(ii) 투자일임업의 경우에는 투자운용인력을 대통령령으로 정하는 수 이상 갖출 것

iv) 임원이 제24조 각 호의 어느 하나에 해당하지 아니할 것

v) 대주주나 외국 투자자문업자 또는 외국 투자일임업자가 다음 각 목의 구분에 따른 요건을 갖출 것

(i) 제1호가목의 경우 대주주(제12조제2항제6호가목의 대주주를 말한다)가 대통령령으로 정하는 사회적 신용을 갖출 것

(ii) 제1호 각 목 외의 부분 단서 및 같은 호 나목·다목의 경우 외국 투자자문업자 또는 외국 투자일임업자가 대통령령으로 정하는 사회적 신용을 갖출 것

vi) 대통령령으로 정하는 건전한 재무상태와 사회적 신용을 갖출 것

vii) 금융투자업자와 투자자 간, 특정 투자자와 다른 투자자 간의 이해상충을 방지하기 위한 체계로서 대통령령으로 정하는 요건을 갖출 것

(3) 건전경영의 유지

① 재무건전성 유지

ⅰ. 금융투자업자(겸영금융투자업자, 그 밖에 대통령령으로 정하는 금융투자업자를 제외한다. 이하 이 조에서 같다)는 제1호의 합계액에서 제2호의 합계액을 뺀 금액(이하 "영업용순자본"이라 한다)을 금융투자업자의 자산 및 부채에 내재하거나 업무에 수반되는 위험을 금액으로 환산하여 합계한 금액(이하 "총위험액"이라 한다) 이상으로 유지하여야 한다.[43)]

ⅰ) 자본금·준비금, 그 밖에 총리령으로 정하는 금액

ⅱ) 고정자산, 그 밖에 단기간 내에 유동화가 어려운 자산으로서 총리령으로 정하는 자산

ⅱ. 제1항의 영업용순자본과 총위험액의 산정에 관한 구체적인 기준 및 방법은 금융위원회가 정하여 고시한다.

ⅲ. 금융투자업자는 매 분기의 말일을 기준으로 영업용순자본에서 총위험액을 뺀 금액을 기재한 서면을 해당 분기의 말일부터 45일 이내로서 대통령령으로 정하는 기간 이내에 금융위원회에 보고하여야 하며, 보고기간 종료일부터 3개월간 본점과 지점, 그 밖의 영업소에 비치하고, 인터넷 홈페이지 등을 이용하여 공시하여야 한다.

② 경영건전성기준

ⅰ. 금융투자업자(겸영금융투자업자를 제외한다. 이하 이 절에서 같다)는 경영의 건전성을 유지하기 위하여 다음 각 호의 사항에 관하여 금융위원회가 정하여 고시하는 경영건전성기준을 준수하여야 하며, 이를 위한 적절한 체계를 구축·시행하여야 한다.

---

43) 자본시장과 금융투자업 관한 법률 제30조~33조

ⅰ) 자기자본비율, 그 밖의 자본의 적정성에 관한 사항

ⅱ) 자산의 건전성에 관한 사항

ⅲ) 유동성에 관한 사항

ⅳ) 그 밖에 경영의 건전성 확보를 위하여 필요한 사항으로서 대통령령으로 정하는 사항

③ 회계처리

ⅰ. 금융투자업자는 다음 각 호에 따라 회계처리를 하여야 한다.

ⅰ) 회계연도를 금융투자업별로 총리령으로 정하는 기간으로 할 것

ⅱ) 금융투자업자의 고유재산과 신탁재산, 그 밖에 총리령으로 정하는 투자자재산을 명확히 구분하여 회계 처리할 것

ⅲ) 증권선물위원회의 심의를 거쳐 금융위원회가 정하여 고시하는 금융투자업자 회계처리준칙 및 「주식회사의 외부감사에 관한 법률」 제13조에 따른 회계처리기준을 따를 것

④ 업무보고서 및 공시 등

ⅰ. 금융투자업자는 매 사업연도 개시일 부터 3개월간·6개월간·9개월간 및 12개월간의 업무보고서를 작성하여 그 기간 경과 후 45일 이내로서 대통령령으로 정하는 기간 이내에 금융위원회에 제출하여야 한다.

ⅱ. 금융투자업자는 제1항에 따른 업무보고서를 금융위원회에 제출한 날부터 그 업무보고서 중 중요사항을 발췌한 공시서류를 1년간 본점과 지점, 그 밖의 영업소에 이를 비치하고, 인터넷 홈페이지 등을 이용하여 공시하여야 한다.

ⅲ. 금융투자업자는 거액의 금융사고 또는 부실채권의 발생 등 금융투자업자의 경영상황에 중대한 영향을 미칠 사항으로서 금융투자업의 종류별로

대통령령으로 정하는 사항이 발생한 경우에는 금융위원회에 보고하고, 인터넷 홈페이지 등을 이용하여 공시하여야 한다.

ⅳ. 금융투자업자는 제1항에 따른 업무보고서 외에 매월의 업무 내용을 적은 보고서를 다음 달 말일까지 금융위원회에 제출하여야 한다.

ⅴ. 제1항에 따른 업무보고서, 제2항에 따른 공시서류의 기재사항 및 제3항에 따른 경영상황 공시, 제4항에 따른 보고서, 그 밖에 필요한 사항은 대통령령으로 정한다.

(4) 대주주와의 거래제한 등

① 대주주와의 거래 등의 제한

ⅰ. 금융투자업자(겸영금융투자업자는 제외한다. 이하 이 절에서 같다)는 다음 각 호의 어느 하나에 해당하는 행위를 하여서는 아니 된다. 다만, 담보권의 실행 등 권리행사에 필요한 경우, 제176조제3항제1호에 따른 안정조작 또는 같은 항 제2호에 따른 시장조성을 하는 경우, 그 밖에 금융투자업자의 건전성을 해치지 아니하는 범위에서 금융투자업의 효율적 수행을 위하여 대통령령으로 정하는 경우에는 그러하지 아니하며, 이 경우 금융위원회는 다음 각 호별로 그 소유기한 등을 정하여 고시할 수 있다.[44)]

ⅰ) 그 금융투자업자의 대주주가 발행한 증권을 소유하는 행위

ⅱ) 그 금융투자업자의 특수관계인(금융투자업자의 대주주를 제외한다) 중 대통령령으로 정하는 자가 발행한 주식, 채권 및 약속어음(기업이 사업에 필요한 자금을 조달하기 위하여 발행한 것에 한한다)을 소유하는 행위. 다만, 대통령령으로 정하는 비율의 범위에서 소유하는 경우를 제외한다.

ⅲ) 그 밖에 금융투자업자의 건전한 자산운용을 해할 우려가 있는 행위로서 대통령령으로 정하는 행위

---

44) 자본시장과 금융투자업 관한 법률 제34조~36조

② 대주주의 부당한 영향력 행사의 금지

금융투자업자의 대주주(그의 특수관계인을 포함한다. 이하 이 조 및 제36조에서 같다)는 금융투자업자의 이익에 반하여 대주주 자신의 이익을 얻을 목적으로 다음 각 호의 어느 하나에 해당하는 행위를 하여서는 아니 된다.

ⅰ. 부당한 영향력을 행사하기 위하여 금융투자업자에 대하여 외부에 공개되지 아니한 자료 또는 정보의 제공을 요구하는 행위. 다만, 제29조제3항 또는 「상법」 제466조에 따른 권리의 행사에 해당하는 경우를 제외한다.

ⅱ. 경제적 이익 등 반대급부의 제공을 조건으로 다른 주주와 담합하여 금융투자업자의 인사 또는 경영에 부당한 영향력을 행사하는 행위

ⅲ. 그 밖에 제1호 및 제2호에 준하는 행위로서 대통령령으로 정하는 행위

③ 금융위원회의 자료 제출 명령

금융위원회는 금융투자업자의 대주주가 제35조를 위반한 혐의가 있다고 인정될 경우에는 금융투자업자 또는 그의 대주주에게 필요한 자료의 제출을 명할 수 있다.

3. 영업행위에 관한 규제(공통)[45]

1) 신의성실의무 등

(1) 신의성실의무 등

① 금융투자업자는 신의성실의 원칙에 따라 공정하게 금융투자업을 영위하여야 한다.

---

45) 자본시장과 금융투자업 관한 법률 제37조~45조

② 금융투자업자는 금융투자업을 영위함에 있어서 정당한 사유 없이 투자자의 이익을 해하면서 자기가 이익을 얻거나 제삼자가 이익을 얻도록 하여서는 아니 된다.

(2) 상호

① 금융투자업자가 아닌 자는 그 상호 중에 "금융투자"라는 문자 또는 이와 같은 의미를 가지는 외국어 문자로서 대통령령으로 정하는 문자를 사용하여서는 아니 된다.

(3) 명의대여의 금지

금융투자업자는 자기의 명의를 대여하여 타인에게 금융투자업을 영위하게 하여서는 아니 된다.

(4) 금융투자업자의 다른 금융업무 영위

금융투자업자(겸영금융투자업자, 그 밖에 대통령령으로 정하는 금융투자업자를 제외한다. 이하 이 조에서 같다)는 투자자 보호 및 건전한 거래질서를 해할 우려가 없는 금융업무로서 다음 각 호의 금융업무를 영위할 수 있다. 이 경우 금융투자업자는 제2호부터 제5호까지의 업무를 영위하고자 하는 때에는 그 업무를 영위하고자 하는 날의 7일 전까지 이를 금융위원회에 신고하여야 한다.

ⅰ. 이 법 또는 대통령령으로 정하는 금융관련 법령에서 인가·허가·등록 등을 요하는 금융업무 중 「보험업법」 제91조에 따른 보험대리점의 업무 또는 보험중개사의 업무, 그 밖에 대통령령으로 정하는 금융업무

ⅱ. 이 법 또는 대통령령으로 정하는 금융관련 법령에서 정하고 있는 금융업무로서 해당 법령에서 금융투자업자가 영위할 수 있도록 한 업무

ⅲ. 국가 또는 공공단체 업무의 대리

ⅳ. 투자자를 위하여 그 투자자가 예탁한 투자자예탁금(제74조제1항의 투자자예탁금을 말한다)으로 수행하는 자금이체업무

ⅴ. 그 밖에 그 금융업무를 영위하여도 투자자 보호 및 건전한 거래질서를 해할 우려가 없는 업무로서 대통령령으로 정하는 금융업무

2) 투지권유 등[46)]

(1) 적합성 원칙 등

① 금융투자업자는 투자자가 일반투자자인지 전문투자자인지의 여부를 확인하여야 한다.

② 금융투자업자는 일반투자자에게 투자권유를 하기 전에 면담·질문 등을 통하여 일반투자자의 투자목적·재산상황 및 투자경험 등의 정보를 파악하고, 일반투자자로부터 서명(「전자서명법」 제2조제2호에 따른 전자서명을 포함한다. 이하 같다), 기명날인, 녹취, 그 밖에 대통령령으로 정하는 방법으로 확인을 받아 이를 유지·관리하여야 하며, 확인받은 내용을 투자자에게 지체 없이 제공하여야 한다.

③ 금융투자업자는 일반투자자에게 투자권유를 하는 경우에는 일반투자자의 투자목적·재산상황 및 투자경험 등에 비추어 그 일반투자자에게 적합하지 아니하다고 인정되는 투자권유를 하여서는 아니 된다.

(2) 적정성의 원칙 등

① 금융투자업자는 일반투자자에게 투자권유를 하지 아니하고 파생상품, 그 밖에 대통령령으로 정하는 금융투자상품(이하 "파생상품등"이라 한다)을 판매하려는 경우에는 면담·질문 등을 통하여 그 일반투자자의 투자목적·재산상황 및 투자경험 등의 정보를 파악하여야 한다.

---

46) 자본시장과 금융투자업 관한 법률 제46조~53조

② 금융투자업자는 일반투자자의 투자목적·재산상황 및 투자경험 등에 비추어 해당 파생상품등이 그 일반투자자에게 적정하지 아니하다고 판단되는 경우에는 대통령령으로 정하는 바에 따라 그 사실을 알리고, 일반투자자로부터 서명, 기명날인, 녹취, 그 밖에 대통령령으로 정하는 방법으로 확인을 받아야 한다.

(3) 설명의무

① 금융투자업자는 일반투자자를 상대로 투자권유를 하는 경우에는 금융투자상품의 내용, 투자에 따르는 위험, 그 밖에 대통령령으로 정하는 사항을 일반투자자가 이해할 수 있도록 설명하여야 한다.

② 금융투자업자는 제1항에 따라 설명한 내용을 일반투자자가 이해하였음을 서명, 기명날인, 녹취, 그 밖의 대통령령으로 정하는 방법 중 하나 이상의 방법으로 확인을 받아야 한다.

③ 금융투자업자는 제1항에 따른 설명을 함에 있어서 투자자의 합리적인 투자판단 또는 해당 금융투자상품의 가치에 중대한 영향을 미칠 수 있는 사항(이하 "중요사항"이라 한다)을 거짓 또는 왜곡(불확실한 사항에 대하여 단정적 판단을 제공하거나 확실하다고 오인하게 할 소지가 있는 내용을 알리는 행위를 말한다)하여 설명하거나 중요사항을 누락하여서는 아니 된다.

(4) 손해배상책임

① 금융투자업자는 제47조제1항 또는 제3항을 위반한 경우 이로 인하여 발생한 일반투자자의 손해를 배상할 책임이 있다.

② 금융투자상품의 취득으로 인하여 일반투자자가 지급하였거나 지급하여야 할 금전등의 총액(대통령령으로 정하는 금액을 제외한다)에서 그 금융투자상품의 처분, 그 밖의 방법으로 그 일반투자자가 회수하였거나 회수할 수 있는 금전등의 총액(대통령령으로 정하는 금액을 포함한다)을 뺀 금액은 제1

항에 따른 손해액으로 추정한다.

(5) 부당권유의 금지

금융투자업자는 투자권유를 함에 있어서 다음 각 호의 어느 하나에 해당하는 행위를 하여서는 아니 된다.

i. 거짓의 내용을 알리는 행위

ii. 불확실한 사항에 대하여 단정적 판단을 제공하거나 확실하다고 오인하게 할 소지가 있는 내용을 알리는 행위

iii. 트자자로부터 투자권유의 요청을 받지 아니하고 방문·전화 등 실시간 대화의 방법을 이용하는 행위. 다만, 투자자 보호 및 건전한 거래질서를 해할 우려가 없는 행위로서 대통령령으로 정하는 행위를 제외한다.

iv. 투자권유를 받은 투자자가 이를 거부하는 취지의 의사를 표시하였음에도 불구하고 투자권유를 계속하는 행위. 다만, 투자자 보호 및 건전한 거래질서를 해할 우려가 없는 행위로서 대통령령으로 정하는 행위를 제외한다.

v. 그 밖에 투자자 보호 또는 건전한 거래질서를 해할 우려가 있는 행위로서 대통령령으로 정하는 행위

(6) 투자권유 준칙

① 금융투자업자는 투자권유를 함에 있어서 금융투자업자의 임직원이 준수하여야 할 구체적인 기준 및 절차(이하 "투자권유준칙"이라 한다)를 정하여야 한다. 다만, 파생상품등에 대하여는 일반투자자의 투자목적·재산상황 및 투자경험 등을 고려하여 투자자 등급별로 차등화된 투자권유준칙을 마련하여야 한다.

② 금융투자업자는 투자권유준칙을 정한 경우 이를 인터넷 홈페이지 등을 이용하여 공시하여야 한다. 투자권유준칙을 변경한 경우에도 또한 같다.

③ 협회는 투자권유준칙과 관련하여 금융투자업자가 공통으로 사용할 수

있는 표준투자권유준칙을 제정할 수 있다.

(7) 투자권유대행인의 금지행위 등

① 금융투자업자는 투자권유대행인 외의 자에게 투자권유를 대행하게 하여서는 아니 된다.

② 투자권유대행인은 다음 각 호의 어느 하나에 해당하는 행위를 하여서는 아니 된다.

i. 위탁한 금융투자업자를 대리하여 계약을 체결하는 행위

ii. 투자자로부터 금전·증권, 그 밖의 재산을 수취하는 행위

iii. 금융투자업자로부터 위탁받은 투자권유대행업무를 제삼자에게 재위탁하는 행위

iv. 그 밖에 투자자 보호 또는 건전한 거래질서를 해할 우려가 있는 행위로서 대통령령으로 정하는 행위

(8) 검사 및 조치

① 투자권유대행인은 투자권유의 대행과 관련하여 그 업무와 재산상황에 관하여 금융감독원장의 검사를 받아야 한다. 이 경우 제 4199조 제5항부터 제419조제5항부터 제7항까지 및 제9항을 준용한다.

② 금융위원회는 투자권유대행인이 다음 각 호의 어느 하나에 해당하는 경우에는 금융투자업자의 투자권유대행인 등록을 취소하거나 그 투자권유대행인에 대하여 6개월 이내의 투자권유대행업무 정지를 할 수 있다.

i. 제51조제9항에 따른 등록요건 유지의무를 위반한 경우

ii. 제52조제2항·제3항 또는 제6항(제46조, 제47조, 제49조, 제54조, 제55조 및 「금융실명거래 및 비밀보장에 관한 법률」 제4조제1항, 같은 조 제3항부터 제5항까지의 규정을 준용하는 경우에 한한다)을 위반한 경우

iii. 제1항 전단에 따른 검사를 거부·방해 또는 기피한 경우

iv. 제1항 후단에서 준용하는 제419조제5항에 따른 보고 등의 요구에 불응한 경우

3) 직무관련 정보의 이용 금지 등

(1) 직무관련 정보의 이용 금지

금융투자업자는 직무상 알게 된 정보로서 외부에 공개되지 아니한 정보를 정당한 사유 없이 자기 또는 제삼자의 이익을 위하여 이용하여서는 아니 된다.[47]

(2) 손실보전 등의 금지

금융투자업자는 금융투자상품의 매매, 그 밖의 거래와 관련하여 제 103조 제3항에 따라 손실의 보전 또는 이익의 보장을 하는 경우, 그 밖에 건전한 거래질서를 해할 우려가 없는 경우로서 정당한 사유가 있는 경우를 제외하고는 다음 각 호의 어느 하나에 해당하는 행위를 하여서는 아니 된다. 금융투자업자의 임직원이 자기의 계산으로 하는 경우에도 또한 같다.

i. 투자자가 입을 손실의 전부 또는 일부를 보전하여 줄 것을 사전에 약속하는 행위

ii. 투자자가 입은 손실의 전부 또는 일부를 사후에 보전하여 주는 행위

iii. 투자자에게 일정한 이익을 보장할 것을 사전에 약속하는 행위

iv. 투자자에게 일정한 이익을 사후에 제공하는 행위

(3) 약관

① 금융투자업자는 금융투자업의 영위와 관련하여 약관을 제정 또는 변경하고자 하는 경우에는 미리 금융위원회에 신고하여야 한다.

---

47) 자본시장과 금융투자업 관한 법률 제46조~53조

다만, 다음 각 호의 어느 하나에 해당하는 경우에는 약관을 제정 또는 변경한 후 7일 이내에 금융위원회 및 협회에 보고하여야 한다.

i. 약관내용 중 투자자의 권리 또는 의무와 관련이 없는 사항을 변경하는 경우

ii. 제3항의 표준약관을 그대로 사용하는 경우

iii. 제정 또는 변경하고자 하는 약관의 내용이 다른 금융투자업자가 이미 금융위원회에 신고한 약관의 내용과 같은 경우

iv. 전문투자자만을 대상으로 하는 약관을 제정 또는 변경하는 경우

② 금융투자업자는 약관을 제정 또는 변경한 경우에는 인터넷 홈페이지 등을 이용하여 공시하여야 한다.

③ 협회는 건전한 거래질서를 확립하고 불공정한 내용의 약관이 통용되는 것을 방지하기 위하여 금융투자업 영위와 관련하여 표준이 되는 약관(이하 이 조에서 "표준약관"이라 한다)을 제정할 수 있다.

④ 협회는 표준약관을 제정 또는 변경하고자 하는 경우에는 미리 금융위원회에 신고하여야 한다. 다만, 전문투자자만을 대상으로 하는 표준약관을 제정 또는 변경하는 경우에는 그 표준약관을 제정 또는 변경한 후 7일 이내에 금융위원회에 보고하여야 한다.

⑤ 제1항에 따라 약관을 신고 또는 보고받거나 제4항에 따라 표준약관을 신고 또는 보고받은 금융위원회는 그 약관 또는 표준약관을 공정거래위원회에 통보하여야 한다. 이 경우 공정거래위원회는 통보받은 약관 또는 표준약관이 「약관의 규제에 관한 법률」 제6조부터 제14조까지의 규정에 위반된 사실이 있다고 인정될 때에는 금융위원회에 그 사실을 통보하고 그 시정에 필요한 조치를 취하도록 요청할 수 있으며, 금융위원회는 특별한 사유가 없는 한 이에 응하여야 한다.

⑥ 금융위원회는 약관 또는 표준약관이 이 법 또는 금융과 관련되는 법령

에 위반되거나 그 밖에 투자자의 이익을 침해할 우려가 있다고 인정되는 경우에는 금융투자업자 또는 협회에 그 내용을 구체적으로 기재한 서면에 의하여 약관 또는 표준약관을 변경할 것을 명할 수 있다.

(4) 투자광고

금융투자업자가 아닌 자는 금융투자업자의 영위업무 또는 금융투자상품에 관한 광고(이하 "투자광고"라 한다)를 하여서는 아니 된다. 다만, 협회와 금융투자업자를 자회사 또는 손자회사로 하는 「금융지주회사법」에 따른 금융지주회사는 투자광고를 할 수 있으며, 증권의 발행인 또는 매출인은 그 증권에 대하여 투자광고를 할 수 있다.

(5) 수수료

① 금융투자업자는 투자자로부터 받는 수수료의 부과기준 및 절차에 관한 사항을 정하고, 인터넷 홈페이지 등을 이용하여 공시하여야 한다.

② 금융투자업자는 제1항에 따른 수수료 부과기준을 정함에 있어서 투자자를 정당한 사유 없이 차별하여서는 아니 된다.

③ 금융투자업자는 제1항에 따른 수수료 부과기준 및 절차에 관한 사항을 협회에 통보하여야 한다.

④ 협회는 제3항에 따라 통보받은 사항을 금융투자업자별로 비교하여 공시하여야 한다.

(6) 계약 서류의 교부 및 계약의 해제

① 금융투자업자는 투자자와 계약을 체결한 경우 그 계약서류를 투자자에게 지체 없이 교부하여야 한다. 다만, 계약내용 등을 고려하여 투자자 보호를 해할 우려가 없는 경우로서 대통령령으로 정하는 경우에는 그 계약서류를 교부하지 아니할 수 있다.

② 금융투자업자와 계약을 체결한 투자자는 제1항에 따른 계약서류를 교부받은 날부터 7일 이내에 계약(해당 계약의 성질, 그 밖의 사정을 감안하여 대통령령으로 정하는 계약에 한한다)의 해제를 할 수 있다.

(7) 임직원의 금융투자상품 매매

① 금융투자업자의 임직원(겸영금융투자업자 중 대통령령으로 정하는 금융투자업자의 경우에는 금융투자업의 직무를 수행하는 임직원에 한한다. 이하 이 조에서 같다)은 자기의 계산으로 대통령령으로 정하는 금융투자상품을 매매하는 경우에는 다음 각 호의 방법에 따라야 한다.

i. 자기의 명의로 매매할 것

ii. 투자중개업자 중 하나의 회사(투자중개업자의 임직원의 경우에는 그가 소속된 투자중개업자에 한하되, 그 투자중개업자가 그 임직원이 매매하려는 금융투자상품을 취급하지 아니하는 경우에는 다른 투자중개업자를 이용할 수 있다)를 선택하여 하나의 계좌를 통하여 매매할 것. 다만, 금융투자상품의 종류, 계좌의 성격 등을 고려하여 대통령령으로 정하는 경우에는 둘 이상의 회사 또는 둘 이상의 계좌를 통하여 매매할 수 있다.

iii. 매매명세를 분기별(투자권유자문인력, 제286조제1항제3호나목의 조사분석인력 및 투자운용인력의 경우에는 월별로 한다. 이하 이 조에서 같다)로 소속 금융투자업자에게 통지할 것

iv. 그 밖에 불공정행위의 방지 또는 투자자와의 이해상충의 방지를 위하여 대통령령으로 정하는 방법 및 절차를 준수할 것

② 금융투자업자는 그 임직원의 자기계산에 의한 금융투자상품 매매와 관련하여 불공정행위의 방지 또는 투자자와의 이해상충의 방지를 위하여 그 금융투자업자의 임직원이 따라야 할 적절한 기준 및 절차를 정하여야 한다.

③ 금융투자업자는 분기별로 임직원의 금융투자상품의 매매명세를 제2항

의 기준 및 절차에 따라 확인하여야 한다.

(8) 손해배상책임

① 금융투자업자는 법령·약관·집합투자규약·투자설명서(제123조제1항에 따른 투자설명서를 말한다)에 위반하는 행위를 하거나 그 업무를 소홀히 하여 투자자에게 손해를 발생시킨 경우에는 그 손해를 배상할 책임이 있다. 다만, 배상의 책임을 질 금융투자업자가 제37조제2항, 제44조, 제45조, 제71조 또는 제85조를 위반한 경우(투자매매업 또는 투자중개업과 집합투자업을 함께 영위함에 따라 발생하는 이해상충과 관련된 경우에 한한다)로서 그 금융투자업자가 상당한 주의를 하였음을 증명하거나 투자자가 금융투자상품의 매매, 그 밖의 거래를 할 때에 그 사실을 안 경우에는 배상의 책임을 지지 아니한다.

② 금융투자업자가 제1항에 따른 손해배상책임을 지는 경우로서 관련되는 임원에게도 귀책사유(歸責事由)가 있는 경우에는 그 금융투자업자와 관련되는 임원이 연대하여 그 손해를 배상할 책임이 있다.

2절 공시에 관한 규제

1. 공시제도 기능

법규에는 증권시장의 안정성과 공정한 거래를 위하고 또 일반 투자자들이 적합한 투자 판단이나 혹은 철수 판단을 내리기 위해서는 그 기업체에서 발생하는 내. 외부적인 변동 요인들에 대해 수시로 혹은 정기적으로 투자자들이 알 수 있도록 공시를 해야 한다고 규정하고 있다. 즉 증권시장에서의 규제는 공시부분이 아주 지대한 영향력을 갖고 있다고 볼 수 있다. 자본시장과 금융투자업에 관한 법률에서는 각종 유가증권의 모집, 매출 등 발행시장과 유통시장에서의 거래에 관하여 공시주의를 채택하고 있다.

1) 정보제공 기능

투자자에게 적합한 판단을 할 수 있도록 발행시장이나, 유통시장에서 그 증권의 가치에 영향을 미치는 각종 정보, 유가증권의 성격이나, 그 발행회사의 사업내용, 재무상태, 장래전망 등 그 유가증권의 가치를 판단하는데 필요한 정보를 충분히, 그리고 적기에 적정한 방법으로 공시하도록 하고, 그 유가증권에 관한 투자결정은 투자자가 그런 정보들에 기초하여 자신의 판단 하에 스스로의 책임으로 할 수 있도록 하고 있다.[48)]

2) 기업 부정행위의 억제 기능

이는 기업에서 수시로 혹은 정기적으로 공시를 함으로써 기업자체의 부정행위나 불성실한 행위를 억제하게 하고, 공시를 하지 않거나 허위·부실의 공시를 한 때에는 임원해임 권고, 유가증권의 발행제한, 과징금의 부과 등 행정제제의 대상이 된다. 또한 형사 벌로는 정기공시 또는 수시공시를 하지 않은 경우에는 징역과 벌금을 병과 할 수 있으며, 허위·부실한 공시가 있는 경우에는 민사상 손해배상의 책임이 따른다. 이렇게 행정적, 민·형사적 책임이 부과되기 때문에 기업에서는 좀 더 정확하고 적기에 적절한 공시를 하기 위해 노력할 것이다.[49)]

2. 유통시장의 공시

공시방법은 크게 발행시장과 유통시장으로 나눌 수 있는데, 발행시장 공

48) 증권거래법원론, 윤광균, 육법사, 2006, p.67
49) 정부와 기업, 유훈, 법문사, 2001, p.233

시는 유가증권의 발행, 즉 모집·매출시 투자자의 투자판단에 필요한 정보의 제공을 위하여 증권의 가치나 발행회사에 대한 정보를 발행자에게 강제로 공시하는 제도이다. 이에 비해 유통시장에서의 계속공시는 유가증권이 거래소에 상장 혹은 코스닥에 등록되어 있는 경우에, 일정기간 마다하는 '정기공시'와, 일정한 중요사항이 발생했을 때마다 하는 '수시공시'가 있다.

유통시장에서 거래되는 증권의 투지판단에 필요한 정보제공을 목적으로 발행인에 의해 이루어지는 정보공시로서 여기에는 사업보고서, 반기보고서, 분기보고서와 같이 정기적으로 공시가 이루어지는 '정기공시'와, 주요사항보고서와 같이 경영에 관한 주요사항이 발생할 때 마다 수시로 공시가 이루어지는 '수시공시'가 있다.[50)]

1) 정기공시

정가공시의 종류에는 사업연도마다 제출하는 사업보고서, 반년에 한 번씩 제출하는 반기보고서, 그리고 분기별로 제출하는 분기보고서가 있다. 그런데 이러한 공시는 특정의 구체적인 거래를 염두에 두고 하는 공시가 아니며, 또한 공시의무자는 거래당사자 이거나 그 관계인이 아닌 증권을 발행한 회사, 즉 현재 기업을 운영하고 있는 그 회사에서 공시를 해야 한다.

(1) 사업보고서 등의 제출

[자본시장과 금융투자업에 관한 법률] 제 159조에는

① 주권상장법인, 그 밖에 대통령령으로 정하는 법인(이하 "사업보고서 제출대상법인"이라 한다)은 그 사업보고서를 각 사업연도 경과 후 90일 이내에 금융위원회와 거래소에 제출하여야 한다. 다만, 파산, 그 밖의 사유로 인하여 사업보고서의 제출이 사실상 불가능하거나 실효성이 없는 경우로서 대통령

50) 자본시장법(주석서1), 한국증권법학회, 박영사, p.667

령으로 정하는 경우에는 사업보고서를 제출하지 아니할 수 있다.[51)]

② 사업보고서 제출대상법인은 제1항의 사업보고서에 그 회사의 목적, 상호, 사업내용, 임원보수(「상법」, 그 밖의 법률에 따른 주식매수선택권을 포함하되, 대통령령으로 정하는 것에 한한다), 재무에 관한 사항, 그 밖에 대통령령으로 정하는 사항을 기재하고, 대통령령으로 정하는 서류를 첨부하여야 한다.

③ 최초로 제1항에 따라 사업보고서를 제출하여야 하는 법인은 사업보고서 제출대상법인에 해당하게 된 날부터 5일(제1항에 따른 사업보고서의 제출기간 중에 사업보고서 제출대상법인에 해당하게 된 경우에는 그 제출기한으로 한다) 이내에 그 직전 사업연도의 사업보고서를 금융위원회와 거래소에 제출하여야 한다. 다만, 그 법인이 증권신고서 등을 통하여 이미 직전 사업연도의 사업보고서에 준하는 사항을 공시한 경우에는 직전 사업연도의 사업보고서를 제출하지 아니할 수 있다.

④ 사업보고서 제출대상법인은 제1항의 사업보고서를 작성함에 있어서 금융위원회가 정하여 고시하는 기재방법 및 서식에 따라야 한다.

⑤ 삭제

⑥ 사업보고서 제출대상법인은 사업보고서에 그 법인의 예측정보를 기재 또는 표시할 수 있다. 이 경우 예측정보의 기재 또는 표시는 제125조제2항제1호·제2호 및 제4호의 방법에 따라야 한다.

⑦ 사업보고서를 제출하는 경우 제출 당시 그 법인의 대표이사 및 제출업무를 담당하는 이사는 그 사업보고서의 기재사항 중 중요사항에 관하여 거짓의 기재 또는 표시가 있거나 중요사항의 기재 또는 표시가 누락되어 있지 아니하다는 사실 등 대통령령으로 정하는 사항을 확인·검토하고 이에 각각 서명하여야 한다.

[시행일 : 2013.1.1] 제159조

---

51) 자본시장과 금융투자업에 관한 법률 제159조

(2) 반기, 분기보고서의 제출

① 반기, 분기보고서

사업보고서 제출대상법인은 그 사업연도 개시일 부터 6개월간의 사업보고서(이하 "반기보고서"라 한다)와 사업연도 개시일 부터 3개월간 및 9개월간의 사업보고서(이하 "분기보고서"라 한다)를 각각 그 기간 경과 후 45일 이내에 금융위원회와 거래소에 제출하여야 하되, 사업보고서 제출대상법인이 재무에 관한 사항과 그 부속명세, 그 밖에 금융위원회가 정하여 고시하는 사항을 연결재무제표를 기준으로 기재하여 작성한 반기보고서와 분기보고서를 금융위원회와 거래소에 제출하는 경우에는 그 최초의 사업연도와 그 다음 사업연도에 한하여 그 기간 경과 후 60일 이내에 제출할 수 있다. 이 경우 제159조제2항·제4항·제6항 및 제7항을 준용한다.[52]

② 주요사항보고서의 제출

사업보고서 제출대상법인은 다음 각 호의 어느 하나에 해당하는 사실이 발생한 경우에는 그 사실이 발생한 날의 다음 날까지 그 내용을 기재한 보고서(이하 "주요사항보고서"라 한다)를 금융위원회에 제출하여야 한다. 이 경우 제159조제6항 및 제7항을 준용한다.[53]

i. 발행한 어음 또는 수표가 부도로 되거나 은행과의 당좌거래가 정지 또는 금지된 때

ii. 영업활동의 전부 또는 중요한 일부가 정지된 때

iii. 「채무자 회생 및 파산에 관한 법률」에 따른 회생절차개시의 신청이 있은 때

iv. 이 법, 「상법」, 그 밖의 법률에 따른 해산사유가 발생한 때

v. 자본증가 또는 자본감소에 관한 이사회의 결의가 있은 때

---

52) 자본시장과 금융투자업에 관한 법률 제160조
53) 자본시장과 금융투자업에 관한 법률 제161조

vi. 「상법」 제360조의2, 제360조의15, 제522조 및 제530조의2에 규정된 사실이 발생한 때

vii. 대통령령으로 정하는 중요한 영업 또는 자산을 양수하거나 양도할 것을 결의한 때

viii. 자기주식을 취득(자기주식의 취득을 목적으로 하는 신탁계약의 체결을 포함한다) 또는 처분(자기주식의 취득을 목적으로 하는 신탁계약의 해지를 포함한다)할 것을 결의한 때

ix. 그 밖에 그 법인의 경영·재산 등에 관하여 중대한 영향을 미치는 사항으로서 대통령령으로 정하는 사실이 발생한 때

③ 민사책임 : 거짓의 기재 등에 의한 배상책임

사업보고서 등의 부실공시 : 제159조제1항의 사업보고서·반기보고서·분기보고서·주요사항 보고서(이하 "사업보고서등"이라 한다) 및 그 첨부서류(회계감사인의 감사보고서는 제외한다) 중 중요사항에 관하여 거짓의 기재 또는 표시가 있거나 중요사항이 기재 또는 표시되지 아니함으로써 사업보고서 제출대상법인이 발행한 증권(그 증권과 관련된 증권예탁증권, 그 밖에 대통령령으로 정하는 증권을 포함한다. 이하 이 조에서 같다)의 취득자 또는 처분자가 손해를 입은 경우에는 다음 각 호의 자는 그 손해에 관하여 배상의 책임을 진다. 다만, 배상의 책임을 질자가 상당한 주의를 하였음에도 불구하고 이를 알 수 없었음을 증명하거나 그 증권의 취득자 또는 처분 자가 그 취득 또는 처분을 할 때에 그 사실을 안 경우에는 배상의 책임을 지지 아니한다.[54)]

i. 그 사업보고서등의 제출인과 제출당시의 그 사업보고서 제출대상법인의 이사

ii. 「상법」 제401조의2제1항 각 호의 어느 하나에 해당하는 자로서 그 사업보고서등의 작성을 지시하거나 집행한 자

54) 자본시장과 금융투자업에 관한 법률 제162조

iii. 그 사업보고서등의 기재사항 및 그 첨부서류가 진실 또는 정확하다고 증명하여 서명한 공인회계사·감정인 또는 신용평가를 전문으로 하는 자 등(그 소속단체를 포함한다) 대통령령으로 정하는 자

iv. 그 사업보고서등의 기재사항 및 그 첨부서류에 자기의 평가·분석·확인 의견이 기재되는 것에 대하여 동의하고 그 기재내용을 확인한 자

④ 행정조치 및 형사처벌

i. 금융위원회와 거래소는 사업보고서등을 3년간 일정한 장소에 비치하고, 인터넷 홈페이지 등을 이용하여 공시하여야 한다. 이 경우 기업경영 등 비밀유지와 투자자 보호와의 형평 등을 고려하여 대통령령으로 정하는 사항을 제외하고 비치 및 공시할 수 있다.

ii. 조사 및 조치

i) 금융위원회는 투자자 보호를 위하여 필요한 경우에는 사업보고서 제출대상법인, 그 밖의 관계인에 대하여 참고가 될 보고 또는 자료의 제출을 명하거나, 금융감독원장에게 그 장부·서류, 그 밖의 물건을 조사하게 할 수 있다. 이 경우 제131조제2항을 준용한다.

ii) 금융위원회는 다음 각 호의 어느 하나에 해당하는 경우에는 사업보고서 제출대상법인에 대하여 이유를 제시한 후 그 사실을 공고하고 정정을 명할 수 있으며, 필요한 때에는 증권의 발행, 그 밖의 거래를 정지 또는 금지하거나 대통령령으로 정하는 조치를 할 수 있다. 이 경우 그 조치에 필요한 절차 및 조치기준은 총리령으로 정한다.

(i) 사업보고서등을 제출하지 아니한 경우

(ii) 사업보고서등 중 중요사항에 관하여 거짓의 기재 또는 표시가 있거나 중요사항이 기재 또는 표시되지 아니한 경우

iii. 형사처벌

사업보고서, 반기보고서, 분기보고서, 주요사항보고서 및 제 164조 제2항에

따른 정정명령에 따라 제출하는 사업보고서 등에 있어서 중요사항에 관한 허위·부실의 공시가 있음을 알고도 이에 서명한 대표이사 및 제출담당이사와 허위사실 부실공시의 사실을 알고도 이를 진실 혹은 정확하다고 증명하여 그 뜻을 기재한 공인회계사.감정인 또는 신용평가를 전문으로 하는 자는 5년이하의 징역 또는 2억원 이하의 벌금에 처한다.[55] 이 경우 징역과 벌금은 병과할 수 있다.[56]

3. 발행시장의 공시

1) 의의

증권시장에서 새로이 증권을 발행하거나 증권시장 밖에서 증권을 분매하고자 하는 경우에는 유통시장에 공시된 정보만으로는 투자자에게 충분한 정보를 제공한다고 할 수 없다. 이에 따라 자본시장과 금융투자업에 관한 법률에서는 증권의 모집 또는 매출에 대해서 일정한 경우 증권신고서를 금융위원회에 제출하도록 하여 수리, 효력발생 전, 효력 발생 후의 단계별로 모집 또는 매출행위를 제한하거나 허용하고 있다.[57]

증권시장에서 증권신고서를 제출하여야 하는 자는 언제나 발행인이다. 발행인 등록 및 공시제도는 상장 또는 협회등록을 준비하는 법인 및 상장법인이나 협회등록법인이 아니면서 유가증권을 발행하고자 하는 법인에게 공시의무를 부과한다는 점에서 실질적 의의가 있다. 즉 이 제도는 자본시장과 금융투자업에 관한 법률에 규정된 다양한 공시의무가 주로 상장법인과 협회등록법인만을 대상으로 하는 것임을 감안하여 상장법인이나 협회등록법인이

---

55) 자본시장과 금융투자업에 관한 법률 제444조13호
56) 자본시장과 금융투자업에 관한 법률 제447조
57) 자본시장법(주석서1), 한국증권법학회, 박영사, p.497

아닌 법인에 대해서도 공시의무를 부여함으로써 투자자를 보호하려는 것이다.[58]

2) 모집 및 매출의 신고

① 증권의 모집 또는 매출(대통령령으로 정하는 방법에 따라 산정한 모집가액 또는 매출가액 각각의 총액이 대통령령으로 정하는 금액 이상인 경우에 한한다)은 발행인이 그 모집 또는 매출에 관한 신고서를 금융위원회에 제출하여 수리되지 아니하면 이를 할 수 없다.[59]

② 제1항에 불구하고 증권의 종류, 발행예정기간, 발행횟수, 발행인의 요건 등을 고려하여 대통령령으로 정하는 기준과 방법에 따라 일정기간 동안 모집하거나 매출할 증권의 총액을 일괄하여 기재한 신고서(이하 "일괄신고서"라 한다)를 금융위원회에 제출하여 수리된 경우에는 그 기간 중에 그 증권을 모집하거나 매출할 때마다 제출하여야 하는 신고서를 따로 제출하지 아니하고 그 증권을 모집하거나 매출할 수 있다. 이 경우 그 증권(집합투자증권 중 대통령령으로 정하는 것을 제외한다)을 모집하거나 매출할 때마다 대통령령으로 정하는 일괄신고와 관련된 서류(이하 "일괄신고추가서류"라 한다)를 제출하여야 한다.[60]

3) 투자설명서의 작성·공시

① 제119조에 따라 증권을 모집하거나 매출하는 경우 그 발행인은 대통령령으로 정하는 방법에 따라 작성한 투자설명서(이하 "투자설명서"라 한다)를 그 증권신고의 효력이 발생하는 날(제119조제2항에 따라 일괄신고추가서류

58) 증권거래법, 이기수·최병규, 2000, 세창출판사, p.85
59) 자본시장과 금융투자업에 관한 법률 제119조
60) 자본시장과 금융투자업에 관한 법률 제119조2항

를 제출하여야 하는 경우에는 그 일괄신고추가서류를 제출하는 날로 한다)에 금융위원회에 제출하여야 하며, 이를 총리령으로 정하는 장소에 비치하고 일반인이 열람할 수 있도록 하여야 한다.[61]

② 투자설명서에는 증권신고서(제119조제2항의 일괄신고추가서류를 포함한다. 이하 이 장에서 같다)에 기재된 내용과 다른 내용을 표시하거나 그 기재사항을 누락하여서는 아니 된다. 다만, 기업경영 등 비밀유지와 투자자 보호와의 형평 등을 고려하여 기재를 생략할 필요가 있는 사항으로서 대통령령으로 정하는 사항에 대하여는 그 기재를 생략할 수 있다.[62]

4) 거짓의 기재 등으로 인한 배상책임

증권신고서와 투자설명서중 중요사항에 관하여 거짓의 기재 또는 표시가 있거나 중요사항이 기재 또는 표시되지 아니함으로써 증권의 취득자가 손해를 입은 경우에는 다음 각 호의 자는 그 손해에 관하여 배상의 책임을 진다. 다만, 배상의 책임을 질자가 상당한 주의를 하였음에도 불구하고 이를 알 수 없었음을 증명하거나 그 증권의 취득자가 취득의 청약을 할 때에 그 사실을 안 경우에는 배상의 책임을 지지 아니한다.[63]

3절 증권 거래에 관한 규제

1. 내부자 거래 금지

1) 내부자의 단기매매차익 반환

61) 자본시장과 금융투자업에 관한 법률 제123조의1항
62) 자본시장과 금융투자업에 관한 법률 제123조2항
63) 자본시장과 금융투자업에 관한 법률 제125조1항

① 주권상장법인의 임원, 직원 또는 주요주주가 다음 각 호의 어느 하나에 해당하는 금융투자상품(이하 "특정증권등"이라 한다)을 매수(권리 행사의 상대방이 되는 경우로서 매수자의 지위를 가지게 되는 특정증권등의 매도를 포함한다. 이하 이 조에서 같다)한 후 6개월 이내에 매도(권리를 행사할 수 있는 경우로서 매도자의 지위를 가지게 되는 특정증권등의 매수를 포함한다. 이하 이 조에서 같다)하거나 특정증권등을 매도한 후 6개월 이내에 매수하여 이익을 얻은 경우에는 그 법인은 그 임직원 또는 주요주주에게 그 이익(이하 "단기매매차익"이라 한다)을 그 법인에게 반환할 것을 청구할 수 있다. 이 경우 이익의 산정기준·반환절차 등에 관하여 필요한 사항은 대통령령으로 정한다.[64)]

i. 그 법인이 발행한 증권(대통령령으로 정하는 증권을 제외한다)

ii. 제1호의 증권과 관련된 증권예탁증권

iii. 그 법인 외의 자가 발행한 것으로서 제1호 또는 제2호의 증권과 교환을 청구할 수 있는 교환사채권

iv. 제1호부터 제3호까지의 증권만을 기초자산으로 하는 금융투자상품

2) 임원 등의 특정 증권등 소유상황 보고

① 주권상장법인의 임원 또는 주요주주는 임원 또는 주요주주가 된 날부터 5일(대통령령으로 정하는 날은 산입하지 아니한다. 이하 이 조에서 같다) 이내에 누구의 명의로 하든지 자기의 계산으로 소유하고 있는 특정증권등의 소유상황을, 그 특정증권등의 소유상황에 변동이 있는 경우에는 그 변동이 있는 날부터 5일까지 그 내용을 대통령령으로 정하는 방법에 따라 각각 증권선물위원회와 거래소에 보고하여야 한다.[65)]

---

64) 자본시장과 금융투자업에 관한 법률 제172조
65) 자본시장과 금융투자업에 관한 법률 제173조

② 증권선물위원회와 거래소는 제1항의 보고서를 3년간 갖추어 두고, 인터넷 홈페이지 등을 이용하여 공시하여야 한다.

3) 장내파생상품의 대량보유 보고

동일 품목의 장내파생상품(제4조제10항제3호에 따른 일반상품을 기초자산으로 하는 것으로서 파생상품시장에서 거래되는 것만 해당한다. 이하 이 조에서 같다)을 금융위원회가 정하여 고시하는 수량 이상 보유(누구의 명의로든지 자기의 계산으로 소유하는 경우를 말한다. 이하 이 항에서 같다)하게 된 자는 그 날부터 5일 (대통령령으로 정하는 날은 산입하지 아니한다. 이하 이 조에서 같다) 이내에 그 보유 상황, 그 밖에 대통령령으로 정하는 사항을 대통령령으로 정하는 방법에 따라 금융위원회와 거래소에 보고하여야 하며, 그 보유 수량이 금융위원회가 정하여 고시하는 수량 이상으로 변동된 경우에는 그 변동된 날부터 5일 이내에 그 변동 내용을 대통령령으로 정하는 방법에 따라 금융위원회와 거래소에 보고하여야 한다.[66]

4) 미공개 중요정보 이용행위 금지

다음 각 호의 어느 하나에 해당하는 자(제1호부터 제5호까지의 어느 하나의 자에 해당하지 아니하게 된 날부터 1년이 경과하지 아니한 자를 포함한다)는 상장법인(6개월 이내에 상장하는 법인을 포함한다)의 업무 등과 관련된 미공개중요정보(투자자의 투자판단에 중대한 영향을 미칠 수 있는 정보로서 대통령령으로 정하는 방법에 따라 불특정 다수인이 알 수 있도록 공개되기 전의 것을 말한다. 이하 이 항에서 같다)를 특정증권등의 매매, 그 밖의 거래에 이용하거나 타인에게 이용하게 하여서는 아니 된다.[67]

---

66) 자본시장과 금융투자업에 관한 법률 제173조의2

67) 자본시장과 금융투자업에 관한 법률 제174조

ⅰ. 그 법인(그 계열회사를 포함한다. 이하 이 호 및 제2호에서 같다) 및 그 법인의 임직원·대리인으로서 그 직무와 관련하여 미공개중요정보를 알게 된 자

ⅱ. 그 법인의 주요주주로서 그 권리를 행사하는 과정에서 미공개중요정보를 알게 된 자

ⅲ. 그 법인에 대하여 법령에 따른 허가·인가·지도·감독, 그 밖의 권한을 가지는 자로서 그 권한을 행사하는 과정에서 미공개중요정보를 알게 된 자

ⅳ. 그 법인과 계약을 체결하고 있거나 체결을 교섭하고 있는 자로서 그 계약을 체결·교섭 또는 이행하는 과정에서 미공개중요정보를 알게 된 자

ⅴ. 제2호부터 제4호까지의 어느 하나에 해당하는 자의 대리인(이에 해당하는 자가 법인인 경우에는 그 임직원 및 대리인을 포함한다)·사용인, 그 밖의 종업원(제2호부터 제4호까지의 어느 하나에 해당하는 자가 법인인 경우에는 그 임직원 및 대리인)으로서 그 직무와 관련하여 미공개중요정보를 알게 된 자

ⅵ. 제1호부터 제5호까지의 어느 하나에 해당하는 자(제1호부터 제5호까지의 어느 하나의 자에 해당하지 아니하게 된 날부터 1년이 경과하지 아니한 자를 포함한다)로부터 미공개중요정보를 받은 자

5) 미공개 중요정보 이용행위의 배상책임

① 제174조를 위반한 자는 해당 특정 증권등의 매매, 그 밖의 거래를 한 자가 그 매매, 그 밖의 거래와 관련하여 입은 손해를 배상할 책임을 진다.[68)]

② 제1항에 따른 손해배상청구권은 청구권자가 제174조를 위반한 행위가 있었던 사실을 안 날부터 1년간 또는 그 행위가 있었던 날부터 3년간 이를 행사하지 아니한 경우에는 시효로 인하여 소멸한다.

---

68) 자본시장과 금융투자업에 관한 법률 제175조

2. 시세조종 행위 금지

1) 시세조종행위 등의 금지

① 누구든지 상장증권 또는 장내파생상품의 매매에 관하여 그 매매가 성황을 이루고 있는 듯이 잘못 알게 하거나, 그 밖에 타인에게 그릇된 판단을 하게 할 목적으로 다음 각 호의 어느 하나에 해당하는 행위를 하여서는 아니 된다.[69]

ⅰ. 자기가 매도하는 것과 같은 시기에 그와 같은 가격 또는 약정수치로 타인이 그 증권 또는 장내파생상품을 매수할 것을 사전에 그 자와 서로 짠 후 매도하는 행위

ⅱ. 자기가 매수하는 것과 같은 시기에 그와 같은 가격 또는 약정수치로 타인이 그 증권 또는 장내파생상품을 매도할 것을 사전에 그 자와 서로 짠 후 매수하는 행위

ⅲ. 그 증권 또는 장내파생상품의 매매를 함에 있어서 그 권리의 이전을 목적으로 하지 아니하는 거짓으로 꾸민 매매를 하는 행위

ⅳ. 제1호부터 제3호까지의 행위를 위탁하거나 수탁하는 행위

② 누구든지 상장증권 또는 장내파생상품의 매매를 유인할 목적으로 다음 각 호의 어느 하나에 해당하는 행위를 하여서는 아니 된다.

ⅰ. 그 증권 또는 장내파생상품의 매매가 성황을 이루고 있는 듯이 잘못 알게 하거나 그 시세(증권시장 또는 파생상품시장에서 형성된 시세, 전자증권중개회사가 상장주권의 매매를 중개함에 있어서 형성된 시세, 그 밖에 대통령령으로 정하는 시세를 말한다. 이하 같다)를 변동시키는 매매 또는 그 위탁이나 수탁을 하는 행위

69) 자본시장과 금융투자업에 관한 법률 제176조

ii. 그 증권 또는 장내파생상품의 시세가 자기 또는 타인의 시장 조작에 의하여 변동한다는 말을 유포하는 행위

iii. 그 증권 또는 장내파생상품의 매매를 함에 있어서 중요한 사실에 관하여 거짓의 표시 또는 오해를 유발시키는 표시를 하는 행위

③ 누구든지 상장증권 또는 장내파생상품의 시세를 고정시키거나 안정시킬 목적으로 그 증권 또는 장내파생상품에 관한 일련의 매매 또는 그 위탁이나 수탁을 하는 행위를 하여서는 아니 된다. 다만, 다음 각 호의 어느 하나에 해당하는 경우에는 그러하지 아니하다.

i. 투자매매업자(모집 또는 매출되는 증권의 발행인 또는 소유자와 인수계약을 체결한 투자매매업자로서 대통령령으로 정하는 자에 한한다. 이하 이 조에서 같다)가 대통령령으로 정하는 방법에 따라 그 증권의 모집 또는 매출의 청약기간의 종료일 전 30일의 범위에서 대통령령으로 정하는 날부터 그 청약기간의 종료일까지의 기간 동안 증권의 가격을 안정시킴으로써 증권의 모집 또는 매출을 원활하도록 하기 위한 매매거래(이하 이 항에서 "안정조작"이라 한다)를 하는 경우

ii. 투자매매업자가 대통령령으로 정하는 방법에 따라 모집 또는 매출한 증권의 수요·공급을 그 증권이 상장된 날부터 6개월의 범위에서 대통령령으로 정하는 기간 동안 조성하는 매매거래(이하 이 항에서 "시장조성"이라 한다)를 하는 경우

iii. 모집 또는 매출되는 증권 발행인의 임원 등 대통령령으로 정하는 자가 투자매매업자에게 안정조작을 위탁하는 경우

iv. 투자매매업자가 제3호에 따라 안정조작을 수탁하는 경우

v. 모집 또는 매출되는 증권의 인수인이 투자매매업자에게 시장조성을 위탁하는 경우

vi. 투자매매업자가 제5호에 따라 시장조성을 수탁하는 경우

④ 누구든지 상장증권 또는 장내파생상품의 매매와 관련하여 다음 각 호의 어느 하나에 해당하는 행위를 하여서는 아니 된다.

i. 장내파생상품 매매에서 부당한 이익을 얻거나 제삼자에게 부당한 이익을 얻게 할 목적으로 그 장내파생상품의 기초자산의 시세를 변동 또는 고정시키는 행위

ii. 장내파생상품의 기초자산의 매매에서 부당한 이익을 얻거나 제삼자에게 부당한 이익을 얻게 할 목적으로 그 장내파생상품의 시세를 변동 또는 고정시키는 행위

iii. 증권의 매매에서 부당한 이익을 얻거나 제삼자에게 부당한 이익을 얻게 할 목적으로 그 증권과 연계된 증권으로서 대통령령으로 정하는 증권의 시세를 변동 또는 고정시키는 행위

2) 시세조종의 배상책임

① 제176조를 위반한 자는 그 위반행위로 인하여 형성된 가격에 의하여 해당 상장증권 또는 장내파생상품의 매매를 하거나 위탁을 한 자가 그 매매 또는 위탁으로 인하여 입은 손해를 배상할 책임을 진다.[70]

② 제1항에 따른 손해배상청구권은 청구권자가 제176조를 위반한 행위가 있었던 사실을 안 때부터 1년간, 그 행위가 있었던 때부터 3년간 이를 행사하지 아니한 경우에는 시효로 인하여 소멸한다.

3. **부정거래 행위 금지**

1) 부정거래행위 등의 금지

① 누구든지 금융투자상품의 매매(증권의 경우 모집·사모·매출을 포함한

70) 자본시장과 금융투자업에 관한 법률 제177조

다. 이하 이 조 및 제179조에서 같다), 그 밖의 거래와 관련하여 다음 각 호의 어느 하나에 해당하는 행위를 하여서는 아니 된다.[71)]

ⅰ. 부정한 수단, 계획 또는 기교를 사용하는 행위

ⅱ. 중요사항에 관하여 거짓의 기재 또는 표시를 하거나 타인에게 오해를 유발시키지 아니하기 위하여 필요한 중요사항의 기재 또는 표시가 누락된 문서, 그 밖의 기재 또는 표시를 사용하여 금전, 그 밖의 재산상의 이익을 얻고자 하는 행위

ⅲ. 금융투자상품의 매매, 그 밖의 거래를 유인할 목적으로 거짓의 시세를 이용하는 행위

② 누구든지 금융투자상품의 매매, 그 밖의 거래를 할 목적이나 그 시세의 변동을 도모할 목적으로 풍문의 유포, 위계(僞計)의 사용, 폭행 또는 협박을 하여서는 아니 된다.

2) 부정거래행위 등의 배상책임

① 제178조를 위반한 자는 그 위반행위로 인하여 금융투자상품의 매매, 그 밖의 거래를 한 자가 그 매매, 그 밖의 거래와 관련하여 입은 손해를 배상할 책임을 진다.[72)]

② 제1항에 따른 손해배상청구권은 청구권자가 제178조를 위반한 행위가 있었던 사실을 안 때부터 1년간, 그 행위가 있었던 때부터 3년간 이를 행사하지 아니한 경우에는 시효로 인하여 소멸한다.

3) 공매도의 제한

미국 등에서는 활성화 되고 있는 공매도 제도를 우리나라에서는 원칙적으

71) 자본시장과 금융투자업에 관한 법률 제178조
72) 자본시장과 금융투자업에 관한 법률 제179조

로 금지하고 있다. 공매도 [short stock selling]란 주식이나 채권을 가지고 있지 않은 상태에서 행사하는 매도주문을 말하는데, 즉 말 그대로 '없는 걸 판다'란 뜻으로 주식이나 채권을 가지고 있지 않은 상태에서 매도주문을 내는 것을 말하는데, 이렇게 없는 주식이나 채권을 판 후 결제일이 돌아오는 3일 안에 주식이나 채권을 구해 매입자에게 돌려주면 되는 것을 말한다.

① 누구든지 증권시장에서 상장증권(대통령령으로 정하는 증권에 한한다. 이하 이 조에서 같다)에 대하여 다음 각 호의 어느 하나에 해당하는 매도(이하 이 조에서 "공매도"라 한다)를 하거나 그 위탁 또는 수탁을 하여서는 아니 된다. 다만, 증권시장의 안정성 및 공정한 가격형성을 위하여 대통령령으로 정하는 방법에 따르는 경우에는 이를 할 수 있다.[73)]

i. 소유하지 아니한 상장증권의 매도

ii. 차입한 상장증권으로 결제하고자 하는 매도

② 제1항 본문에 불구하고 다음 각 호의 어느 하나에 해당하는 경우에는 이를 공매도로 보지 아니한다.

i. 증권시장에서 매수계약이 체결된 상장증권을 해당 수량의 범위에서 결제일 전에 매도하는 경우

ii. 전환사채·교환사채·신주인수권부사채 등의 권리 행사, 유·무상증자, 주식배당 등으로 취득할 주식을 매도하는 경우로서 결제일까지 그 주식이 상장되어 결제가 가능한 경우

iii. 그 밖에 결제를 이행하지 아니할 우려가 없는 경우로서 대통령령으로 정하는 경우

73) 자본시장과 금융투자업에 관한 법률 제180조

제5부 정부의 중소기업 관련 육성과 지원

1장 중소기업의 개념과 범위

1절 중소기업의 의의

2절 우리나라 중소기업 현황

2장 중소기업의 지원

1절 중소기업의 지원 (중소기업기본법)

2절 중소기업제품 구매촉진 및 판로지원

3절 중소기업진흥 (중소기업진흥에 관한 법률)

3장 중소기업의 창업 및 육성

1절 중소기업 창업 지원 (중소기업창업지원법)

2절 벤처기업육성 (벤처기업육성에 관한 특별조치법)

4장 중소기업의 지속적 성장

1절 대·중소기업 상생협력 촉진에 관한 법률

2절 동반성장위원회

제 5부 정부의 중소기업 관련 육성과 지원

1장 중소기업의 개념과 범위

1945년 해방 이후 우리나라의 경제발전은 정부 주도적으로 성장해 왔다. 해방 후 67년의 역사 속에 6.25를 거치고, 4.19, 5.16, 10.26, IMF 등의 일련의 사태를 거치면서도 우리나라의 경제 성장은 그야말로 세계 역사상 유래가 없을 만큼 최단 기간 내에 초고속으로 성장해 왔다.

물론 국가경제가 이렇게 초고속으로 성장하기까지는 여러 가지 다양한 원인이 있겠지만, 그 중에서도 절대로 간과 할 수 없는 게 6차에 걸친 정부주도적인 경제개발 5개년 계획(1962년~1991년)을 떠올리지 않을 수 없다. 사실이 기간이 우리 역사에 있어서 가장 역동적이며 발전적이고, 또한 지속적인 경제성장을 이루어 왔다고 볼 수 있다. 그 이후 1993년부터 2012년인 지금까지는 1997년 IMF 외환위기, 2008년 미국 발 세계 경제위기, 2011년 유럽 발 경제위기 등을 겪어 오면서 상대적으로 경제성장 발전의 속도가 느려진 게 사실이다.

앞으로의 국가경제 발전은 글로벌화 되어가는 외부적 경제 환경과 무섭도록 급변하는 과학 기술의 발달, 그리고 중국을 비롯한 거대 국가들의 신흥 경제 부흥 등 외부적 변수 뿐 아니라, 우리나라 자체적인 문제점인 산업인력의 감소·부족문제, 대기오염을 비롯하여 공해, 폐수·수질 오염 등의 환경문제,

항상 부족함에 시달리는 근원적인 자원 부족문제, 유연하게 대처해야하지만, 농업문제 등으로 많은 갈등을 안고 있는 FTA 등 통상문제, 지나친 고학력자의 양산으로 촉발되는 인력수급의 노동문제 등등 이루 헤아릴 수 없이 많은 문제점을 내포하고 있고 아울러 이러한 문제점을 해결해야 지속적인 경제성장이 가능할 것으로 보여 진다.

그러나 지금까지 우리 정부에서 추진한 경제정책들은 경제개발 5개년 계획에 따라, 혹은 바뀐 정권에서 집중적으로 육성하는 산업에 따라 산업정책이 바뀌어 왔다. 그러나 재벌 중심적, 혹은 수출 중심적 경제 정책에서도 꾸준히 나름대로의 인식을 가지고 지속적으로 추진해 오고 있고, 또 앞으로도 계속적으로 추진해 나가야 할 정책이 다름 아닌 중소기업 지원·육성정책으로 보여 진다.

따라서 본서에서는 다른 기존 경제, 정책학 분야의 저서에는 다루는 경제발전 및 산업정책, 재정정책, 과학기술정책, 조세정책, 통화정책, 무역정책, 농업정책, 노동정책 등에 대해서는 그 서술을 지양하고, 지금까지는 별로 다루지 않고 있는 중소기업정책에 초점을 맞추어 우리나라의 중소기업 지원과 육성에 관한 법률들을 중심으로, 앞으로 나아갈 정책과 지원 할 정책들에 대해 살펴보고자 한다.

아울러 대한민국 헌법 제123조3항에는 “국가는 중소기업을 보호·육성하여야 한다”고 제시하고 있어 국가의 중소기업 보호·육성을 경제적 기본질서의 한 축으로 제시하고 있다. 여기서는 시대의 흐름에 따라서 바뀌는 정권의 이념과 추구가치 그리고 시대적, 대외적, 대내적 흐름과 환경에 따라 변화하는 정책 보다는, 국가에서 제도적으로 법률적으로 규정하여 지키고자하는 중소기업 관련 법률 중에서 아래와 같은 가장 기본적이고, 핵심적이며 중요한 여섯 가지의 법률 및 시행령의 주요 핵심 부분만 발췌[1]하여 설명함으로써 우리

1) 법률의 전체적인 부분이 아닌 중요 핵심부분 중심으로 발췌하였음

나라 중소기업 정책의 지속적인 추구 방향을 알고자 한다.

아울러 우리나라 중소기업의 지속적인 지원 및 창업·육성에 관한 중점적인 법률들을 중심으로 살펴보고자 한다.

1) 중소기업기본법 및 시행령

2) 중소기업제품 구매촉진 및 판로지원에 관한 법률

3) 중소기업진흥에 관한 법률 및 시행령

4) 중소기업창업지원법 및 시행령

5) 벤처기업육성에 관한 특별조치법 및 시행령

6) 대·중소기업 상생협력 촉진에 관한 법률 및 시행령

1절 중소기업의 의의

1. 중소기업의 개념

중소기업의 경제적·사회적 중요성은 이미 널리 인식되어 왔고, 지금도 많은 수의 중소기업이 창업을 하고, 또 대략 그 정도의 숫자만큼의 중소기업들이 도산을 하기도 한다.

어느 국가에서나 건실한 중소기업육성을 위해 나름대로의 방법을 강구하고 국가의 정책적 지원을 아끼지 않고 있는 것도 사실이다. 우리나라 역시 1960~80년대까지는 대기업 위주의 경제정책이었지만, 중소기업의 중요성과 미래 지향적인 관점에서 중소기업의 육성에 관심을 갖고 정책을 추진해 왔으며, 지금은 아주 중요한 국가 경제 정책으로 자리잡아가고 있다.

사실 대기업들은 이미 국제적인 경쟁력을 나름대로 갖추고 있어 쉽게 도산하거나 하지는 않는다. 그러나 이제 막 창업한지 몇 년 되지 않는 중소기업은 어려운 재정 상태와 열악한 경쟁 환경과 빈약한 기술력으로 강소기업으로 살

아남기가 정말 어려운 실정이다. 이에 정부에서는 중소기업에 관한 창업, 지원, 육성 등의 국가정책과 법률제정 등, 제도적인 뒷받침으로 중소기업 발전을 견인하고 있다.

1) 중소기업의 범위

중소기업기본법 시행령 제3조에 중소기업의 범위를 정하면서 구체적인 해당조건을 별표 1과 같이 제시하고, 그 조건에 맞아도 예외적으로 인정되지 않는 항목들을 제시하고 있다.[2)]

(1) 중소기업은 다음 각 호의 기준을 모두 갖춘 기업으로 한다.

① 해당 기업이 영위하는 주된 업종과 해당 기업의 상시 근로자 수, 자본금 또는 매출액의 규모가 별표 1의 기준에 맞는 기업. 다만, 다음 각 목의 어느 하나에 해당하는 기업은 제외한다.

i. 상시 근로자 수가 1천명 이상인 기업

ii. 자산총액이 5천억원 이상인 기업

iii. 자기자본이 1천억원 이상인 기업

iv. 직전 3개 사업연도의 평균 매출액이 1천5백억원 이상인 기업

② 소유와 경영의 실질적인 독립성이 다음 각 목의 어느 하나에 해당하지 아니하는 기업

i. 「독점규제 및 공정거래에 관한 법률」 제14조제1항에 따른[상호 출자제한 기업집단]에 속하는 회사

ii. 중소기업기본법 시행령 제3조1항제1호나목에 따른 법인(외국법인을 포함하되, 제3조의2제2항 각 호의 어느 하나에 해당하는 자는 제외한다)이 주식등의 100분의 30 이상을 직접적 또는 간접적으로 소유한 경우로서 최다출자자인 기업. 이 경우 최다출자자는 해당 기업의 주식등을 소유한 법인 또

---

2) 중소기업기본법 시행령 제3조

는 개인으로서 단독으로 또는 다음의 어느 하나에 해당하는 자와 합산하여 해당 기업의 주식등을 가장 많이 소유한 자를 말하며, 주식등의 간접소유 비율에 관하여는 「국제조세조정에 관한 법률 시행령」 제2조제2항을 준용한다.

i) 주식등을 소유한 자가 법인인 경우 : 그 법인의 임원

ii) 주식등을 소유한 자가 i)에 해당하지 아니하는 개인인 경우 : 그 개인의 친족

iii. 관계기업에 속하는 기업의 경우에는 중소기업기본법 시행령7조의4에 따라 산정한 상시 근로자 수, 자본금, 매출액, 자기자본 또는 자산총액(이하 "상시근로자수등"이라 한다)이 별표 1의 기준에 맞지 아니하거나 제1항제1호 각 목의 어느 하나에 해당하는 기업

(2) 법 제2조제1항제2호에서 "대통령령으로 정하는 사회적기업"이란 영리를 주된 목적으로 하지 아니하는 사회적기업으로 다음 각 호의 기준을 모두 갖춘 기업으로 한다.

① 상시 근로자 수 300명 미만 또는 매출액 300억원 이하일 것

② 제1항제1호가목 또는 라목에 해당하지 아니할 것

③ 제1항제2호가목 또는 나목에 해당하지 아니할 것

2) 소기업과 중기업의 구분

중소기업기본법 제2조제2항에 따른 소기업(小企業)은 다음 각 호의 어느 하나에 해당하는 기업을 말하고, 중기업(中企業)은 중소기업 중 소기업을 제외한 기업을 말한다.[3)]

(1) 광업, 제조업, 건설업, 운수업, 출판·영상·방송통신 및 정보서비스업, 사업시설관리 및 사업지원 서비스업, 보건업 및 사회복지 서비스업, 전문·과학 및 기술 서비스업을 주된 업종으로 하는 경우 : 상시 근로자 수가 50명 미만

3) 중소기업기본법 시행령 제8조

인 기업

(2) 제1호 외의 업종을 주된 업종으로 하는 경우 : 상시 근로자 수가 10명 미만인 기업

(표6) 중소기업의 업종별 구분 기준

[별표 1] <개정 2011.12.28.>

<u>중소기업의 업종별 상시 근로자 수, 자본금 또는 매출액의 규모기준</u>

(제3조제1항제1호 관련)

해당 업종	분류기호	규모 기준
제조업	C	상시 근로자 수 300명 미만 또는 자본금 80억원 이하
광업	B	상시 근로자 수 300명 미만 또는 자본금 30억원 이하
건설업	F	
운수업	H	
출판, 영상, 방송통신 및 정보서비스업	J	상시 근로자 수 300명 미만 또는 매출액 300억원 이하
사업시설관리 및 사업지원 서비스업	N	
전문, 과학 및 기술 서비스업	M	
보건업 및 사회복지 서비스업	Q	
농업, 임업 및 어업	A	상시 근로자 수 200명 미만 또는 매출액 200억원 이하
전기, 가스, 증기 및 수도사업	D	
도매 및 소매업	G	
숙박 및 음식점업	I	
금융 및 보험업	K	
예술, 스포츠 및 여가관련 서비스업	R	
하수·폐기물 처리, 원료재생 및 환경복원업	E	상시 근로자 수 100명 미만 또는 매출액 100억원 이하
교육 서비스업	P	
수리 및 기타 개인 서비스업	S	
부동산업 및 임대업	L	상시 근로자 수 50명 미만 또는 매출액 50억원 이하

비고 : 해당 업종의 분류 및 분류부호는 「통계법」 제22조에 따라 통계청장이 고시한 한국표준산업분류에 따른다.

2절 우리나라 중소기업 현황

1. 우리나라 중소기업 실태[4)]

우리나라의 중소기업체수는 2008년말 기준 3,044,169개로 전체 사업체의 99.9%를 차지하고 있다. 또한 중소기업 종사자수는 11,467,713명으로 전체의 87.7%으로 선진국에 비교하여 중소기업 고용 비중이 크다.

1) 제조업 현황

① 5인 이상 제조업체를 대상으로 한 중소 제조업 현황 : 제조기업체 수는 2008년말 기준 111,957개로 전체 업체수의 99.5%을 차지하며, 종사자수는 2,134,699명으로 전체의 76.3%를 차지

② 서비스산업 중 중소기업체수는 2005년말 기준 2,109,289개로 전체 산업체수의 99.8%이며, 종사자수는 6,276,246명으로 전체의 90.9%이다. 중소기업 내 규모의 분포는 2007년 기준으로 5~9인이 13.0%, 10~19인 기업이 32.3%, 20~49인이 31.9%, 50~99인 13%, 100~199인 6.2%, 200~299인 2.1%로 구성되어 있다.

2) 우리나라 국민경제에서 중소기업의 중요성

① 수출비중 현황

전체 수출에서 중소기업 비중은 1999년 34.1%에서 2001년 42.9%까지 상승했지만, 그 후 하락하여 2009년에는 32.3%에 불과하다. 수출중소기업은 저변이 얇고, 수출증가율도 낮으며 수출에서 중소기업이 차지하는 비중도 30%

---

4) 2011년 중소기업로드맵(1), 주관 연구기관 : 한국과학기술정보연구원 박영서, pp.54-58 발췌 요약

수준에서 정체되고 있다.

(표7) 중소기업 수출비중

(단위 : 억 달러)

구분	2006	2007	2008	2009
중소기업	1,041.5	1,135.5	1,305.2	1,173.1
대기업	2,209.7	2,577.1	2,912.9	2,459.2
중소기업비중 (%)	32.0	30.6	30.9	32.3

※ 자료 : 무역협회

② 국내 수출 중소기업은 7만8천개 수준으로 매년 3~4천개 중소기업이 수출기업으로 새로 등장함에 따라 우리나라의 수출 중소기업수(사업체수 기준)는 꾸준히 증가하고 있어 상당히 긍정적이다.[5)]

그러나 규모면에서 보면 수출 100만불 이하 중소기업이 전체의 86%를 차지하고 있어 수출 면에서 매우 영세하다.

3) 중소 제조업의 자기자본 대비 부채 비율

중소제조업의 자기자본 대비 부채 비율은 2008년 155.57% 수준으로 대기업의 111.46%에 비교하여 안정성이 떨어진다. 이는 물론 경기의 부침에 따라 다소 영향이 있기는 하나 대기업에 비해 비교적 불량한 것으로 나타나고 있다.

---

5) (2007년) 71,688개 → (2008년) 75,489개 → (2009년) 77,989개

(표8) 우리나라 제조업의 자기자본 대비 부채 비율 (%)

구분		2003년	2004년	2005년	2006년	2007년	2008년
부채 비율	중소 기업	166.20	165.05	152.51	145.35	150.86	155.57
	대기업	113.49	91.68	86.13	85.49	88.79	111.46

2. 우리나라 중소기업 사업 환경

1) 우리나라 중소 제조업의 인력실태

우리나라 중소제조업의 기업체당 평균 종자사수는 17.6명이며, 전체 인력부족률은 2.36%로 기업규모가 커질수록 낮아짐. 소기업의 인력부족률은 2.85%인 반면, 중기업은 1.32%에 불과하며, 직원에 대한 교육·훈련을 실시하는 업체의 비중은 61.8%, 미실시업체 비중은 38.2%로 나타나 직원교육의 필요성과 중요성은 상당히 인식하고 있는 것으로 나타나고 있다.[6)]

2) 중소 제조기업의 사업성 조사 실태

중소 제조업의 2008년 평균총자산은 32억원, 평균자본금은 12.9억원으로 나타나고 있으며, 매출액 영업이익률은 중소기업이 2008년 5.10%로, 대기업 6.58%에 비교하여 수익성 격차가 1.48% 낮게 나타난다. 또한 매출액 세전 순이익률을 보면, 중소기업은 3.26%로 대기업은 3.81%에 비교하여 역시 수익성도 나쁜 것으로 나타난다.

중소 제조기업의 자기자본비율은 39.13%, 부채비율은 155.57%로, 대기업(제조업)의 각각 47.29%, 111.46%에 비교하여 안정성이 열악한 실정이며, 부

6) 중소기업중앙회, 2009년 중소기업 실태조사 결과, 2010

가가치율은 23.55%로 대기업(제조업)의 19.94% 보다 생산성은 더 좋은 것으로 나타나고 있다.[7]

7) 중소기업중앙회, 중소기업 경영지표, 2009

2장 중소기업의 지원

1절 중소기업의 지원 (중소기업기본법)

1. 중소기업지원의 목적과 책무

1) 목적

중소기업기본법에는 중소기업이 나아갈 방향과 중소기업을 육성하기 위한 시책의 기본적인 사항을 규정하여 창의적이고 자주적인 중소기업의 성장을 지원하고 나아가 산업 구조를 고도화하고 국민경제를 균형 있게 발전시키는 것을 목적으로 한다.[8]

2) 정부와 지방자치단체의 책무

① 정부는 중소기업의 혁신역량과 경쟁력 수준 및 성장성 등을 고려하여 지원대상의 특성에 맞도록 기본적이고 종합적인 중소기업시책을 세워 실시하여야 한다.[9]

② 지방자치단체는 제1항에 따른 중소기업시책에 따라 관할 지역의 특성을 고려하여 그 지역의 중소기업시책을 세워 실시하여야 한다.

③ 정부와 지방자치단체는 상호간의 협력과 중소기업시책의 연계를 통하여 중소기업에 대한 지원의 효과를 높일 수 있도록 노력하여야 한다.

---

8) 중소기업기본법 제1조
9) 중소기업기본법 제3조

2. 정부의 중소기업육성시책

중소기업기본법에는 중소기업의 창업지원방향, 판로확보, 인력지원 및 금융·조세지원 그리고 국제화 지원 등, 중소기업의 제반적인 사항에 대한 기본적인 큰 틀을 제시하고 있다. 또한 중소기업 간의 바람직한 상생협력관계 등에 대한 기본적인 틀도 제시하고 있다.

1) 창업 촉진과 기업가정신의 확산

① 정부는 중소기업의 설립을 촉진하고 중소기업을 설립한 자가 그 기업을 성장·발전시킬 수 있도록 필요한 시책을 실시하여야 한다.[10)]

② 정부는 중소기업자나 창업을 준비하는 자가 건전한 기업가정신과 자긍심을 가질 수 있도록 필요한 시책을 실시하여야 한다.

2) 경영 합리화와 기술 향상

① 정부는 중소기업 경영 관리의 합리화와 기술 및 품질의 향상을 위하여 경영 및 기술의 지도·연수, 기술 개발의 촉진 및 표준화 등 필요한 시책을 실시하여야 한다.[11)]

② 정부는 중소기업의 생산성을 향상시키기 위하여 생산 시설의 현대화와 정보화의 촉진 등 필요한 시책을 실시하여야 한다.

3) 판로 확보

① 정부는 정부, 지방자치단체, 공공단체 및 정부투자기관 등이 물품 또는 용역을 조달(調達)할 때에는 중소기업자의 수주(受注) 기회를 증대시키기

10) 중소기업기본법 제5조
11) 중소기업기본법 제6조

위하여 필요한 시책을 실시하여야 한다.[12]

② 정부는 중소기업 제품의 판로(販路) 확대를 위하여 유통 구조의 현대화와 유통 사업의 협동화 등 유통의 효율화에 필요한 시책을 실시하여야 한다.

4) 중소기업 사이의 협력

정부는 중소기업의 집단화 및 협동화 등 중소기업 사이의 협력에 필요한 시책을 실시하여야 한다. 정부는 중소기업의 구조를 고도화하기 위하여 중소기업의 법인 전환, 사업 전환이나 중소기업 사이의 합병 등을 원활히 할 수 있도록 필요한 시책을 실시하여야 한다. 정부는 중소기업이, 중소기업이 아닌 기업 등 다른 기업과의 공정 경쟁과 협력 및 동반성장을 촉진할 수 있도록 필요한 시책을 실시하여야 한다.[13]

5) 기업 구조의 전환

정부는 중소기업의 구조를 고도화하기 위하여 중소기업의 법인 전환, 사업 전환이나 중소기업 사이의 합병 등을 원활히 할 수 있도록 필요한 시책을 실시하여야 한다.[14]

6) 공정경쟁 및 동반성장의 촉진

정부는 중소기업이, 중소기업이 아닌 기업 등 다른 기업과의 공정경쟁과 협력 및 동반성장을 촉진할 수 있도록 필요한 시책을 실시하여야 한다.[15]

---

12) 중소기업기본법 제7조
13) 중소기업기본법 제8조
14) 중소기업기본법 제9조
15) 중소기업기본법 제10조

7) 사업 영역의 보호

정부는 중소기업자의 사업 영역이 중소기업 규모로 경영하는 것이 적정한 분야에서 원활히 확보될 수 있도록 필요한 시책을 실시하여야 한다.[16]

8) 공제제도의 확립

정부는 중소기업자가 서로 도와 도산을 막고 공동 구매 및 판매 사업 등의 기반을 조성할 수 있도록 하기 위한 공제(共濟)제도의 확립에 필요한 시책을 실시하여야 한다.[17]

9) 중소기업자의 조직화

정부는 중소기업자가 서로 도와 그 사업의 성장·발전과 경제적 지위의 향상을 기할 수 있도록 중소기업협동조합 등 단체의 조직 촉진과 그 운영의 합리화에 필요한 시책을 실시하여야 한다.[18]

10) 국제화의 촉진

① 정부는 중소기업의 국제화를 촉진하기 위하여 중소기업의 수출입 진흥과 외국 기업과의 협력 증진 등 필요한 시책을 실시하여야 한다.[19]

② 정부는 중소기업이 국내외 경제 환경의 변화에 능동적으로 대응할 수 있도록 중소기업에 대한 정보 제공 등 필요한 시책을 실시하여야 한다.

11) 인력 확보의 지원

정부는 중소기업이 필요한 인력을 원활히 확보할 수 있도록 인력 양성과

---

16) 중소기업기본법 제11조
17) 중소기업기본법 제12조
18) 중소기업기본법 제13조
19) 중소기업기본법 제14조

공급, 근로환경 개선과 복지수준 향상, 중소기업에 대한 인식 개선 등 필요한 시책을 실시하여야 한다.[20)]

12) 소기업 대책

정부는 소기업에 대하여 그 경영의 개선과 발전을 위하여 필요한 시책을 실시하여야 한다.[21)]

13) 지방 소재 중소기업 등의 육성

정부는 지방에 있는 중소기업을 육성하고, 여성과 장애인의 중소기업 활동을 촉진하기 위하여 필요한 시책을 실시하여야 한다.[22)]

14) 법제 및 재정 조치

정부는 중소기업시책을 실시하기 위하여 필요한 법제 및 재정(財政) 조치를 하여야 한다.[23)]

15) 금융 및 세제 조치

① 정부는 중소기업자에 대한 자금 공급을 원활히 하기 위하여 재정 및 금융자금 공급의 적정화(適正化)와 신용보증제도의 확립 등 필요한 시책을 실시하여야 한다.[24)]

② 정부는 중소기업시책을 효율적으로 실시하기 위하여 조세에 관한 법률에서 정하는 바에 따라 세제상의 지원을 할 수 있다.

---

20) 중소기업기본법 제15조
21) 중소기업기본법 제16조
22) 중소기업기본법 제17조
23) 중소기업기본법 제18조
24) 중소기업기본법 제19조

16) 중소기업 육성계획 수립 및 연차 보고

① 정부는 매년 정부와 지방자치단체가 중소기업을 육성하기 위하여 추진할 중소기업시책에 관한 계획(이하 “육성계획”이라 한다)을 수립하여 관련 예산과 함께 3월까지 국회에 제출하여야 한다.[25)]

② 중소기업청장은 전년도 육성계획의 실적과 성과를 평가하고, 그 평가결과를 반영하여 중소기업정책에 관한 연차보고서를 정기국회 개회 전까지 국회에 제출하여야 한다.

③ 제1항에 따라 육성계획을 수립하는 중앙행정기관의 장과 제2항에 따라 평가를 실시하는 중소기업청장은 필요한 경우 관계 중앙행정기관과 지방자치단체의 장에게 협조를 요청할 수 있다. 이 경우 협조를 요청받은 자는 특별한 사유가 없으면 그 요청에 적극 협조하여야 한다.

④ 육성계획의 수립과 연차보고에 필요한 사항은 대통령령으로 정한다.

17) 중소기업 실태조사

정부는 중소기업의 활동현황, 자금, 인력 및 경영 등 실태를 파악하기 위하여 매년 정기적으로 실태조사를 실시하고 그 결과를 공표하여야 한다. 이 경우 정부는 해당 실태조사와 유사하거나 관련 있는 사안에 필요한 경우에는 다음 각 호의 실태조사를 통합하여 실시할 수 있다.[26)]

18) 중소기업 옴부즈만의 운영

중소기업에 영향을 주는 기존규제의 정비 및 규제 관련 민원처리의 원활한 지원을 위하여 중소기업청장 소속으로 중소기업 옴부즈만을 둔다.[27)]

---

25) 중소기업기본법 제20조
26) 중소기업기본법 제21조

19) 의견 제출 등

중소기업자·이해관계자와 관련 단체의 장은 중소기업에 영향을 주는 불합리한 규제의 개선 및 행정기관의 규제집행에 따르는 애로사항 등에 관하여 중소기업 옴부즈만에게 의견을 제출할 수 있다. 이 경우 의견을 제출하는 방법 및 처리절차에 관하여는 「행정규제기본법」 제17조 및 「행정절차법」 제44조를 준용한다.[28]

20) 행정지원 등

① 중소기업청장은 중소기업 옴부즈만의 활동 지원을 위하여 필요하다고 인정하면 국가기관, 지방자치단체, 공공기관 또는 관련 법인·단체에 그 소속 공무원이나 직원의 파견을 요청할 수 있다.[29]

② 중소기업청장은 제1항에 따른 중소기업 옴부즈만의 운영에 필요한 행정적·재정적 지원을 할 수 있다.

21) 전문연구기관의 지정

중소기업청장은 중소기업시책의 수립 등에 필요한 조사와 연구를 수행하는 전문연구기관(이하 "전문연구기관"이라 한다)을 지정하여 운영할 수 있다.[30]

2절 중소기업제품 구매촉진 및 판로지원

우리나라의 [중소기업제품 구매촉진 및 판로지원에 관한 법률]에는 중소기

27) 중소기업기본법 제22조
28) 중소기업기본법 제23조
29) 중소기업기본법 제24조
30) 중소기업기본법 제25조

업제품 구매를 촉진하고 공공기관의 효율적인 구매를 지원하기 위하여 정부에서 적극적으로 중소기업 제품을 구매하도록 규정하고 있다. 엄격한 의미에서 본다면 이 법률은 공정거래에 관한 위헌의 소지 내지는 자유시장경제의 이론에서 볼 때는 약간의 문제점이 있을 수도 있으나, 중소기업을 육성하기 위한 국가의 정책적 배려라고 할 수 있다.

1. 목적

이 법은 중소기업제품의 구매를 촉진하고 판로를 지원함으로써 중소기업의 경정력 향상과 경영안정에 이바지함을 목적으로 한다.[31)]

2. 중소기업제품 구매촉진 및 중소기업자간 경쟁제도 운영

① 공공기관의 장은 물품·용역 및 공사(이하 "제품"이라 한다)에 관한 조달계약을 체결하려는 때에는 중소기업자의 수주(受注) 기회가 늘어나도록 하여야 한다.[32)]

② 공공기관의 장은「국가를 당사자로 하는 계약에 관한 법률」제4조제1항에 따라 기획재정부장관이 고시한 금액 미만의 물품 및 용역(제6조제1항에 따라 증소기업청장이 지정한 중소기업자간 경쟁 제품은 제외한다)에 대하여는 대통령령으로 정하는 바에 따라 중소기업자와 우선적으로 조달계약을 체결하여야 한다.[33)]

---

31) 중소기업제품 구매촉진 및 판로지원에 관한 법률 제1조
32) 중소기업제품 구매촉진 및 판로지원에 관한 법률 제4조1항
33) 중소기업제품 구매촉진 및 판로지원에 관한 법률 제4조2항

3. 기술개발제품 등에 대한 우선구매

① 정부는 중소기업자가 개발한 기술개발제품의 수요를 창출하기 위하여 이들 제품을 우선적으로 구매하는 등 필요한 지원시책을 마련하여야 한다.[34)]

② 중소기업청장이나 관계 중앙행정기관의 장은 중소기업자가 개발한 기술개발제품의 구매를 늘리기 위하여 공공기관이나 그 밖에 대통령령으로 정하는 자에게 우선구매 등 필요한 조치를 요구할 수 있다.

③ 제2항에 따른 요구를 받은 공공기관은 그 요구에 따라 이들 제품의 우선구매 등의 조치를 할 수 있다.

4. 구매 효율성의 제고 및 이행력 확보

1) 공공구매지원관리자 지정 등

① 중소기업청장은 제5조제2항에 따른 구매계획의 이행 등 중소기업제품 구매를 촉진하고 공공기관의 효율적인 구매를 지원하기 위하여 소속 공무원 또는 공공기관의 장이 추천한 중소기업업무 관련 담당자 등을 공공구매지원관리자로 지정하여야 한다. 이 경우 공공구매지원관리자의 임무 및 요건은 대통령령으로 정한다.[35)]

② 제1항에 따라 지정된 공공구매지원관리자는 해당 공공기관의 제품 발주계획 및 구매실적 등 중소기업제품 구매의 적정성을 검토하여 중소기업청장에게 보고하여야 하며, 중소기업청장은 해당 공공기관의 장에게 이에 대한 개선을 권고할 수 있다.

---

34) 중소기업제품 구매촉진 및 판로지원에 관한 법률 제13조
35) 중소기업제품 구매촉진 및 판로지원에 관한 법률 제21조

③ 제2항에 따라 권고를 받은 공공기관의 장은 특별한 사유가 없으면 이에 따라야 하고, 권고를 받은 날부터 1개월 이내에 그 결과를 중소기업청장에게 통보하여야 한다.

④ 중소기업청장은 권고이행 여부에 대한 결과를 취합하여 제5조제2항에 따른 국무회의 심의를 거쳐 이를 공고하여야 한다.

⑤ 중소기업청장은 공공기관의 중소기업제품 구매실적 등을 평가하여 공공구매 우수기관 및 공공구매 유공자에 대한 포상 등 필요한 조치를 할 수 있다.

⑥ 중소기업청장은 중소기업제품 구매비율이 제5조제1항 후단에서 정한 비율 이하인 공공기관에 대하여 그 사유를 조사하여 구매촉진을 위하여 필요한 조치를 할 수 있다.

2) 하도급 중소기업의 보호

제5조제1항에 따른 공공기관의 장은 대통령령으로 정하는 금액 이상의 제품을 제조·수리·시공하여 공공기관에 납품하거나 인도(이하 이 조에서 "납품"이라 한다)하는 계약을 체결한 사업자(이하 이 조에서 "원사업자"라 한다)가 납품계약의 전부 또는 일부를 중소기업자에게 위탁한 경우 원사업자가 다음 각 호의 어느 하나를 위반한 사실을 발견하면 관계 행정기관에 그 위반사실을 통보하여야 한다.

ⅰ. 「하도급거래 공정화에 관한 법률」 제3조, 제4조부터 제12조까지, 제12조의2, 제13조, 제13조의2, 제15조, 제16조, 제16조의2 및 제17조부터 제20조까지의 규정

ⅱ. 「건설산업기본법」 제34조, 제36조부터 제38조까지의 규정

ⅲ. 「전기공사업법」 제12조제1항[36)]

36) 중소기업제품 구매촉진 및 판로지원에 관한 법률 제22조

3) 중소기업자의 품질보장 등

① 중소기업자는 공공기관에 제품을 공급하는 경우에는 그 기관이 요구한 품질을 보장하여야 한다.[37)]

② 공공기관은 경쟁제품에 대하여 중소기업자가 제1항에 따른 제품의 품질보장 의무를 위반하거나 계약을 이행하지 아니하는 등 공공기관이 제시한 조건에 미치지 못하는 경우에는 1개월 이상 2년 이하의 기간을 정하여 그 공공기관과의 계약체결을 제한할 수 있다. 이 경우 중소기업청장에게 그 사실을 통보하여야 한다.

5. 중소기업 판로지원

1) 판로지원사업

① 중소기업청장은 중소기업의 국내외 시장 개척과 판로 거점 확보를 지원하기 위하여 다음 각 호의 사업을 실시할 수 있다.[38)]

ⅰ. 중소기업 제품의 국내 유통망 구축과 홍보·판매 또는 사후관리 지원에 관한 사업

ⅱ. 중소기업의 국내외 전시·박람회 개최 또는 참가 지원에 관한 사업

ⅲ. 국내외의 거래알선과 상품홍보를 위한 정보망 구축 및 운영에 관한 사업

ⅳ. 중소기업의 국내외 마케팅 능력 향상 지원에 관한 사업

ⅴ. 중소기업의 국외 조달 및 유통시장 진출지원에 관한 사업

ⅵ. 중소기업의 국외시장개척단의 파견과 국외진출거점 확보 지원에 관한

---

37) 중소기업제품 구매촉진 및 판로지원에 관한 법률 제23조
38) 중소기업제품 구매촉진 및 판로지원에 관한 법률 제26조

사업

vii. 중소기업의 국외진출을 위한 통·번역 및 컨설팅 지원에 관한 사업

viii. 그 밖에 중소기업의 무역진흥을 위한 기반 확충과 판로개척을 위하여 필요하다고 인정하는 사업

② 중소기업청장은 국내외 판로지원사업의 시행을 위하여 필요하다고 인정하면 대통령령으로 정하는 기관이나 단체에 대하여 그 사업을 위탁하거나 관련 자료와 정보 제공 및 국내외 시장조사 등의 협조를 요청할 수 있다.

③ 중소기업청장은 제2항에 따라 사업을 위탁하는 경우에는 그 사업의 수행에 필요한 비용의 전부 또는 일부를 수탁기관에 지원할 수 있다.

④ 중소기업청장은 중소기업의 경쟁력 강화를 위하여 필요하다고 인정하면 매년 특별시장·광역시장·도지사 및 특별자치도지사(이하 "시·도지사"라 한다)와 공동으로 국내외 판로 개척을 위한 지원사업을 실시할 수 있다.

2) 중소기업 국외 판로지원계획의 수립·시행

① 중소기업청장은 매년 중앙행정기관, 지방자치단체 및 제 26조 2항에 따른 기관이나 단체의 중소기업 국외 판로지원계획을 종합하여 공표하여야 한다.[39)]

② 중소기업청장은 제1항에 따른 기관 또는 단체에 중소기업의 국외 판로지원계획의 수립·제출을 요청할 수 있다. 이 경우 기관이나 단체의 장은 특별한 사유가 없는 경우에는 이에 따라야 한다.

③ 중소기업청장은 제1항에 따른 국외 판로지원계획 중 지원사업의 내용, 일정 등이 유사하거나 중복되는 경우에는 지식경제부장관에게 조정을 요청할 수 있다.

39) 중소기업제품 구매촉진 및 판로지원에 관한 법률 제27조

3) 수출중소기업 및 유망품목의 지정·지원

① 중소기업청장은 중소기업의 국외 판로 확대를 위하여 다음 각 호의 중소기업자 또는 품목을 지정하여 지원할 수 있다.[40]

ⅰ. 내수 위주의 중소기업자 중 수출을 준비하거나 추진하는 자로서 대통령령으로 정하는 기준에 해당하는 중소기업자

ⅱ. 수출을 영위하는 중소기업자 중 수출이 유망하거나 미래 성장가능성이 있는 자로서 대통령령으로 정하는 기준에 해당하는 중소기업자

ⅲ. 중소기업의 생산비중이 높은 품목 중 수출이 유망하거나 미래 성장가능성이 있는 품목으로서 대통령령으로 정하는 기준에 해당하는 품목

② 중소기업청장은 제1항제3호에 따라 지정된 품목을 주관하는 기관 또는 단체로 하여금 중소기업의 국외시장 공동 개척을 수행하도록 지원할 수 있다.

③ 제26조제2항에 따른 기관이나 단체는 제1항에 따라 지정된 중소기업자나 품목에 대하여 우선적으로 지원하여야 한다.

④ 중소기업청장은 제3항에 따른 지원내용과 실적의 제출을 요청할 수 있다. 이 경우 지원내용과 실적의 제출을 요청받은 기관이나 단체는 특별한 사유가 없는 경우에는 이에 따라야 한다.

⑤ 제1항 각 호에 따라 지정된 중소기업자나 품목의 지정 및 지원절차 등에 관하여 필요한 사항은 중소기업청장이 정하여 고시한다.

3절 중소기업진흥 (중소기업진흥에 관한 법률)

1. 목적

이 법은 중소기업의 구조 고도화를 통하여 중소기업의 경쟁력을 강화하고

40) 중소기업제품 구매촉진 및 판로지원에 관한 법률 제30조

중소기업의 경영 기반을 확충하여 국민경제의 균형 있는 발전에 기여함을 목적으로 한다.[41]

2. 중소기업의 구조 고도화

① 정부는 경제 여건의 변화에 따라 중소기업의 경영의 어려움을 해소하고 중소기업의 경쟁력을 높이기 위하여 사업규모, 경영기법 또는 생산방법의 개선이 필요하다고 인정되면 개인사업의 법인 전환, 기업의 합병과 분할, 공동사업, 협업, 사업 전환, 사업장의 이전, 경영 합리화 등 중소기업의 구조 고도화를 지원하기 위하여 필요한 시책을 강구할 수 있다.[42]

② 특별시장·광역시장·도지사 또는 특별자치도지사(이하 "시·도지사"라 한다)는 제1항에 따른 지원시책을 시행하기 위하여 매년 관할구역의 중소기업의 구조 고도화 지원을 위한 계획(이하 "구조고도화지원계획"이라 한다)을 세워 공고하여야 한다. 이 경우 시·도지사는 제68조제1항에 따른 중소기업진흥공단 등 중소기업 지원기관의 장에게 구조고도화지원계획의 수립에 필요한 자료의 제출을 요청할 수 있으며, 그 요청을 받은 지원기관의 장은 이에 협조하여야 한다.

③ 구조고도화지원계획에는 지방자치단체의 실정에 맞도록 다음 각 호의 사항이 포함되어야 한다.

i. 사업별 예산 지원에 관한 사항

ii. 경영과 기술에 관한 상담, 진단, 지도 및 정보 제공 등에 관한 사항

iii. 그 밖에 구조 고도화 지원에 필요한 사항

④ 시·도지사는 구조고도화지원계획의 원활한 추진을 위하여 관계 중앙행

41) 중소기업진흥에 관한 법률 제1조
42) 중소기업진흥에 관한 법률 제3조

정기관의 장에게 필요한 지원을 요청할 수 있다.

1) 중소기업의 자동화지원사업

① 중소기업청장은 중소기업의 자동화를 촉진하고 자동화설비의 생산업체와 엔지니어링사업자를 육성하기 위하여 자동화지원사업을 실시하여야 한다.[43]

② 중소기업청장은 제1항에 따른 자동화지원사업으로 다음 각 호의 사항에 관한 지원사업을 추진할 수 있다.

i. 중소기업의 자동화 촉진을 위한 설비 보급

ii. 중소기업의 자동화를 위한 시범사업과 표준화

iii. 중소기업의 자동화에 관한 전문인력의 양성

iv. 중소기업의 자동화를 촉진하기 위한 자금 지원

v. 그 밖에 중소기업의 자동화를 촉진하기 위하여 필요한 사항

2) 이업종교류지원사업

① 중소기업청장은 서로 다른 업종을 영위하고 있는 중소기업자간 정보 및 기술 교류를 촉진하기 위하여 이업종교류지원사업(異業種交流支援事業)을 실시하여야 한다.[44]

② 중소기업청장은 제1항에 따른 이업종교류지원사업으로 다음 각 호의 사항에 관한 지원사업을 추진할 수 있다.

i. 정보 및 기술 교류의 활성화를 위한 전문가의 파견

ii. 정보 및 기술 교류에 필요한 자금 지원

iii. 그 밖에 정보 및 기술 교류를 촉진하기 위하여 필요한 사항

---

43) 중소기업진흥에 관한 법률 제4조
44) 중소기업진흥에 관한 법률 제5조

3. 중소기업의 경영기반 확충

1) 협동화 사업

(1) 중소기업 협동화기준의 고시

① 중소기업청장은 중소기업자의 집단화와 시설공동화 등을 위한 중소기업 협동화기준(이하 "협동화기준"이라 한다)을 정하고 고시하여야 한다. 협동화기준을 변경한 경우에도 또한 같다.[45]

② 제1항에 따른 협동화기준을 정할 때 특히 필요하면 중소기업자 외의 자가 참여할 수 있는 협동화기준을 정할 수 있다.

③ 제1항과 제2항에 따른 협동화기준에 포함되어야 할 사항은 대통령령으로 정한다.

④ 중소기업청장은 제1항과 제2항에 따른 협동화기준을 정할 때에는 미리 관계 중앙행정기관의 장과 협의하여야 한다.

(2) 협동화실천계획의 승인

① 협동화기준에 따라 협동화실천 계획을 세워 시행하려는 자는 중소기업청장의 승인을 받아야 한다.[46] 승인을 받은 계획 중 지식경제부령으로 정하는 사항을 변경하려는 경우에도 또한 같다.

② 협동화기준에 따라 협동화실천계획을 세워 시행하려는 자는 그 협동화실천계획에 형질변경이나 기반시설공사를 수반하고 대통령령으로 정하는 면적 이상인 단지조성사업(이하 "단지조성사업"이라 한다)이 포함되는 경우에는 제1항에도 불구하고 시·도지사의 승인을 받아야 한다. 승인을 받은 계획

---

45) 중소기업진흥에 관한 법률 제28조
46) 중소기업진흥에 관한 법률 제29조

중 지식경제부령으로 정하는 사항을 변경하려는 경우에도 또한 같다.

③ 시·도지사는 제2항에 따른 승인이나 변경 승인을 하려면 미리 중소기업청장과 협의하여야 한다.

④ 제1항과 제2항에 따른 협동화실천계획의 수립에 필요한 사항은 대통령령으로 정한다.

(3) 협동화실천계획의 승인취소

① 중소기업청장이나 시·도지사는 협동화실천계획의 승인을 받은 자가 다음 각 호의 어느 하나에 해당하면 제29조에 따른 협동화실천계획의 승인을 취소하고 지원자금의 원리금을 회수할 수 있다.[47)]

i. 거짓이나 그 밖의 부정한 방법으로 협동화실천계획의 승인을 받은 경우

ii. 제29조에 따른 변경승인을 받지 아니하고 협동화실천계획을 변경하거나 중단한 경우

iii. 사업목적을 달성할 수 없거나 지원자금을 다른 목적으로 사용한 경우

② 중소기업청장이나 시·도지사는 제1항에 따라 협동화실천계획의 승인을 취소하려면 청문을 하여야 한다.

2) 협업사업

(1) 협업사업계획의 승인

① 협업사업[48)]을 수행하기 위하여 제 39조에 따른 지원을 받으려는 자는 다음 각 호의 사항을 포함한 협업사업계획을 수립하여 중소기업청장의 승인을 받아야 한다. 승인을 받은 자(이하 이 절에서 "승인사업자"라 한다)가 협업사업계획 중 대통령령으로 정하는 사항을 변경할 때에도 또한 같다.

---

47) 중소기업진흥에 관한 법률 제30조
48) 중소기업진흥에 관한 법률 제37조

ⅰ. 사업계획 목표

ⅱ. 참가업체와 추진주체의 명칭·주소 및 대표자의 성명

ⅲ. 사업내용과 실시기간

ⅳ. 참가업체가 제공한 설비·기술 등 경영자원

ⅴ. 자금조달 방법

② 제1항에 따른 사업계획 승인의 절차 등에 관하여 필요한 사항은 대통령령으로 정한다.

(2) 협업사업계획의 승인취소

① 중소기업청장은 승인사업자가 다음 각 호의 어느 하나에 해당하면 협업사업계획의 승인을 취소하거나 제39조에 따른 지원을 끝낼 수 있다. 다만, 제1호에 해당하면 승인을 취소하여야 한다.[49)]

ⅰ. 거짓이나 그 밖의 부정한 방법으로 협업사업계획의 승인을 받은 경우

ⅱ. 제37조제1항에 따른 변경승인을 받지 아니하고 협업사업계획을 변경한 경우

ⅲ. 휴업·폐업 또는 파산 등으로 6개월 이상 대통령령으로 정하는 기간 동안 협업사업을 하지 아니한 경우

② 중소기업청장은 제1항에 따라 협업사업계획의 승인을 취소하려면 청문을 하여야 한다.

(3) 협업사업의 지원

정부는 승인사업자가 원활하게 협업사업을 수행할 수 있도록 다음 각 호의 지원을 할 수 있다.[50)]

ⅰ. 협업자금 지원

49) 중소기업진흥에 관한 법률 제38조
50) 중소기업진흥에 관한 법률 제39조

ii. 정보제공

iii. 정보화 촉진

iv. 인력양성 및 지도·연수

v. 기술개발자금 출연 등

(4) 이행실적 조사

① 중소기업청장은 승인사업자의 협업사업계획 이행 여부와 실적 등에 대하여 조사할 수 있다.[51)]

② 제1항에 따른 이행실적 조사에 필요한 사항은 대통령령으로 정한다.

3) 입지 지원사업과 환경오염 저감(低減) 지원 사업

(1) 입지 지원 사업

중소기업청장은 중소기업에 대한 공장입지의 원활한 공급을 위하여 중소기업진흥공단이 관련 법률에서 정하는 바에 따라 다음 각 호의 입지 지원 사업을 행하게 할 수 있다.[52)]

i. 「산업입지 및 개발에 관한 법률」에 따른 산업단지개발사업

ii. 단지조성사업

iii. 「산업집적활성화 및 공장설립에 관한 법률」에 따른 지식산업센터의 건설사업

iv. 그 밖에 관련 법률에 따른 공장입지 관련 사업 중 대통령령으로 정하는 사업

(2) 환경오염 저감 지원 사업

중소기업청장은 중소기업의 사업 활동으로 발생하는 환경오염을 줄이기

---

51) 중소기업진흥에 관한 법률 제40조

52) 중소기업진흥에 관한 법률 제41조

위하여 제품 생산 공정을 저공해 공정으로 개선하고 환경오염 방지시설의 설치 등을 지원하는 환경오염 저감 지원 사업 실시할 수 있다.[53)]

4) 국제화 지원 사업 등

(1) 국제화 지원 사업

① 중소기업청장은 중소기업의 국제화에 필요한 기반 조성과 외국과의 산업기술능력에 관한 지원 사업 실시하여야 한다.[54)]

② 제1항에 따른 국제화 지원 사업에 필요한 사항은 대통령령으로 정한다.

(2) 생산시설의 해외이전 지원

정부는 중소기업자가 생산시설을 해외로 이전하려는 경우에는 다음 각 호의 지원을 하거나 지원에 관한 시책을 강구할 수 있다.[55)]

ⅰ. 「한국수출입은행법」 제18조에 따른 수출자금과 해외투자자금의 융자

ⅱ. 「대외경제협력기금법」 제3조에 따른 대외경제협력기금에서의 출자 및 융자

ⅲ. 「무역보험법」에 따른 해외투자보험의 지원

ⅳ. 제63조에 따른 중소기업창업 및 진흥기금에서의 융자

ⅴ. 제1호부터 제4호까지의 지원을 위하여 필요한 신용보증의 우선적 실시

ⅵ. 생산시설의 해외이전에 따른 정보제공

5) 중소기업의 경영안정 지원 등

(1) 경영정상화의 지원

① 중소기업청장은 다음 각 호의 사유로 상당수의 중소기업자가 경영상의

---

53) 중소기업진흥에 관한 법률 제42조
54) 중소기업진흥에 관한 법률 제58조
55) 중소기업진흥에 관한 법률 제59조

어려움을 겪고 있거나 겪을 우려가 있으면 중소기업의 경영정상화를 지원하기 위하여 필요한 조치를 할 수 있다.[56)]

ⅰ. 판매 부진, 일시적인 자금난 및 인력난 등으로 경영에 심각한 어려움이 있는 경우

ⅱ. 원자재의 확보가 곤란한 경우

ⅲ. 관련 기업의 노사분규로 휴업·폐업 또는 조업중단 등의 사태가 발생한 경우

② 중소기업청장은 제1항의 경우 필요하다고 인정할 때에는 관계 행정기관의 장에게 중소기업의 경영정상화를 위한 지원조치를 요청할 수 있다.

(2) 긴급경영안정지원계획의 수립·시행

① 중소기업청장은 특정지역에서 천재지변의 발생, 경제여건의 급격한 변화 등의 사유로 휴업이나 폐업을 하거나 조업을 중단하는 중소기업이 증가하거나 증가할 우려가 있으면 중소기업의 경영안정을 위한 긴급경영안정지원계획을 수립하여 시행할 수 있다.[57)]

② 제1항에 따른 긴급경영안정지원계획에는 다음 각 호의 사항이 포함되어야 한다.

ⅰ. 지원 지역

ⅱ. 지원 대상

ⅲ. 지원 기간

ⅳ. 자금·입지·인력지원 및 기술지도 등 관계 중앙행정기관별 지원 내용

ⅴ. 그 밖에 중소기업청장이 긴급경영안정지원을 위하여 필요하다고 인정하는 사항

③ 중소기업청장은 긴급경영안정지원계획을 수립하려는 경우에는 관계 중

---

56) 중소기업진흥에 관한 법률 제60조
57) 중소기업진흥에 관한 법률 제61조

앙행정기관의 장과 협의하여야 하며 관계 중앙행정기관의 장에게 지원계획 추진실적 제출을 요청할 수 있다.

5) 중소기업의 가업승계 지원

(1) 가업승계 지원

정부는 중소기업의 원활한 가업승계를 위하여 조세 관련 법률로 정하는 바에 따른 세제지원 등 필요한 지원을 할 수 있다.[58]

① 중소기업청장은 중소기업의 원활한 가업승계를 효율적으로 지원하기 위하여 중소기업지원 관련 기관이나 단체를 중소기업가업승계지원센터로 지정할 수 있다.

② 제1항에 따라 지정된 중소기업가업승계지원센터(이하 이 조에서 "지원센터"라 한다)의 업무는 다음 각 호와 같다.

i. 가업승계 계획의 수립 지원에 관한 사항

ii. 가업승계에 필요한 정보 제공, 교육 및 컨설팅 지원에 관한 사항

iii. 우수 승계기업 인증 및 포상에 관한 사항

iv. 외국 사례 등 가업승계 원활화를 위한 선진제도 발굴에 관한 사항

v. 그 밖에 가업승계에 대한 인식 제고 등 중소기업 가업승계 원활화를 위하여 중소기업청장이 위탁하는 사항

③ 정부는 지원센터의 운영에 사용되는 경비의 전부 또는 일부를 지원할 수 있다.

④ 지원센터의 지정기준, 지정절차 및 운영 등에 관하여 필요한 사항은 대통령령으로 정한다.

58) 중소기업진흥에 관한 법률 제62조의2

7) 중소기업창업 및 진흥기금

(1) 중소기업창업 및 진흥기금의 설치

정부는 중소기업의 창업 촉진, 산업의 균형 있는 발전과 산업기반의 구축, 경영 기반 확충 및 구조고도화에 필요한 재원을 확보하기 위하여 중소기업창업 및 진흥기금(이하 “기금”이라 한다)을 설치한다.[59]

(2) 기금의 조성 방법

① 기금은 다음 각 호의 재원으로 조성한다.[60]

i. 정부나 지방자치단체의 출연금 및 융자금

ii. 정부나 지방자치단체 외의 자의 출연금 및 융자금

iii. 제65조에 따른 채권의 발행으로 조성되는 자금과 「복권 및 복권기금법」 제23조제1항에 따라 배분된 복권 수익금

iv. 「공공자금관리기금법」에 따른 공공자금관리기금에서의 예수금(豫受金)

v. 기금의 운용으로 생기는 수익금

vi. 그 밖에 대통령령으로 정하는 수입금

② 정부는 회계연도마다 예산의 범위에서 출연금과 융자금을 세출예산에 포함시켜야 한다.

(3) 채권의 발행

① 중소기업진흥공단은 이사회의 의결을 거쳐 중소기업청장의 승인을 받아 기금의 부담으로 채권을 발행할 수 있다.[61]

② 중소기업청장은 제1항에 따른 채권 발행을 승인하려면 미리 기획재정

59) 중소기업진흥에 관한 법률 제63조
60) 중소기업진흥에 관한 법률 제64조
61) 중소기업진흥에 관한 법률 제65조

부장관과 협의하여야 한다.

③ 채권의 발행액은 적립된 기금의 20배를 초과할 수 없다.

④ 정부는 중소기업진흥공단이 발행하는 채권 원리금의 상환을 보증할 수 있다.

⑤ 채권의 소멸시효는 상환일부터 기산하여 원금은 5년, 이자는 2년으로 완성된다.

⑥ 제1항부터 제5항까지의 규정 외에 채권의 발행에 필요한 사항은 대통령령으로 정한다.

또한 중소기업진흥에 관한 법률 제66조의 기금의 운용과 관리에는 기금은 중소기업진흥공단이 운용· 관리한다. 이 때 기금 관리자는 법 제66조의2에 따른 기금운용계획에 따라 기금을 대출 등의 방법으로 운용할 수 있다.

(4) 기금운용계획안의 수립과 기금의 결산

① 중소기업진흥공단은 「국가재정법」 제66조에 따른 기금운용계획안을 수립하려는 경우 제71조에 따른 운영위원회의 심의를 거친 후 중소기업청장의 승인을 받아야 한다. 기금운용계획안이 국회에서 확정된 후 회계연도 중 이를 변경하려는 경우에도 또한 같다.[62]

② 중소기업진흥공단은 「국가재정법」 제73조에 따른 기금결산보고서를 작성하여 제1항의 운영위원회의 심의를 거쳐 매 회계연도가 지난 후 2개월 이내에 중소기업청장에게 제출하여야 한다.

③ 중소기업진흥공단은 회계연도마다 기금의 결산 결과 이익금이 생긴 경우에는 이월손실금의 보전에 충당하고, 나머지는 기금으로 적립하여야 한다.

④ 기금의 결산에서 손실금이 생긴 때에는 제3항의 적립금으로 보전하고 그 적립금이 부족한 때에는 정부가 이를 보전한다.

---

62) 중소기업진흥에 관한 법률 제66조의 2

(5) 기금의 사용 등

① 기금은 다음 각 호의 사업을 위하여 사용할 수 있다.[63)]

ⅰ.「중소기업창업 지원법」 제6조제1항에 따른 창업보육센터사업자와 입주자에 대한 자금 지원

ⅱ.「중소기업창업 지원법」 제10조에 따른 중소기업창업투자회사에 대한 투자 또는 융자

ⅲ.「중소기업창업 지원법」 제20조에 따른 중소기업창업투자조합에 대한 출자

ⅳ.「중소기업창업 지원법」 제31조에 따른 중소기업상담회사에 대한 자금 지원

ⅴ. 중소기업의 창업지원을 위하여 중소기업청장이 위탁하는 사업

ⅵ. 중소기업에 대한 자동화의 지원

ⅶ. 중소기업에 대한 정보화의 지원

ⅷ. 중소기업에 대한 기술개발 및 이업종 교류의 지원

ⅸ. 중소기업에 대한 사업전환의 지원

ⅹ. 중소기업제품의 국내외 판로 지원 및 연계 생산의 지원

ⅹⅰ. 중소기업에 대한 물류현대화의 지원

ⅹⅱ. 중소기업에 대한 협동화사업의 지원

ⅹⅲ. 중소기업에 대한 협업사업의 지원

ⅹⅳ. 중소기업에 대한 입지지원과 환경오염 줄이기를 위한 지원

ⅹⅴ. 중소기업에 대한 지도·연수사업과 전문기술인력의 양성

ⅹⅵ. 중소기업에 대한 국제화의 지원

ⅹⅶ. 중소기업에 대한 경영 정상화의 지원

---

63) 중소기업진흥에 관한 법률 제67조

xviii. 중소기업의 주식 및 사채의 인수

xix. 중소기업진흥공단의 시설의 설치 및 운영

xx. 중소기업진흥을 위하여 중소기업청장이 위탁하는 사업

xxi. 중소기업에 대한 필요한 시설의 대여 및 관련 정보의 수집, 보급, 조사 및 연구

xxii. 「지역균형개발 및 지방중소기업 육성에 관한 법률」 제44조에 따른 지방중소기업육성관련기금의 조성지원 등 지방중소기업의 육성

xxii의2. 「산업발전법」 제28조 각 호에 따른 사업

xxii의3. 「소기업 및 소상공인 지원을 위한 특별조치법」 제10조의9제1항 각 호에 따른 사업

xxiii. 제6호부터 제21호까지의 사업에 대한 출자 또는 출연

xxiv. 제1호부터 제21호까지의 사업에 딸린 사업

③ 제1항 각 호의 사업을 수행하기 위하여 필요하면 관련 중소기업자나 단체 등에 대하여 기금에서 보조금을 지급할 수 있다.

④ 기금의 운영·관리와 기금에서 지급할 보조금에 필요한 사항은 대통령령으로 정한다.

3장 중소기업의 창업 및 육성

1절 중소기업 창업 지원 (중소기업창업지원법)

1. 총칙

1) 목적과 용어의 정리

이 법은 중소기업의 설립을 촉진하고 성장 기반을 조성하여 중소기업의 건전한 발전을 통한 건실한 산업구조의 구축에 기여함을 목적으로 한다.[64]

2) 용어의 정의

중소기업창업법 제2조 용어의 정리에 나타난 용어를 정리해보면, 그 용어의 뜻은 다음과 같다.[65]

ⅰ. "창업"이란 중소기업을 새로 설립하는 것을 말한다. 이 경우 창업의 범위는 대통령령으로 정한다.

ⅱ. "창업자"란 중소기업을 창업하는 자와 중소기업을 창업하여 사업을 개시한 날부터 7년이 지나지 아니한 자를 말한다. 이 경우 사업 개시에 관한 세부 사항은 대통령령으로 정한다.

iii. "중소기업"이란 중소기업기본법 제2조에 따른 중소기업을 말한다.

iv. "중소기업창업투자회사"란 창업자에게 투자하는 것을 주된 업무로 하는 회사로서 제10조에 따라 등록한 회사를 말한다.

ⅴ. "중소기업창업투자조합"이란 창업자에게 투자하고 그 성과를 배분하는

---

64) 중소기업창업지원법 1조
65) 중소기업창업지원법 2조

것을 주된 목적으로 하는 조합으로서 제20조에 따라 등록한 조합을 말한다.

vi. "중소기업상담회사"란 중소기업의 사업성 평가 등의 업무를 하는 회사로서 제31조에 따라 등록한 회사를 말한다.

vii. "창업보육센터"란 창업의 성공 가능성을 높이기 위하여 창업자에게 시설·장소를 제공하고 경영·기술 분야에 대하여 지원하는 것을 주된 목적으로 하는 사업장을 말한다.

(1) 창업의 범위에서 아래사항들은 창업에서 제외한다.[66)]

① ⅰ. 타인으로부터 사업을 승계하여 승계 전의 사업과 같은 종류의 사업을 계속하는 경우. 다만, 사업의 일부를 분리하여 해당 기업의 임직원이나 그 외의 자가 사업을 개시하는 경우로서 지식경제부령으로 정하는 요건에 해당하는 경우는 제외한다.

ⅱ. 개인사업자인 중소기업자가 법인으로 전환하거나 법인의 조직변경 등 기업형태를 변경하여 변경 전의 사업과 같은 종류의 사업을 계속하는 경우

iii. 폐업 후 사업을 개시하여 폐업 전의 사업과 같은 종류의 사업을 계속하는 경우

② 제1항 각 호에 따른 같은 종류의 사업의 범위는 「통계법」 제22조제1항에 따라 통계청장이 작성·고시하는 한국표준산업분류(이하 "한국표준산업분류"라 한다)상의 세분류를 기준으로 한다. 이 경우 기존 업종에 다른 업종을 추가하여 사업을 하는 경우에는 추가된 업종의 매출액이 총 매출액의 100분의 50 미만인 경우에만 같은 종류의 사업을 계속하는 것으로 본다.

③ 제2항 후단에 따른 추가된 업종의 매출액 또는 총 매출액은 추가된 날이 속하는 분기의 다음 2분기 동안의 매출액 또는 총 매출액을 말한다.

66) 중소기업창업지원법 시행령 제2조

(2) 창업 개시일

사업의 개시일은 다음 각 호와 같다.[67]

i. 창업자가 법인이면 법인설립등기일

ii. 창업자가 개인이면 「부가가치세법」 제5조제1항에 따른 사업개시일. 다만, 법 제33조에 따른 사업계획의 승인을 받아 사업을 개시하는 경우에는 「부가가치세법」 제5조제1항에 따른 사업자등록일

(3) 창업에서 제외되는 업종

법 제3조 단서에서 "대통령령으로 정하는 업종"이란 다음 각 호의 어느 하나에 해당하는 업종[68]을 말한다. 이 경우 업종의 분류는 한국표준산업분류를 기준으로 한다.

i. 금융 및 보험업

ii. 부동산업

iii. 숙박 및 음식점업(호텔업, 휴양콘도 운영업 및 상시근로자 20명 이상의 법인인 음식점업은 제외한다)

iv. 무도장운영업

v. 골프장 및 스키장운영업

vi. 기타 갬블링 및 베팅업

vii. 기타 개인 서비스업(산업용 세탁업은 제외한다)

viii. 그 밖에 제조업이 아닌 업종으로서 지식경제부령으로 정하는 업종

3) 적용 범위

이 법은 창업에 관하여 적용한다. 다만, 금융 및 보험업과 부동산업 등 대

---

67) 중소기업창업지원법 시행령 제3조
68) 중소기업창업지원법 시행령 제4조

통령령으로 정하는 업종의 중소기업에 대하여는 적용하지 아니한다.[69)]

2. 정부의 책무 및 지원

1) 창업지원계획의 수립 등

① 중소기업청장은 창업을 촉진하고, 창업자의 성장·발전을 위한 중소기업 창업지원계획을 세워 고시하여야 한다.[70)]

② 정부는 창업자 및 대통령령으로 정하는 창업지원에 관한 사업을 하는 에 대하여 필요한 자금을 투자·출연·보조·융자하거나 그 밖에 필요한 지원을 할 수 있다.

③ 중소기업청장은 제1항의 창업지원계획을 수립하기 위하여 관계 중앙행정기관의 장 및 지방자치단체의 장에게 관련 자료의 제공을 요청할 수 있다.

2) 창업촉진사업의 추진

① 중소기업청장은 중소기업의 창업을 촉진하고 창업자의 창업 성공률을 향상시키기 위하여 다음 각 호의 사업을 추진할 수 있다.[71)]

ⅰ. 유망한 예비창업자(중소기업을 창업하려는 자를 말한다. 이하 이 조에서 같다)의 발굴·육성 및 그에 대한 지원

ⅱ. 창업자의 우수한 아이디어 사업화에 대한 지원

ⅲ. 그 밖에 창업교육 및 창업 기반시설 확충 등 대통령령으로 정하는 사업

② 중소기업청장은 제1항에 따른 사업을 추진하기 위하여 필요하다고 인정하는 경우에는 예산의 범위에서 대학, 연구기관, 공공기관, 창업 관련 단체,

69) 중소기업창업지원법 제3조
70) 중소기업창업지원법 제4조
71) 중소기업창업지원법 제4조의2

중소기업 및 예비창업자에게 해당 사업을 수행하는 데에 드는 비용의 전부 또는 일부를 출연하거나 보조할 수 있다.

③ 제2항에 따른 출연 및 보조의 절차 및 방법 등에 관한 사항은 대통령령으로 정한다.

3) 창업 정보의 제공

정부는 창업자에 대하여 창업 및 중소기업의 성장과 발전에 필요한 자금, 인력, 기술, 판로, 입지 등에 관한 정보를 제공하기 위하여 필요한 시책을 강구하여야 한다.[72]

4) 창업보육센터사업자의 지정 등

① 창업보육센터를 설립·운영하는 자(설립·운영하려는 자를 포함한다. 이하 "창업보육센터사업자"라 한다)로서 이 법에 따른 지원을 받으려는 자는 다음 각 호의 요건을 갖추어 중소기업청장의 지정을 받아야 한다.[73]

ⅰ. 다음 각 목의 시설을 갖출 것

ⅰ) 창업자가 이용할 수 있는 시험기기나 계측기기 등의 장비

ⅱ) 10인 이상의 창업자가 사용할 수 있는 500제곱미터 이상의 시설

ⅱ. 경영학 분야의 박사학위 소지자, 「변호사법」에 따른 변호사, 그 밖에 대통령령으로 정하는 전문인력 중 2명 이상을 확보할 것

ⅲ. 창업보육센터사업을 수행하기 위한 사업계획 등이 지식경제부령으로 정하는 기준에 맞을 것

② 국가나 지방자치단체는 「국유재산법」, 「공유재산 및 물품 관리법」, 그 밖의 다른 법령의 규정에도 불구하고 창업보육센터에 입주한 자에게 국·공유

---

72) 중소기업창업지원법 제5조
73) 중소기업창업지원법 제6조

재산의 임대료를 대통령령으로 정하는 바에 따라 감면할 수 있다.

5) 창업교육 등

① 법 제7조에는 중소기업청장은 창업 저변을 확충하기 위하여 청소년, 대학생 및 창업자 등에게 창업 교육을 할 수 있다.

② 법 제8조에는

ⅰ. 중소기업청장은 고등교육법 제29조 1항에 따른 대학원 중에서 창업 분야 전문인력 양성을 목적으로 하는 대학원(이하 "창업대학원"이라 한다)을 지정하여 예산의 범위에서 그 운영 등에 필요한 경비를 출연하거나 그 밖에 필요한 지원을 할 수 있다.

ⅱ. 중소기업청장은 창업대학원의 지정·지원 등에 관하여 필요한 사항을 고시하여야 한다.

③ 법 제9조에는「중소기업진흥에 관한 법률」제63조에 따른 중소기업창업 및 진흥기금(이하 "중소기업창업 및 진흥기금"이라한다)을 관리하는 자는 중소기업창업투자회사 또는 중소기업창업투자조합에 대하여 중소기업창업 및 진흥기금을 지원할 때 투자 실적 등이 대통령령으로 정하는 기준에 해당하는 자에게 먼저 지원할 수 있다.

3. 창업 절차 등

1) 계획의 승인

① 창업자는 대통령령으로 정하는 바에 따라 사업계획을 작성하고, 이에 대한 시장·군수 또는 구청장(자치구의 구청장만을 말한다. 이하 같다)의 승인을 받아 사업을 할 수 있다.[74]

② 시장·군수 또는 구청장은 제1항에 따른 사업계획의 승인을 할 때에는 그 공장의 건축면적이 「산업집적활성화 및 공장설립에 관한 법률」 제8조에 따른 기준공장면적률에 적합하도록 하여야 한다.

③ 시장·군수 또는 구청장은 제1항에 따른 사업계획의 승인 신청을 받은 날부터 20일 이내에 승인 여부를 알려야 한다. 이 경우 20일 이내에 승인 여부를 알리지 아니한 때에는 20일이 지난날의 다음 날에 승인한 것으로 본다.

④ 중소기업청장은 창업에 따른 절차를 간소화하기 위하여 제1항에 따른 사업계획 승인에 관한 업무를 처리할 때 필요한 지침을 작성하여 고시할 수 있다.

2) 사전 협의

① 창업자는 제33조제1항에 따른 사업계획의 승인을 신청하기 전에 시장·군수 또는 구청장에게 사업계획의 승인 가능성 등에 관하여 사전 협의를 요청할 수 있다.[75)]

② 제1항에 따른 사전 협의 절차 등에 필요한 사항은 대통령령으로 정한다.

3) 다른 법률과의 관계

제33조제1항에 따라 사업계획을 승인할 때 다음 각 호의 허가, 인가, 면허, 승인, 지정, 결정, 신고,해제 또는 용도폐지(이하 이 조에서 "허가등"이라 한다)에 관하여 시장·군수 또는 구청장이 제4항에 따라 다른 행정기관의 장과 협의를 한 사항에 대해서는 그 허가등을 받은 것으로 본다.[76)]

---

74) 중소기업창업지원법 제33조
75) 중소기업창업지원법 제34조
76) 중소기업창업지원법 제35조

4) 법령 제정·개정 시의 협의

관계 행정기관의 장은 제33조에 따른 사업계획의 승인, 창업자의 공장에 대한 건축법 제11조 2항의 건축허가나 같은 법 제 22조1항사용승인과 관련되는 사항을 법령으로 제정하거나 개정하려면 미리 중소기업청장과 협의하여야 한다.[77)]

5) 사업계획 승인의 취소 등

① 시장·군수 또는 구청장은 사업계획의 승인을 받은 자가 다음 각 호의 어느 하나에 해당하면 사업계획의 승인과 공장 건축허가를 취소하거나 해당 토지의 원상회복을 명령할 수 있다.[78)]

ⅰ. 사업계획의 승인을 받은 날부터 대통령령으로 정하는 기간이 지난 날까지 공장의 착공을 하지 아니하거나 공장착공 후 대통령령으로 정하는 기간 이상 공사를 중단한 경우

ⅱ. 사업계획의 승인을 받은 공장용지를 공장착공을 하지 아니하고 다른 사람에게 양도한 경우

ⅲ. 사업계획의 승인을 받은 공장용지를 다른 사람에게 임대하거나 공장이 아닌 용도로 활용하는 경우

ⅳ. 사업계획의 승인을 받은 후 대통령령으로 정하는 기간이 지난 날까지 공장 건축을 끝내지 아니한 경우

② 시장·군수 또는 구청장은 제1항에 따른 원상회복명령을 위반하여 원상회복을 하지 아니하면 대집행(代執行)에 따라 원상회복을 할 수 있다.

③ 제2항에 따른 대집행의 절차에 관하여는 「행정대집행법」을 적용한다.

---

77) 중소기업창업지원법 제36조
78) 중소기업창업지원법 제37조

④ 시장·군수 또는 구청장은 제1항에 따라 사업계획의 승인을 취소하려면 청문을 하여야 한다.

6) 창업민원처리기구의 설치

① 정부는 민원인의 편의를 위하여 특별시·광역시·도·특별자치도 또는 시·군·구의 창업에 관련된 민원을 종합적으로 접수하여 처리할 수 있는 기구(이하 이 조에서 "중소기업창업민원실"이라 한다)를 설치할 수 있다.[79)]
② 중소기업창업민원실의 설치 및 운영에 필요한 사항은 대통령령으로 정한다.

7) 창업진흥전담조직의 설치

① 중소기업청장은 창업을 촉진하기 위한 업무를 전담하는 조직(이하 이 조에서 "전담조직"이라 한다)을 설치할 수 있다.[80)]
② 제1항에 따른 전담조직의 설치 및 운영 등에 필요한 사항은 대통령령으로 정한다.

8) 청년기업가정신 재단법인에 대한 출연 등

중소기업청장 은「민법」제32조에 따라 중소기업청장의 설립허가를 받은 비영리법인으로서 청년 및 예비창업자 등을 대상으로 도전정신, 창의력, 혁신역량 등(이하 이 조에서 "기업가정신"이라 한다)을 함양하기 위하여 다음 각 호의 사업을 주요 목적으로 하는 재단법인에 대하여 예산의 범위에서 출연 또는 보조할 수 있다.[81)]

---

79) 중소기업창업지원법 제38조
80) 중소기업창업지원법 제39조
81) 중소기업창업지원법 제39조의2

ⅰ. 기업가정신 활성화 사업의 기획, 개발 및 연구

ⅱ. 기업가정신의 실태조사 및 통계 구축 및 운영

ⅲ. 청년 및 예비창업자 등을 대상으로 하는 기업가정신 교육과정과 교재의 개발 및 보급, 교육사업의 관리·운영 지원

ⅳ. 기업가정신 모범사례의 발굴 및 전파 등 기업가정신을 확산하기 위한 분위기 조성사업

ⅴ. 기업가정신 저해요인의 발굴·해소 및 재창업 여건 확충

ⅵ. 그 밖에 기업가정신의 함양 및 확산을 위하여 중소기업청장이 지정, 위탁하는 사업

9) 부담금의 면제

①「통계법」 제22조제1항에 따라 통계청장이 작성·고시하는 한국표준산업분류상의 제조업을 영위하기 위하여 중소기업을 창업하는 자에 대하여 사업을 개시한 날부터 3년 동안 다음 각 호의 부담금을 면제한다.[82)]

ⅰ.「지방자치법」 제138조에 따른 분담금

ⅱ.「농지법」 제38조제1항에 따른 농지보전부담금

ⅲ.「초지법」 제23조제6항에 따른 대체초지조성비

ⅳ.「전기사업법」 제51조제1항에 따른 부담금

ⅴ.「대기환경보전법」 제35조제1항제2호의 기본부과금(대기오염물질배출량의 합계가 연간 10톤 미만인 사업장에 한한다)

ⅵ.「수질 및 수생태계 보전에 관한 법률」 제41조제1항제1호의 기본배출부과금(1일 폐수배출량이 200㎥ 미만인 사업장에 한한다)

ⅶ.「자원의 절약과 재활용촉진에 관한 법률」 제12조제2항에 따른 폐기물부담금(연간 매출액이 20억원 미만인 제조업자에 한한다)

---

82) 중소기업창업지원법 제39조의3

ⅷ.「한강수계 상수원수질개선 및 주민지원 등에 관한 법률」 제19조제1항에 따른 물이용부담금

ⅸ.「금강수계 물관리 및 주민지원 등에 관한 법률」 제30조제1항에 따른 물이용부담금

ⅹ.「낙동강수계 물관리 및 주민지원 등에 관한 법률」 제32조제1항에 따른 물이용부담금

ⅺ.「영산강·섬진강수계 물관리 및 주민지원 등에 관한 법률」 제30조제1항에 따른 물이용부담금

② 제1항에 따른 부담금 면제의 절차 및 방법 등에 관하여 필요한 사항은 대통령령으로 정한다.

10) 사업분리에 의한 창업시 공장등록 특례

법인세법 제1조제1호에 따른 내국법인(이하 이 조에서 "내국법인"이라 한다)이 하는 사업의 일부를 분리하여 사업을 개시하는 중소기업이 다음 각 호의 요건을 모두 갖춘 경우에는 부가가치세법 제5조에 따라 발급받은 사업자등록증은 사업을 개시한 날부터 2년 동안 산업집적활성화 및 공장설립에 관한 법률 제16조에 따라 공장등록을 하였음을 증명하는 서류로 본다.[83)]

ⅰ. 내국법인의 임직원이었던 자가 대표자, 최대주주 또는 최대출자자일 것

ⅱ. 내국법인과 사업의 분리에 관한 계약 및 그 내국법인의 공장 전부 또는 일부의 공동사용에 관한 계약을 서면으로 체결할 것

11) 재택창업지원시스템 설치·운영

① 중소기업청장은 전자정부법 제2조 제10호에 따른 정보통신망을 통하여 회사를 설립할 수 있는 시스템(이하 이 조에서 "재택창업지원시스템"이라 한

---

83) 중소기업창업지원법 제39조의4

다)을 설치·운영할 수 있다.[84)]

② 관계 중앙행정기관 및 관련 기관은 재택창업지원시스템을 통한 창업 절차가 원활하게 진행될 수 있도록 해당 기관의 소관 업무를 신속하게 처리하는 등 협조하여야 한다.

③ 중소기업청장은 예산의 범위에서 관계 중앙행정기관 및 관련 기관이 재택창업지원시스템에 연계되는 개별 시스템을 운영하는 데에 드는 비용의 전부 또는 일부를 지원할 수 있다.

④ 제2항 및 제3항에서 규정한 사항 외에 재택창업지원시스템의 설치·운영에 필요한 절차 및 방법 등에 관한 사항은 대통령령으로 정한다. 우리나라의 중소기업청에서 2012년 창업지원사업 관련된 자료[85)]를 발표하였는데 (여기서는 그 일부만 발췌 수록), 이로서 정부의 창업의지를 엿볼 수 있다.

---

84) 중소기업창업지원법 제39조의5
85) [중소기업청 공고 제2011-263호] 2011.12.30. 요약 발췌

-참고자료3-

(별첨 2) [중소기업청 공고 제2011-263호]

아이디어가 현실로! 당당히 도전하십시오!

예비창업자의 창업을 돕고 창업 초기기업의 성공률 제고를 위해 『2012년도 창업지원사업 지원계획』을 다음과 같이 공고하오니 번득이는 창업아이디어로 성공 창업의 꿈을 실현하고자 하는 분의 많은 참여를 바랍니다.

2011년 12월 30일

중소기업청장

I. 전체 사업현황

NO	사 업 명	모집구분		'12년 예산 (억원)
		지원대상	주관(수행)기관	
1	창업선도대학육성사업	예비창업자 및 창업기업	대학	200
2	대학창업교육패키지사업	-	대학	80
3	청소년비즈쿨지원사업	초·중·고등학생	초·중·고등학교	50
4	기술창업아카데미	예비창업자 및 1년 이내 창업기업	대학·연구기관 등	25
5	실전창업리그 『슈퍼스타 V』	예비창업자 등	창업진흥원	17
6	예비기술창업자육성사업	예비창업자 및 1년 이내 창업기업	대학·연구기관 등	162
7	청년창업사관학교	예비창업자 및 3년 이내 창업기업	중소기업진흥공단	152
8	제조기반창업아이템상품화지원	예비창업자 및 1년 이내 창업기업	창업진흥원	26
9	선도벤처연계기술창업지원	예비창업자 및 1년 이내 창업기업	벤처기업협회	45
10	연구원특화형예비창업자육성	연구원 예비창업자(팀)	창업진흥원	22
11	맞춤형창업사업화지원	예비창업자 및 1년 이내 창업기업	대학·연구기관 등	300
12	글로벌청년창업활성화	청년 예비창업자 및 청년 창업기업	창업진흥원 등	31
13	창업보육센터지원(제주포함)	-	대학·연구기관 등	267
14	BI입주기업경쟁력강화	창업보육센터 입주기업	창업진흥원	40
15	신기술창업집적지역지원사업	-	대학·연구기관 등	14
16	창업초기기업육성자금(융자)	예비창업자 및 5년 미만 중소기업	중소기업진흥공단	11,000
17	시니어창업육성지원사업	만 40세 이상 남녀	소상공인진흥원	67.48

18	1인창조기업비즈니스센터	1인 창조기업 및 예비 1인 창업기업	지자체·법인 등	40
19	지식거래조건부사업화지원	1인 창조기업	창업진흥원	50
20	앱창작터	예비 1인 창업기업	대학 등	75
21	글로벌앱지원센터	1인 창조기업	한국생산성본부	10
22	참살이서비스기업육성	예비 1인 창업기업	대학·지자체 등	18
		계		12,691.48

II. 세부사업별 지원계획

1. 창업선도대학육성사업

가. (사업내용) 대학發 창업지원사업의 '선택과 집중'을 대폭 강화하여, 창업교육 패키지 지원, 예비기술창업자 육성 등 창업과정 전반에 걸친 프로그램을 일괄 지원함으로써 지역 거점별 창업선도대학을 육성

나. (2012년 예산) 200억원

다. (지원내용) 예비기술창업자 육성사업+대학 창업교육패키지 사업 등 창업지원 사업을 일괄지원(15개 대학, 대학당 최대 30억원 한도)

○ 세부 지원내용 : [1] 예비기술창업자 육성, [2] 창업교육 패키지(창업강좌, 창업동아리, 기술창업 아카데미, 창업전담 상담인력, 지역 창업경진대회) 등

라. (신청자격) 고등교육법 제2조의 각 호에 해당되는 대학 및 특정연구육성법 제2조에 해당하는 기관 중 교육기능을 수행하는 기관 등

마. (신청기간) 2012년 1월~2월 중

바. (신청방법) 창업지원온라인관리시스템(startbiz.changupnet.go.kr) 접수

사. (주관기관) 창업진흥원

연락처	창업진흥원 (042-480-4352, 4353, 4356)

2. 대학창업교육패키지사업

가. (사업내용) 대학의 창업강좌 지원사업, 창업동아리 우수아이템 개발비 지원사업, 창업전담인력 지원사업을 패키지로 일괄지원

나. (2012년 예산) 80억원

다. (지원내용) 창업동아리·강좌 지원, 창업전담인력 인건비 지원 등

라. (신청자격) 고등교육법 제2조의 각 호에 해당되는 대학 및 특정연구육성법 제2조에 해당하는 기관 중 교육기능을 수행하는 기관 등

※ 고등교육법 제24조에 의해 설립인가를 받은 분교도 신청 가능

마. (신청기간) 2012년 1월~2월 중

바. (신청방법) 창업지원온라인관리시스템(startbiz.changupnet.go.kr) 접수

사. (주관기관) 창업진흥원

연락처	창업진흥원 (042-480-4353, 042-480-4357)

3. 예비기술창업자육성사업

가. (사업내용) 대학·연구기관을 주관기관으로 지정하여 예비기술창업자의 창업 준비 활동(창업교육, 제품개발 및 재료 구입, 기술지도 등)을 지원

나. (2012년 예산) 162억원(창업선도대학 포함시 362억원)

다. (지원내용) 회사설립, 시제품 제작, 마케팅 등에 소요되는 비용을 총사업비의 70% 한도 내에서 최대 5천만 원까지 지원

* 예비창업자 또는 주관기관은 현금 또는 현물로 부담(예비창업자는 총사업비의 10% 이상을 현금으로 부담하되, 대학생은 5% 이상을 부담)

※ 자세한 내용은 추후 별도로 공지(예정)

라. 주관기관 모집 ☞ 별도 모집 공고 예정

마. 예비창업자 모집 ☞ 주관기관 선정 이후 별도 모집 공고 예정

연락처	창업진흥원 (042-480-4341~4)

4. 청년창업사관학교

가. (사업내용) 청년창업자를 선발하여 창업계획 수립부터 사업화까지 창업의 全 과정을 일괄 지원하여 젊고 혁신적인 청년창업CEO양성

나. (2012년 예산) 152억원

다. (지원내용) 1년간 최대 100백만 원 이내, 총 사업비의 70% 이내

○ 세부내용 : 창업공간, 창업코칭(전담교수 1 : 1배치), 창업교육, 기술지원(기술 및 장비), 사업비지원(창업활동비, 시제품제작비 등), 연계지원(투·융자 등)

※ 청년창업자는 총 사업비의 5% 이상을 현금으로, 25%이하를 현물(주관기관 현물포함)로 부담하고, 계획된 사업화 목표 달성을 추진

라. (신청자격) 만 39세 이하*로 고용 및 부가가치 창출이 높은 기술집약업종(제조업 및 지식서비스업) 창업을 준비 중인 예비창업자 또는 창업 3년 미만 기업의 대표자

※ 단, 신청과제의 특허보유, 대학·연구기관의 기술이전, 대기업·벤처기업·이노비즈기업의 분사창업(예비창업자만 해당)인 경우는 신청연령 제한 없음

마. (신청기간)

- 1차 접수 : 2012. 1. 4(수) ~ 1. 31(화)
- 2차 접수 : 2012. 2. 1(수) ~ 2. 20(월)

※ 1차 선정 확정 후, 잔여예산 범위 내 2차 선정

바. (신청방법) 창업지원온라인관리시스템(startbiz.changupnet.go.kr) 접수

사. (주관기관) 중소기업진흥공단

연 락 처	중소기업진흥공단 청년창업사관학교(031-490-1372,3)

5. 맞춤형창업사업화지원

가. (사업내용) 수요자 선택방식*을 통해 창업수요자에게 지원 분야 및 주관기관의 선택권을 부여하여 사업화를 지원

※ 예비창업자가 수요 및 접근성 등을 감안, 지원 사업과 주관기관을 스스로 선택

나. (2012년 예산) 300억원

다. (지원내용) 지원분야에 따라 40백만 원~100백만 원

- ○ 세부 지원내용 : 맞춤연계(4개 창업분야), 신설사업(2개 창업분야), 총 6개 창업분야

<창업 맞춤형 지원표 구성(안)>

창업분야			맞춤사업	비고
기술특화			①예비기술창업자육성사업	맞춤연계
아이디어특화	지식분야		②아이디어상업화지원사업(지식서비스)	맞춤연계
	제조업분야	⇨	③제조기반 창업아이템 상품화 지원사업	맞춤연계
교육특화	입소형		④청년창업사관학교(안산연수원)	맞춤연계
	준입소형		⑤청년창업사관학교(2개 지방연수원)	신설
창업성과 특화			⑥유망창업자 집중육성 지원사업	신설

※ 창업분야별 지원 금액은 기존 사업의 특성 등을 고려하여 지원금액 및 인원 조정

※ 자세한 내용은 추후 공고 예정

라. (신청자격) 예비창업자, 창업 후 1년 이내 기업

※ 단, 창업분야에 따라 일부 신청자격이 다를 수 있음

마. (신청기간) 추후 별도 공고

바. (신청방법) 창업지원온라인관리시스템(startbiz.changupnet.go.kr) 접수

사. (주관기관) 창업진흥원, 창업선도대학(15개) 및 '12년 예비기술창업자육성사업, 아이디어상업화지원사업 선정 주관기관, 청년창업사관학교 등

연락처	창업진흥원 (042-480-4345~7)

6. 창업보육센터지원

가. (사업내용) 창업보육센터 신규 또는 확장건립에 소요되는 건립비 및 창업보육센터 운영에 필요한 운영비 일부를 지원

나. (2012년 예산) 267억원

다. (지원내용) 신규 또는 확장 건립비와 운영비를 구분하여 지원

- ○ 건립비 : 전체 사업비의 70% 범위(30억원 한도)내에서 지원하고 나머지 비용은 사업자가 부담
- ※ 건립비 사업자 부담금은 현금부담을 원칙으로 함(기존 건물 개·보수를 통한 확장건립의 경우 감정평가액을 사업자 부담금의 50%까지 인정)

- ○ 운영비 : 창업보육센터 운영평가 결과에 따라 차등 지원

라. (신청대상) 「중소기업창업 지원법」 제6조제1항에 따라 중소기업청으로부터 창업보육센터사업자로 지정받은 자

- ※ 신규 건립신청 대상의 경우 중기청 창업보육센터사업자 지정과 동시에 지원

마. (신청기간) 2012년 1월 중 별도 공고

바. (신청방법) 우편 또는 방문 접수

사. (접 수 처) 소재지 지방중소기업청(제주지역은 제주특별자치도)

아. (기타사항) 세부사항은 중기청 홈페이지(www.smba.go.kr) 정책마당 또는 BI-Net(www.bi.go.kr) 참고

연락처	지방중소기업청

7. 창업초기기업육성자금(융자)

가. (사업내용) 우수한 기술력과 사업성은 있으나 자금력이 부족한 중소·벤처기업의 창업자금(융자)을 지원

나. (2012년 예산) 1.1조원(융자)

※ 만 39세 이하 청년전용창업자금은 별도 기준에 따라 운용

다. (신청대상) 중소기업 창업지원법시행령 제3조의 규정에 의한 사업 개시일로부터 5년 미만인 중소기업 및 창업을 준비 중인 자

라. (융자범위) 시설(생산설비 등에 소요되는 자금) 및 운전자금(제품생산 비용 및 기업경영 등에 소요되는 자금)

마. 융자조건

- ○ (대출금리) 변동금리 적용 (공공자금관리기금 대출금리에서 0.45%p 차감)
- ○ (대출기간) 시설자금은 8년 이내(거치기간 3년 이내 포함), 운전자금은 5년 이내(거치기간 2년 이내 포함)
- ○ (대출한도) 업체당 연간 30억원(운전자금은 5억원)

※ 단, 20억원 이상 시설투자 기업의 운전자금은 7억원

바. (접수기간) 매월 1~5일 중 자금 소진시까지 접수

사. (접 수 처) 중소기업진흥공단 지역본부 및 지부

※ 중소기업진흥공단 직접대출 또는 금융기관을 통한 대리대출 실시

2절 벤처기업육성 (벤처기업육성에 관한 특별조치법)

1. 총칙

1) 목적

이 법은 기존 기업의 벤처기업으로의 전환과 벤처기업 의 창업을 촉진하여 우리 산업의 구조조정을 원활히 하고 경쟁력을 높이는 데에 기여하는 것을 목적으로 한다.

2) 벤처기업의 요건

벤처기업은 다음 각 호의 요건을 갖추어야 한다.[86]

ⅰ. 「중소기업기본법」상의 중소기업(이하 "중소기업"이라 한다)일 것

ⅱ. 다음 각 목의 어느 하나에 해당할 것

벤처기업육성에 관한 특별조치법 시행령 제2조의3(벤처기업의 요건) 등에서는 다음과 같이 규정하고 있다.

① 중소기업 창업지원법상의 중소기업 창업투자회사 등이 해당 기업에 대하여 투자를 한 금액의 합계가 5천만 원 이상으로서, 기업의 자본금 중 투자금액의 합계가 차지하는 비율이 100분의 10(「문화산업진흥 기본법」 법인이면 자본금의 100분의 7) 이상을 말한다.[87]

② 다만, 창업 후 3년이 지나지 아니한 기업에 대하여는 제2호를 적용하지 아니한다.

ⅰ. 연간 연구개발비가 5천만 원 이상일 것

ⅱ. 연간 총매출액에 대한 연구개발비의 합계가 차지하는 비율이 100분의

86) 벤처기업육성에 관한 특별조치법 제2조의2
87) 벤처기업육성에 관한 특별조치법 시행령 제2조의 3

5 이상으로서 중소기업청장이 업종별로 정하여 고시하는 비율 이상일 것

③ 벤처기업에 해당하는지에 관하여 연간 연구개발비와 연간 총매출액의 적용기준의 확인을 요청한 경우에는, 그 요청한 날이 속하는 분기의 직전 4개 분기의 연구개발비와 총매출액

④ 벤처기업육성에 관한 특별조치법 제2조의2제1항제2호다목(2)에서 "대통령령으로 정하는 기준"이란 다음 각 호의 기준을 말한다. 다만, 창업 후 1년이 지나지 아니한 기업에는 제1호의 기준을 4천만 원으로 하고, 제2호의 기준을 적용하지 아니하며, 보증 또는 대출금액(결정된 보증 가능금액 또는 대출 가능금액을 포함한다. 이하 이 항에서 같다)이 10억 원 이상인 기업에는 제2호의 기준을 적용하지 아니한다.

i. 보증 또는 대출금액이 8천만 원 이상일 것

ii. 기업의 총자산에 대한 보증 또는 대출금액의 비율이 100분의 5 이상일 것

3) 벤처기업 대상에서 제외되는 업종

벤처기업 대상에서 제외되는 업종은 중소기업청 고시 제2010-19호[88] 의 별표1에 나타난 바와 같이 숙박 및 음식점업, 부동산업 및 임대업, 오락업 및 문화업, 공공, 수리 및 기타 서비스업 등으로 분류하고 있다.

2. 벤처기업 육성기반의 구축

1) 자금공급의 원활화

(1) 벤처기업에 대한 기금의 투자 등

「국가재정법」에 따른 기금으로서 대통령령으로 정하는 기금을 관리하는

88) 2010년 4월 28일 중소기업청장 [벤처기업 확인요령] 참조

(표9)

[별표1] 벤처기업 대상에서 제외되는 업종

업종분류	코드번호(세세분류)	업 종
숙박 및 음식점업	55112	여관업
	55113	휴양콘도 운영업
	55119	기타 관광숙박시설 운영업
	55909	그외 기타 숙박업
	56111	한식 음식점업
	56112	중식 음식점업
	56113	일식 음식점업
	56114	서양식 음식점업
	56120	기관구내식당업
	56119	기타 외국식 음식점업
	56131	출장 음식 서비스업
	56192	피자, 햄버거, 샌드위치 및 유사 음식점업
	56193	치킨 전문점
	56194	분식 및 김밥 전문점
	56132	이동 음식업
	56199	그외 기타 음식점업
	56211	일반유흥 주점업
	56212	무도유흥 주점업
	56219	기타 주점업
	56191	제과점업
	56220	비알콜 음료점업
부동산업 및 임대업	68111	주거용건물임대업
	68112	비주거용건물임대업
	68119	기타부동산임대업
	68121	주거용건물개발 및 공급업
	68122	비주거용건물개발 및 공급업
	68129	기타부동산개발 및 공급업
	68221	부동산 자문 및 중개업
오락업 및 문화업	91121	골프장운영업
	91223	노래연습장운영업
	91291	무도장운영업
	91249	기타갬블링 및 베팅업
공공, 수리 및 기타서비스업	96111	이용업
	96112	두발미용업
	96113	피부미용업
	96119	기타미용업
	96121	욕탕업
	96122	마사지업
	96129	기타미용관련서비스업
	96912	가정용세탁업
	96913	세탁물공급업
	96921	장례식장 및 장의관련 서비스업
	96922	화장, 묘지분양 및 관리업
	96991	예식장업
	96992	점술 및 유사서비스업
	96993	개인간병인 및 유사서비스업
	96999	그외 기타 달리 분류되지 않은 개인서비스업

자(이하 "기금관리주체"라 한다)는 대통령령으로 정하는 비율 이내의 자금을 그 기금운용계획에 따라 벤처기업에 투자하거나 중소기업창업투자조합·신기술사업투자조합 또는 한국벤처투자조합에 출자할 수 있다.[89)]

(2) 우선적 신용보증의 실시

기술신용보증기금은 벤처기업과 신기술창업전문회사에 우선적으로 신용보증을 하여야 한다.[90)]

(3) 산업재산권등의 출자 특례

벤처기업에 대한 현물출자 대상에는 특허권·실용신안권·디자인권, 그 밖에 이에 준하는 기술과 그 사용에 관한 권리(이하 "산업재산권등"이라 한다)를 포함한다.[91)]

(4) 조세에 대한 특례

① 국가나 지방자치단체는 벤처기업을 육성하기 위하여 조세특례제한법, 지방세특례제한법 그 밖의 관계 법률로 정하는 바에 따라 소득세·법인세·취득세·재산세 및 등록면허세 등을 감면할 수 있다.[92)]

② 개인이나 개인투자조합이 벤처기업에 투자할 경우에는 조세에 관한 법률로 정하는 바에 따라 소득세 등을 감면할 수 있다. 이 경우 구체적인 투자대상 및 감면 절차 등은 대통령령으로 정한다.

③ 다음 각 호의 경우에는 조세에 관한 법률로 정하는 바에 따라 세제지원을 할 수 있다. 이 경우 세제지원 대상의 확인 등에 필요한 사항은 대통령령으로 정한다.

---

89) 벤처기업육성에 관한 특별조치법 제4조
90) 벤처기업육성에 관한 특별조치법 제5조
91) 벤처기업육성에 관한 특별조치법 제6조
92) 벤처기업육성에 관한 특별조치법 제14조

ⅰ. 주식회사인 벤처기업과 다른 주식회사의 주주 또는 주식회사인 다른 벤처기업이 주식교환을 하는 경우

ⅱ. 주식회사인 벤처기업과 다른 주식회사가 합병을 하는 경우

2) 기업활동과 인력 공급의 원활화

(1) 벤처기업의 주식교환

① 주식회사인 벤처기업 자기주식을 다른 주식회사의 주요주주(해당 법인의 의결권 있는 발행주식 총수의 100분의 10 이상을 보유한 주주를 말한다. 이하 같다) 또는 주식회사인 다른 벤처기업의 주식과 교환할 수 있다.[93)]

② 벤처기업이 제1항에 따른 주식교환에 따라 다른 주식회사의 주요주주의 주식이나 다른 벤처기업의 주식을 취득한 경우에는 취득일부터 1년 이상 이를 보유하여야 한다. 제1항에 따른 주식교환에 따라 벤처기업의 주식을 취득한 다른 주식회사의 주요주주의 경우에도 또한 같다.

③ 제2항에 따른 자기주식의 취득 기간은 제3항의 주주총회 승인 결의일부터 6개월 이내이어야 한다.

(2) 반대주주의 주식매수청구권

① 제15조제3항에 따른 주주총회 승인 결의 전에 그 벤처기업에 서면으로 주식교환을 반대하는 의사를 알린 주주는 주주총회 승인 결의일부터 10일 이내에 자기가 보유한 주식의 매수를 서면으로 청구할 수 있다.[94)]

② 제1항에 따라 매수청구를 받은 벤처기업은 청구를 받은 날부터 2개월 이내에 그 주식을 매수하여야 한다. 이 경우 그 주식은 6개월 이내에 처분하여야 한다.

---

93) 벤처기업육성에 관한 특별조치법 제15조
94) 벤처기업육성에 관한 특별조치법 제15조의2

③ 제2항에 따른 주식의 매수가격의 결정에 관하여는 「상법」 제374조의2 제3항부터 제5항까지의 규정을 준용한다.

(3) 합병 절차의 간소화 등

① 주식회사인 벤처기업이 다른 주식회사와 합병결의(제15조의9에 따른 소규모합병 및 제15조의10에 따른 간이합병의 경우에는 이사회의 승인결의를 말한다)를 한 경우에는 채권자에게 상법 제527조의5제1항에도 불구하고 그 합병결의를 한 날부터 1주 내에 합병에 이의가 있으면 10일 이상의 기간 내에 이를 제출할 것을 공고하고, 알고 있는 채권자에게는 공고사항을 최고(催告)하여야 한다.[95]

② 주식회사인 벤처기업이 합병 결의를 위한 주주총회 소집을 알릴 때는 「상법」 제363조제1항에도 불구하고 그 통지일을 주주총회일 7일 전으로 할 수 있다.

③ 주식회사인 벤처기업이 다른 주식회사와 합병하기 위하여 합병계약서 등을 공시할 때는 「상법」 제522조의2제1항에도 불구하고 그 공시 기간을 합병승인을 위한 주주총회일 7일 전부터 합병한 날 이후 1개월이 지나는 날까지로 할 수 있다.

④ 주식회사인 벤처기업의 합병에 관하여 이사회가 결의한 때에 그 결의에 반대하는 벤처기업의 주주는 「상법」 제522조의3제1항에도 불구하고 주주총회 전에 벤처기업에 대하여 서면으로 합병에 반대하는 의사를 알리고 자기가 소유하고 있는 주식의 종류와 수를 적어 주식의 매수를 청구하여야 한다.

⑤ 벤처기업이 제4항에 따른 청구를 받은 경우에는 「상법」 제374조의2제2항 및 제530조제2항에도 불구하고 합병에 관한 주주총회의 결의일부터 2개월 이내에 그 주식을 매수하여야 한다.

---

95) 벤처기업육성에 관한 특별조치법 제15조의3

⑥ 제5항에 따른 주식의 매수가액의 결정에 관하여는 「상법」 제374조의2제3항부터 제5항까지의 규정을 준용한다. 이 경우 같은 법 제374조의2제4항 중 "제1항의 청구를 받은 날"은 "합병에 관한 주주총회의 결의일"로 본다.

(4) 벤처기업 소규모합병의 특례

① 주식회사인 벤처기업이 다른 주식회사와 합병을 하는 경우 상법 제527조의3제1항에도 불구하고 합병 후 존속하는 회사가 합병으로 인하여 발행하는 신주의 총수가 그 주식회사의 발행주식총수의 100분의 10 이하인 때에는 그 존속하는 회사의 주주총회의 승인은 이사회의 승인으로 갈음할 수 있다. 다만, 합병으로 인하여 소멸하는 회사의 주주에게 지급할 금액을 정한 경우에 그 금액이 존속하는 회사의 최종 대차대조표상으로 현존하는 순자산액의 100분의 5를 초과하는 때에는 그러하지 아니하다.[96]

② 제1항에 따른 합병에 반대하는 주주의 주식매수청구권은 인정하지 아니한다.

(5) 벤처기업 간이합병의 특례

① 주식회사인 벤처기업이 다른 주식회사와 합병을 하는 경우 상법제527조의2제1항에도 불구하고 합병 후 존속하는 회사가 소멸회사의 발행주식총수 중 의결권 있는 주식의 100분의 90 이상을 보유하는 경우에는 그 소멸하는 회사의 주주총회의 승인은 이사회의 승인으로 갈음할 수 있다.[97]

② 제1항에 따른 합병에 반대하는 주주의 주식매수청구권에 관하여는 「상법」 제522조의3제2항에 따른다.

(6) 간이영업양도

① 주식회사인 벤처기업이 영업의 전부또는 일부를 다른 주식회사에 양도

96) 벤처기업육성에 관한 특별조치법 제15조의9
97) 벤처기업육성에 관한 특별조치법 제15조의10

하는 경우 「상법」제374조에도 불구하고 영업을 양도하는 회사의 총주주의 동의가 있거나 영업을 양도하는 회사의 발행주식총수 중 의결권 있는 주식의 100분의 90 이상을 다른 주식회사가 보유하는 경우에는 영업을 양도하는 회사의 주주총회의 승인은 이사회의 승인으로 갈음할 수 있다.[98]

② 제1항의 경우에는 영업양도·양수계약서에 영업을 양도하는 회사에 관하여는 주주총회의 승인을 받지 아니하고 벤처기업의 영업의 전부 또는 일부를 양도할 수 있다는 뜻을 적어야 한다.

③ 제1항에 따라 벤처기업의 영업의 전부 또는 일부를 양도하려는 회사는 영업양도·양수계약서를 작성한 날부터 2주 이내에 다음 각 호의 사항을 공고하거나 주주에게 알려야 한다.

i. 영업양도·양수계약서의 주요 내용

ii. 주주총회의 승인을 받지 아니하고 영업을 양도한다는 뜻

④ 제3항의 공고 또는 통지를 한 날부터 2주 이내에 회사에 대하여 서면으로 영업양도에 반대하는 의사를 통지한 주주는 그 2주의 기간이 지난 날부터 20일 이내에 주식의 종류와 수를 기재한 서면으로 회사에 대하여 자기가 소유하고 있는 주식의 매수를 청구할 수 있다.

⑤ 제4항의 매수청구에 관하여는 「상법」 제374조의2제2항부터 제5항까지의 규정을 준용한다.

(7) 중소벤처기업 인수합병 지원센터의 지정

① 중소기업청장은 중소벤처기업의 인수합병을 효율적으로 지원하기 위하여 중소기업지원 관련 기관 또는 단체를 중소벤처기업 인수합병 지원센터(이하 "지원센터"라 한다)로 지정할 수 있다.[99]

② 지원센터의 업무는 다음 각 호와 같다.

98) 벤처기업육성에 관한 특별조치법 제15조의11
99) 벤처기업육성에 관한 특별조치법 제15조의13

ⅰ. 중소벤처기업의 인수합병계획의 수립 지원에 관한 사항

ⅱ. 중소벤처기업의 인수합병을 위한 기업정보의 수집·제공 및 컨설팅 지원에 관한 사항

ⅲ. 중소벤처기업의 기업가치평가모델의 개발 및 보급에 관한 사항

ⅳ. 중소벤처기업의 인수합병에 필요한 자금의 연계지원에 관한 사항

ⅴ. 중소벤처기업의 인수합병 전문가 양성 및 교육에 관한 사항

ⅵ. 그 밖에 중소벤처기업의 인수합병 촉진을 위하여 중소기업청장이 정하는 사항

③ 중소기업청장은 지원센터의 운영에 드는 경비의 전부 또는 일부를 지원할 수 있다.

④ 제1항부터 제3항까지에서 규정한 사항 외에 지원센터의 지정기준, 지정절차 및 운영 등에 필요한 사항은 대통령령으로 정한다.

(8) 교육공무원등의 창업 시 휴직 허용

① 다음 각 호의 어느 하나에 해당하는 자(이하 “교육공무원등”이라 한다)는 교육공무원법 제 44조 1항,「국가공무원법」 제71조제2항,지방공무원법」 제63조제2항 및 「사립학교법」 제59조제1항에도 불구하고 중소기업 창업지원법 제2조제1호에 따른 창업을 하거나 벤처기업의 임원으로 근무하기 위하여 휴직할 수 있다.[100]

ⅰ. 「고등교육법」에 따른 대학(산업대학과 전문대학을 포함한다. 이하 같다)의 교원(대학부설연구소의 연구원을 포함한다. 이하 같다)

ⅱ. 국공립연구기관의 연구원(「한국과학기술원법」 제15조와 「광주과학기술원법」 제14조에 따른 교원 및 연구원을 포함한다. 이하 같다)

② 제1항에 따른 휴직 기간은 3년(창업 준비기간 6개월을 포함한다) 이내

100) 벤처기업육성에 관한 특별조치법 제16조

로 한다. 다만, 소속 기관의 장이 필요하다고 인정하면 3년 이내에서 휴직 기간을 연장할 수 있다. 이 경우 대학교원의 휴직 기간은 「교육공무원법」 제45조제2항에도 불구하고 임용기간 중의 잔여기간을 초과할 수 있다.

③ 제1항에 따라 대학의 교원이나 국공립연구기관의 연구원이 6개월 이상 휴직하는 경우에는 휴직일부터 그 대학이나 국공립연구기관에 그 휴직자의 수에 해당하는 교원이나 연구원의 정원이 따로 있는 것으로 본다.

(9) 교육공무원등의 겸임이나 겸직에 관한 특례

① 교육공무원등 또는 대통령령으로 정하는 정부출연연구기관(국방분야의 연구기관은 제외한다)의 연구원은 그 소속 기관의 장의 허가를 받아 벤처기업의 대표자나 임직원을 겸임하거나 겸직할 수 있다. 다만, 공무원에 대한 허가는 직무상의 능률을 저해할 우려가 없는 경우에만 할 수 있다.[101]

② 제1항에 따른 소속 기관의 장의 허가를 받은 경우에는 「교육공무원법」 제18조제1항과 「협동연구개발 촉진법」 제6조제4항에 따른 겸임 및 겸직허가를 받은 것으로 본다.

(10) 벤처기업에 대한 정보 제공

① 정부는 벤처기업의 창업 및 영업활동과 관련된 투자·자금·인력·기술·판로 및 입지 등에 관한 정보를 제공하거나 그 밖에 벤처기업의 정보화를 촉진하기 위한 지원을 할 수 있다.[102]

② 중소기업청장은 중앙행정기관의 장, 지방자치단체의 장 또는 「공공기관의 운영에 관한 법률」의적용을 받는 공공기관의 장에게 제1항에 따른 정보 제공에 필요한 자료를 요청할 수 있다.

③ 중소기업청장은 벤처기업에 대한 개인이나 개인투자조합(이하 이 항에

101) 벤처기업육성에 관한 특별조치법 제16조의2
102) 벤처기업육성에 관한 특별조치법 제16조의4

서 “개인등”이라 한다)의 투자를 촉진하기 위하여 지식경제부령으로 정하는 바에 따라 벤처기업의 투자가치에 관한 정보 등 필요한 정보를 개인등에게 제공할 수 있다.

(11) 산업재산권 사용에 관한 특례

대학이나 연구기관은 제 16조 또는 16조 2항의 규정에 따라 휴직이나 겸직을 승인받은 교원·연구원에게 직무발명에 따른 산업재산권등의 이용을 허락할 때 기술의 이전 및 사업화 촉진에 관한 법률제24조제4항 및 제5항에도 불구하고 전용실시권을 부여할 수 있다.[103)]

3. 입지 공급의 원활화

1) 기술창업집적지역의 지정

대학이나 연구기관의 장은 해당 기관이 소유한 교지나 부지의 일정 지역에 대하여 창업자·처기업 등의 생산시설 및 그 지원시설을 집단적으로 설치하는 신기술창업집적지역(이하 “집적지역”이라 한다)의 지정을 중소기업청장에게 요청할 수 있다.[104)]

2) 집적지역의 지정 요건[105)]

집적지역은 다음 각 호의 요건을 갖추어야 한다.[106)]

ⅰ. 해당 기관이 보유한 교지나 부지의 연면적에 대한 지정 면적의 비율이 대통령령으로 정하는 비율을 초과하지 아니할 것

---

103) 벤처기업육성에 관한 특별조치법 제16조의7
104) 벤처기업육성에 관한 특별조치법 제17조의2
105) 벤처기업육성에 관한 특별조치법 제17조의3
106) 벤처기업육성에 관한 특별조치법 제17조의2

ii. 지정 면적이 3천 제곱미터 이상일 것

iii. 집적지역개발계획이 실현 가능할 것

3) 실험실공장에 대한 특례

① 다음 각 호의 어느 하나에 해당하는 자는 건축법 제 19조 1항의 국토의 계획 및 이용에 관한 법률」 제76조제1항, 대덕연구개발특구 등의 육성에 관한 특별법」 제36조제1항에도 불구하고 그 소속 기관의 장의 승인을 받아 실험실공장을 설치할 수 있다. 이 경우 산업집적활성화 및 공장설립에 관한 법률」 제13조에 따른 공장설립등의 승인 또는 같은 법 제14조의3에 따른 제조시설 설치 승인을 받은 것으로 본다.[107)]

i. 고등교육법」에 따른 대학의 교원 및 학생

ii. 국공립연구기관이나 정부출연연구기관의 연구원

iii. 과학이나 산업기술 분야의 연구기관으로서 대통령령으로 정하는 기관의 연구원

② 실험실공장은 생산시설용으로 쓰이는 바닥면적의 합계가 3천 제곱미터를 초과할 수 없다.

③ 실험실공장의 총면적(실험실공장이 둘 이상인 경우에는 그 면적을 합한 것을 말한다)은 해당 대학이나 연구기관의 건축물 연면적의 2분의 1을 초과할 수 없다.

④ 시장·군수 또는 구청장(자치구의 구청장을 말한다. 이하 같다)은 실험실공장에 대한 공장등록신청을 받으면「산업집적활성화 및 공장설립에 관한 법률」 제16조에 따른 공장의 등록을 하여야 한다.

⑤ 대학이나 연구기관의 장은 제1항에 따른 실험실공장을 설치한 자가 퇴직(졸업)하더라도 퇴직(졸업)일부터 2년을 초과하지 아니하는 범위에서 실험

---

107) 벤처기업육성에 관한 특별조치법 제18조의2

실공장을 사용하게 할 수 있다.

⑥ 실험실공장의 설치·운영 등에 관하여 그 밖에 필요한 사항은 대통령령으로 정한다.

4) 창업보육센터에 입주한 벤처기업과 창업자에 대한 특례[108)]

① 대학이나 연구기관 안에 설치·운영 중인 창업보육센터로서 다음 각 호의 어느 하나에 해당하는 창업보육센터에 입주한 벤처기업이나 창업자는 「건축법」 제19조제1항, 국토의 계획 및 이용에 관한 법률」 제76조제1항 및 대덕연구개발특구 등의 육성에 관한 특별법」 제36조제1항에도 불구하고 산업집적활성화 및 공장설립에 관한 법률」 제28조에 따른 도시형공장을 창업보육센터 운영기관의 장의 승인을 받아 설치할 수 있다. 이 경우 산업집적활성화 및 공장설립에 관한 법률」 제13조에 따른 공장설립등의 승인이나 같은 법 제14조의3에 따른 제조시설설치승인을 받은 것으로 본다.[109)]

ⅰ. 「중소기업창업 지원법」 제6조제1항에 따라 중소기업청장이 지정하는 창업보육센터

ⅱ. 중앙행정기관의 장이나 지방자치단체의 장이 인정하는 창업보육센터

② 시장·군수 또는 구청장은 제1항에 따른 창업보육센터에 입주한 벤처기업이나 창업자로부터 공장등록신청을 받으면 「산업집적활성화 및 공장설립에 관한 법률」 제16조에 따른 공장의 등록을 하여야 한다.

③ 대학이나 연구기관 안에 설치·운영 중인 창업보육센터는 「건축법」 제19조제4항제2호에 따른 시설군으로 본다.

---

108) 벤처기업육성에 관한 특별조치법 제18조의3
109) 벤처기업육성에 관한 특별조치법 제18조의2

5) 시설비용의 지원

국가나 지방자치단체는 집적지역의 조성및 벤처기업집적시설의 설치에 필요한 시설비의 전부 또는 일부를 지원할 수 있다.[110]

4. 각종 부담금의 면제 등

① 벤처기업집적시설에 대하여는 다음 각 호의 부담금을 면제한다.[111]

i.「개발이익환수에 관한 법률」 제5조에 따른 개발부담금

ii.「산지관리법」 제19조에 따른 대체산림자원조성비

iii.「농지법」 제38조에 따른 농지보전부담금

iv.「초지법」 제23조에 따른 대체초지조성비

v.「도시교통정비 촉진법」 제36조에 따른 교통유발부담금

② 벤처기업집적시설을 건축하려는 자는「문화예술진흥법」 제9조에도 불구하고 미술장식을 설치하지 아니할 수 있다.

110) 벤처기업육성에 관한 특별조치법 제20조
111) 벤처기업육성에 관한 특별조치법 제22조

4장 중소기업의 지속적 성장

1절 대·중소기업 상생협력 촉진에 관한 법률

1. 총칙

1) 목적과 용어 정의

(1) 목적

이 법은 대기업과 중소기업 간 상생협력(相生協力) 관계를 공고히 하여 대기업과 중소기업의 경쟁력을 높이고 대기업과 중소기업의 양극화를 해소하여 동반성장을 달성함으로 써 국민경제의 지속성장 기반을 마련함을 목적으로 한다.[112]

(2) 정의

이 법에서 사용하는 용어의 뜻은 다음과 같다.[113]

ⅰ. "중소기업"이란 중소기업기본법 제2조에 따른 중소기업을 말한다.

ⅱ. "대기업"이란 중소기업이 아닌 기업을 말한다.

ⅲ. "상생협력"이란 대기업과 중소기업 간, 중소기업 상호간 또는 위탁기업과 수탁기업(受託企業) 간에 기술, 인력, 자금, 구매, 판로 등의 부문에서 서로 이익을 증진하기 위하여 하는 공동의 활동을 말한다.

ⅳ. "수탁·위탁거래"란 제조, 공사, 가공, 수리, 판매, 용역을 업(業)으로 하는 자가 물품, 부품, 반제품(半製品) 및 원료 등(이하 "물품 등"이라 한다)의

---

112) 대·중소기업 상생협력 촉진에 관한 법률 제1조
113) 대·중소기업 상생협력 촉진에 관한 법률 제2조

제조, 공사, 가공, 수리, 용역 또는 기술개발(이하 "제조"라 한다)을 다른 중소기업에 위탁하고, 제조를 위탁받은 중소기업이 전문적으로 물품 등을 제조하는 거래를 말한다.

ⅴ. "동반성장지수"란 대·중소기업 간 동반성장을 촉진하기 위하여 동반성장의 수준을 평가하여 계량화한 지표를 말한다.

ⅵ. "중소기업 적합업종·품목"(이하 "적합업종"이라 한다)이란 대·중소기업 간의 합리적 역할분담을 유도하기 위하여 중소기업의 형태로 사업을 영위하는 것이 적합한 분야(서비스업을 포함한다)를 말한다.

(3) 대·중소기업 상생협력 촉진시책의 기본방향

정부는 다음 각 호의 기본방향에 따라 대·중소기업 상생협력을 촉진하기 위한 시책을 수립하여 시행하여야 한다.[114]

ⅰ. 대기업과 중소기업 상생협력의 자율성 보장

ⅱ. 대기업과 중소기업의 이익에 서로 도움이 되는 상생협력의 촉진

ⅲ. 공공기관과 중소기업 간의 협력에서 공공부문의 선도적인 역할 강화

2. 대·중소기업 상생협력 촉진을 위한 계획의 수립 및 추진

1) 대·중소기업 상생협력 추진 기본계획의 수립

지식경제부장관은 관계 중앙행정기관의 장과 협의하여 대·중소기업 상생협력 추진 기본계획(이하 "기본계획"이라 한다)을 3년 단위로 수립하여야 한다.[115]

114) 대·중소기업 상생협력 촉진에 관한 법률 제3조
115) 대·중소기업 상생협력 촉진에 관한 법률 제4조

2) 대·중소기업 상생협력 추진 시행계획의 수립

① 관계 중앙 행정기관의 장은 기본계획에 따라 대·중소기업 상생협력 추진 시행계획(이하 "시행계획"이라 한다)을 매년 수립하여 시행하여야 한다.[116)]

② 관계 중앙행정기관의 장은 전년도의 시행계획 추진실적과 해당 연도의 시행계획을 대통령령으로 정하는 바에 따라 매년 지식경제부장관에게 제출하고, 지식경제부장관은 매년 시행계획에 따른 추진실적을 평가하여야 한다.

③ 관계 중앙행정기관의 장은 시행계획의 시행에 필요한 지원을 할 있다.

④ 시행계획의 수립·시행 및 그 추진실적의 평가에 필요한 사항은 대통령령으로 정한다.

3. 대·중소기업 상생협력 촉진을 위한 시책 추진

1) 상생협력 성과의 공평한 배분

정부는 수탁기업이 원가절감 등 수탁·위탁기업 간에 합의한 공동목표를 달성할 수 있도록 위탁기업이 지원하고 그 성과를 수탁·위탁기업이 공유하는 계약모델(이하 "성과공유제"라 한다)의 확산을 위한 시책을 수립하여 추진할 수 있다.[117)]

2) 대기업과 중소기업 간의 기술협력 촉진

① 정부는 대기업과 중소기업 간의 공동 기술개발, 대기업의 구매약정 등 대기업의 협력이 수반되는 기술개발 등 대기업과 중소기업 간의 기술협력을 촉진하기 위하여 기술개발에 필요한 자금을 지원할 수 있다.[118)]

---

116) 대·중소기업 상생협력 촉진에 관한 법률 제5조
117) 대·중소기업 상생협력 촉진에 관한 법률 제8조

② 지식경제부장관은 실시하지 아니하는 대기업의 특허권 및 실용신안권을 중소기업으로 이전하도록 촉진하기 위하여 「기술의 이전 및 사업화 촉진에 관한 법률」 제10조에 따른 기술거래기관에 예산 등 필요한 지원을 할 수 있다.

3) 대기업과 중소기업 간의 인력교류 확대

① 정부는 대기업과 중소기업 간 인력의 교류를 촉진하기 위한 시책을 수립하여 시행하여야 한다.[119)]

② 정부는 대기업과 중소기업 간의 인력교류를 촉진하기 위하여 필요한 경우 인건비의 일부를 지원할 수 있다.

4) 불공정거래행위 금지에 대한 특례

대·중소기업 상생협력을 촉진하기 위하여 대통령령으로 정하는 바에 따라 대기업이 사전에 공개한 합리적인 기준에 따라 중소기업(「독점규제 및 공정거래에 관한 법률」 제14조에 따른 상호출자제한기업집단에 속하는 회사는 제외한다)을지]원하는 것은 독점규제 및 공정거래에 관한 법률」 제23조 제1항 제7호에 따른 불공정거래행위에 해당하지 아니하는 것으로 본다.[120)]

5) 대·중소기업 상생협력 실태조사

① 지식경제부장관은 필요하면 대·중소기업 상생협력에 대한 실태조사를 할 수 있다.[121)]

② 지식경제부장관은 제1항에 따른 실태조사를 하기 위하여 필요하면 대

118) 대·중소기업 상생협력 촉진에 관한 법률 제9조
119) 대·중소기업 상생협력 촉진에 관한 법률 제10조
120) 대·중소기업 상생협력 촉진에 관한 법률 제13조
121) 대·중소기업 상생협력 촉진에 관한 법률 제14조

기업과 중소기업에 자료 제출이나 의견 진술 등을 요구할 수 있다.

6) 대기업과 중소기업 간의 임금격차 완화

정부는 대기업과 중소기업 간의 임금격차 완화를 위하여 노사 간 상생협력의 임금교섭 노력을 적극 지원하는 등 필요한 시책을 수립하여 시행할 수 있다.[122)]

7) 공공기관의 중소기업 협력 촉진

① 공공기관의 운영에 관한 법률」 제4조에 따른 공공기관 중 대통령으로 정하는 기관(이하 이 조에서 “공공기관”이라 한다)은 매년 중소기업 지원계획과 추진실적을 작성하여 지식경제부장관에게 제출하여야 한다.[123)]

② 지식경제부장관은 제1항에 따라 공공기관이 제출한 중소기업 지원계획과 추진실적을 평가하고 그 결과를 기획재정부장관에게 통보할 수 있다.

③ 기획재정부장관은 제2항에 따라 통보받은 평가결과를 공공기관의 경영평가 시 반영할 수 있다.

8) 대·중소기업 협력재단의 설립

① 정부는 대·중소기업 상생협력을 촉진하기 위하여 대·중소기업협력재단(이하 “재단”이라 한다)을 설립한다.[124)]

② 재단은 다음 각 호의 사업을 한다.

i. 대·중소기업 간 협력사업의 개발 및 운영 지원

ii. 제9조에 따른 기술협력 촉진사업의 관리·운영 및 평가 지원

---

122) 대·중소기업 상생협력 촉진에 관한 법률 제18조
123) 대·중소기업 상생협력 촉진에 관한 법률 제19조
124) 대·중소기업 상생협력 촉진에 관한 법률 제20조

iii. 제17조에 따른 수탁기업협의회의 구성 및 운영 지원

iv. 제21조부터 제24조까지, 제24조의2 및 제25조에 따른 수탁·위탁거래의 공정화 지원

v. 위탁기업과 수탁기업 간 분쟁의 자율적 조정 지원

vi. 그 밖에 지식경제부장관 또는 중소기업청장이 지정·위탁하는 사업

⑤ 재단의 정관을 변경하려면 중소기업청장의 인가를 받아야 한다.

4. 수탁·위탁거래의 공정화

1) 약정서의 발급

위탁기업이 수탁기업에 물품 등의 제조를 위탁할 때에는 지체 없이 그 위탁의 내용, 납품대금의 금액, 대금의 지급 방법, 지급기일, 검사 방법, 그 밖에 필요한 사항을 적은 약정서를 그 수탁기업에 발급하여야 한다.[125)]

2) 납품대금의 지급 등

① 수탁기업에 위탁기업의 납품대금을 지급하는 기일은 그 납품에 대한 검사 여부에 관계없이 물품 등을 받은 날부터 60일 이내의 최단기간으로 정하여야 한다.[126)]

② 납품대금의 지급기일을 약정하지 아니한 경우에는 물품 등의 수령일을 그 대금의 지급기일로 정한 것으로 보며, 제1항을 위반하여 지급기일을 정한 경우에는 물품 등의 수령일부터 60일이 되는 날을 그 대금의 지급기일로 정한 것으로 본다.

③ 위탁기업이 납품대금을 60일이 지난 후 지급하는 경우에는 그 초과기간

125) 대·중소기업 상생협력 촉진에 관한 법률 제21조
126) 대·중소기업 상생협력 촉진에 관한 법률 제22조

에 대하여 연 100분의 40 이내의 범위에서 대통령령으로 정하는 이율에 따른 이자를 지급하여야 한다.

④ 위탁기업이 납품대금을 어음으로 지급하거나 어음대체결제 방식으로 지급하는 경우에는 연 100분의 40 이내의 범위에서 대통령령으로 정하는 할인료를 수탁기업에 지급하여야 한다.

3) 기술자료 임치제도

수탁·위탁기업[수탁·위탁기업 외에 단독 또는 공동으로 기술자료를 임치(任置)하고자 하는 기업을 포함한다]은 전문인력과 설비 등을 갖춘 기관으로서 대통령령으로 정하는 기관[이하 "수치인"(受置人)이라 한다]과 서로 합의하여 기술료를 임치하고자 하는 기업(이하 "임치기업"이라 한다)의 기술자료를 임치할 수 있다.[127)]

4) 준수사항

① 위탁기업은 수탁기업에 물품 등의 제조를 위탁할 때 다음 각 호의 행위를 하여서는 아니 된다.[128)]

ⅰ. 수탁기업이 책임질 사유가 없는데도 물품 등의 수령을 거부하거나 납품대금을 깎는 행위

ⅱ. 납품대금을 지급기일까지 지급하지 아니하는 행위

ⅲ. 수탁기업이 납품하는 물품 등과 같은 종류이거나 유사한 물품 등에 대하여 통상적으로 지급되는 대가보다 현저히 낮은 가격으로 납품대금을 정하는 행위

ⅳ. 물품 등의 제조를 위탁한 후 경제상황 변동 등의 이유로 발주자로부

127) 대·중소기업 상생협력 촉진에 관한 법률 제24조의2
128) 대·중소기업 상생협력 촉진에 관한 법률 제25조

터 추가금액을 받은 위탁기업이 같은 이유로 수탁기업에 추가비용이 드는데도 받은 추가금액의 내용과 비율에 따라 납품대금을 증액하여 지급하지 아니하는 행위

ⅴ. 품질의 유지 또는 개선을 위하여 필요한 경우나 그 밖에 정당한 사유가 있는 경우를 제외하고 위탁기업이 지정하는 물품 등을 강제로 구매하게 하는 행위

ⅵ. 납품대금을 지급할 때 그 납품대금의 지급기일까지 금융기관으로부터 할인을 받기 어려운 어음을 지급하는 행위

ⅶ. 물품 등에 흠이 없는데도 정당한 사유 없이 발주물량을 통상적으로 발주하는 수량보다 현저히 감소시키거나 발주를 중단하는 행위

ⅷ. 납품대금을 지급하는 대신 위탁기업이 제조하는 제품을 받을 것을 요구하는 행위

ⅸ. 위탁기업이 수출용으로 수탁기업에 발주한 물품 등에 대하여 정당한 사유 없이 내국신용장 개설을 기피하는 행위

ⅹ. 물품 등의 제조를 의뢰한 후 그 제조된 물품 등에 대한 발주를 정당한 사유 없이 기피하는 행위

ⅹⅰ. 수탁기업이 납품한 물품에 대한 검사를 할 때 객관적 타당성이 결여된 검사기준을 정하는 행위

ⅹⅱ. 정당한 사유 없이 기술자료 제공을 요구하는 행위

ⅹⅲ. 기술자료의 임치를 요구한 수탁기업에 불이익을 주는 행위

ⅹⅳ. 위탁기업이 제1호부터 제13호까지의 규정에 해당하는 행위를 한 경우 해당 수탁기업이 그 사실을 관계 기관에 고지하였다는 이유로 수탁·위탁거래의 물량을 줄이거나 수탁·위탁거래의 정지 또는 그 밖의 불이익을 주는 행위

② 수탁기업은 위탁기업으로부터 물품 등의 제조를 위탁받았을 때에는 다

음 각 호의 행위를 하여서는 아니 된다.

i. 위탁기업으로부터 위탁받은 물품 등의 품질·성능 또는 납품기일에 관한 약정을 위반하는 행위

ii. 물품 등의 가격을 부당하게 인상하여 줄 것을 요구하는 행위

iii. 그 밖에 수탁·위탁거래의 질서를 문란하게 하는 행위

5) 수탁·위탁기업 간 불공정거래행위 개선

중소기업청장은 대기업과 중소기업 간의 수탁·위탁거래 과정에서 위탁기업이 제21조부터 제21조부터 제23조까지의 규정 또는 제25조 1항을 이행하고 있는지를 대통령령으로 정하는 바에 따라 주기적으로 조사하여 개선이 필요한 사항에 대하여는 해당 기업에 개선을 요구하고 요구에 응하지 아니하는 경우에는 공표하여야 한다.[129)]

6) 분쟁의 조정

① 다음 각 호의 사항에 관하여 위탁기업과 수탁기업 또는 중소기업협동조합 간에 분쟁이 생겼을 때에는 위탁기업·수탁기업 또는 중소기업협동조합은 대통령령으로 정하는 바에 따라 중소기업청장에게 분쟁 조정을 요청할 수 있다.[130)]

i. 제21조에 따른 약정서 및 물품 수령증에 관한 사항

ii. 제22조에 따른 납품대금의 지급 등에 관한 사항

iii. 제23조에 따른 물품 등의 검사에 관한 사항

iv. 제24조의2에 따른 기술자료의 임치에 관한 사항

v. 제25조에 따른 준수사항의 이행 여부에 관한 사항

---

129) 대·중소기업 상생협력 촉진에 관한 법률 제27조

130) 대·중소기업 상생협력 촉진에 관한 법률 제28조

② 중소기업청장은 제1항에 따른 조정을 요청받으면 지체 없이 그 내용을 검토하여 제1항 각 호의 사항에 관하여 시정을 할 필요가 있다고 인정될 때에는 해당 위탁기업·수탁기업 또는 중소기업협동조합에 그 시정을 권고하거나 시정명령을 할 수 있다.

5. 중소기업의 사업영역 보호

1) 중소기업 사업조정심의회

① 제33조에 따른 사업조정을 원활하게 하기 위하여 중소기업청장 소속으로 중소기업사업조정심의회(이하 "조정심의회"라 한다)를 둔다.[131)]

② 조정심의회의 구성 및 운영에 필요한 사항은 대통령령으로 정한다.

2) 사업조정 신청 등

① 중소기업자단체는 다음 각 호의 어느 하나에 해당하는 기업이 사업을 인수·개시 또는 확장함으로써 해당 업종의 중소기업 상당수가 공급하는 물품 또는 용역에 대한 수요를 감소시켜 중소기업의 경영안정에 현저하게 나쁜 영향을 미치거나 미칠 우려가 있다고 인정할 때에는 대통령령으로 정하는 바에 따라 중소기업협동조합법 3조제1항 제4호에 따른 중소기업중앙회를 거쳐 중소기업청장에게 사업조정을 신청할 수 있으며, 이 경우 사업조정 신청일은 중소기업중앙회에 사업조정 신청서를 접수한 날로 본다. 다만, 해당 업종의 중소기업자단체가 없는 경우에는 그 업종의 중소기업은 해당 지역에서 동일 업종을 영위하는 중소기업 중 일정 비율 이상의 중소기업으로부터 동의를 받고 중소기업중앙회를 거쳐 사업조정을 신청할 수 있으며, 이 경우 해당 지역

131) 대·중소기업 상생협력 촉진에 관한 법률 제31조

의 범위와 동의를 받아야 하는 중소기업의 비율은 대통령령으로 정한다.[132)]

i. 대기업

ii. 대기업이 같은 업종의 여러 소매점포를 직영(자기가 소유하거나 임차한 매장에서 자기의 책임과 계산 아래 직접 매장을 운영하는 것을 말한다. 이하 같다)하거나, 같은 업종의 여러 소매점포에 대하여 계속적으로 경영을 지도하고 상품·원재료 또는 용역을 공급하는 다음 각 목의 어느 하나에 해당하는 사업을 운영하는 경우 이에 속한 체인점포로서 지식경제부령으로 정하는 점포

i) 직영점형 체인사업

체인본부가 주로 소매점포를 직영하되, 가맹계약을 체결한 일부 소매점포(이하 이 호에서 "가맹점"이라 한다)에 대하여 상품의 공급 및 경영지도를 계속하는 형태의 체인사업

ii) 프랜차이즈형 체인사업

독자적인 상품 또는 판매·경영 기법을 개발한 체인본부가 상호·판매방법·매장운영 및 광고방법 등을 결정하고, 가맹점으로 하여금 그 결정과 지도에 따라 운영하도록 하는 형태의 체인사업

iii. 대기업이 실질적으로 지배하는 중소기업으로서 지식경제부령으로 정하는중소기업

② 제1항에 따른 사업조정 신청은 제1항제1호부터 제3호까지의 기업(이하 "대기업등"이라 한다)이 사업을 인수·개시 또는 확장하기 이전에 할 수 있다. 다만, 사업의 인수·개시 또는 확장 후에는 그 날부터 90일 이내에 하여야 한다.

③ 중소기업중앙회는 제1항에 따른 신청을 받으면 대통령령으로 정하는 바에 따라 사실조사를 하고 사업조정에 관한 의견서를 작성하여 중소기업청장에게 제출하여야 한다.

---

132) 대·중소기업 상생협력 촉진에 관한 법률 제32조

④ 중소기업청장은 제1항에 따른 신청을 받았을 때에는 그 사실을 그 신청과 관계되는 대기업등에 알려야 한다.

⑤ 위원회는 제20조의2제2항제2호에 따른 적합업종의 합의 도출이 되지 아니하거나 그 합의내용이 이행되지 아니하는 경우에는 제1항부터 제4항까지 및 제7항에도 불구하고 중소기업청장에게 사업조정을 신청할 수 있다. 이 경우 중소기업청장은 제33조 및 제34조에 따른 권고, 공표 및 이행명령을 할 수 있되, 조정심의회 심의결과가 대기업등의 사업이양인 경우에는 사업이양 권고만을 할 수 있다.

⑥ 조정심의회는 제1항 및 제5항 전단에 따른 사업조정 신청일 이후 1년 이내에 해당 사업조정 안건에 대하여 심의를 완료하여야 한다. 다만, 중소기업청장이 필요하다고 인정하는 경우 그 기간을 1년 이내의 범위에서 연장할 수 있다.

⑦ 중소기업자단체 또는 중소기업은 다른 법령에 따라 허가·인가·등록 등의 대상이 되는 업종 또는 사업으로서 사업조정과 유사한 효과를 가진 절차 또는 제도가 규정되어 있는 등 대통령령으로 정하는 경우 제1항에 따른 사업조정을 신청할 수 없다.

3) 사업조정에 관한 권고 및 명령

중소기업청장은 제32조에 따른 사업조정 신청을 받은 경우 해당 업종 중소기업의 사업 활동 기회를 확보하는 데 필요하다고 인정하면 조정심의회의 심의를 거쳐 해당 대기업 등에 사업의 인수·개시 또는 확장의 시기를 3년 이내에서 기간을 정하여 연기하거나 생산품목·생산수량·생산시설 등을 축소할 것을 권고할 수 있다. 다만, 중소기업청장은 사업조정의 최초 신청이 있는 경우 조정심의회의 심의를 거쳐 3년 이내에서 한 차례만 그 기간을 연장할 수 있으며, 연장의 범위는 업종별 특성을 고려하여 결정할 수 있다.[133)]

4) 일시정지 및 조정명령의 철회

중소기업청장은 제32조에 따른 사업조정 신청을 받은 경우 그 대기업 등에 조정심의회 심의결과를 통지할 때까지 해당 사업의 인수·개시 또는 확장을 일시 정지하도록 권고할 수 있다.[134]

5) 대기업 사업의 중소기업 이양

다음 각 호의 사업을 영위하고 있는 대기업 등은 중소기업과의 합리적인 역할분담으로 산업의 효율성을 증대시키기 위하여 이를 중소기업에 이양하도록 노력하여야 한다.[135]

ⅰ. 제33조에 따른 권고 또는 이행명령의 대상이 되는 업종의 사업

ⅱ. 그 밖에 중소기업에 적합하다고 인정하여 중소기업청장이 지정하는 업종 및 품목의 사업

6) 대기업 사업을 이양한 대기업 등에 대한 지원

정부는 대기업 등이 중소기업에 이양하는 사업이 대통령령으로 정하는 기준에 맞을 때에는 그 대기업 등에 금융·세제상의 지원을 할 수 있다.[136]

2절 동반성장위원회

2010년 9월29일 정부의 대·중소기업 동반성장 전략회의시 "동반성장 추진대책"의 일환으로 동반성장위원회를 구성·운영하기로 결정하였고, 2010년 12

133) 대·중소기업 상생협력 촉진에 관한 법률 제33조
134) 대·중소기업 상생협력 촉진에 관한 법률 제34조
135) 대·중소기업 상생협력 촉진에 관한 법률 제34조
136) 대·중소기업 상생협력 촉진에 관한 법률 제37조

월13일 동반성장위원회 출범하였다.

1. 동반성자위원회의 목적

설립 목적은 대·중소기업간 사회적 갈등문제를 발굴, 논의하여 민간부문의 합의를 도출하고, 동반성장 문화 조성 확산의 구심체 역할을 수행하기로 하였다.

2. 동반성장위원회의 기능 및 역할

i. 범 산업계의 동반성장 분위기 확산

ii. 대기업의 동반성장 지수 산정 및 공표

iii. 중소기업 적합 업종·품목 기준 마련·지정·검정

iv. 대·중소기업간 거래상, 업종 간 갈등요인을 발굴, 사회적 합의 도출

v. 동반성장 성공모델 발굴 및 우수사례 확산

vi. 대·중소기업 대표 단체들 간 소통의 중추적 역할 및 규범준수 교육을 목표로 두고 출범하였다.

이에 대한 법적 근거로는 대·중소기업 상생협력 촉진에 관한 법률 제20조의2의 규정을 두고 있다.

① 대·증소기업 간 동반성장과 관련한 민간부문의 합의를 도출하고 동반성장 문화를 조성 및 확산하기 위하여 재단에 동반성장위원회(이하 “위원회”라 한다)를 둔다.[137]

② 위원회는 다음 각 호의 사항에 관한 업무를 수행한다.

137) 대·중소기업 상생협력 촉진에 관한 법률 제20조의2

ⅰ. 동반성장지수의 산정 및 공표에 관한 사항

ⅱ. 적합업종의 합의 도출 및 공표에 관한 사항

ⅲ. 그 밖에 민간부문의 동반성장 추진과 관련하여 위원회가 필요하다고 인정하는 사항

③ 위원회는 제2항의 업무를 정부기관이나 재단 등으로부터 독립적이고 자율적으로 수행한다.

④ 위원회의 구성 및 운영에 필요한 사항은 위원회의 의결로 정한다.

참고문헌

〈한국문헌〉

규제정책론, 배용수, 대영문화사, 2006

규제행정의 이론과 실제, 김영훈, 선학사, 1995

시장과 정부, 이준구, 다산출판사, 2008

이익집단정치와 이익갈등, 김영래, 한울아카데미, 1997

자본시장법(주석서1), 한국증권법학회, 박영사, 2009

정부규제론, 최병선, 법문사, 1996

정부와 기업, 이찬동, 법경출판사, 1995

중소기업관련법령, 윤병일, 나눔, 2011

증권거래법, 이기수·최병규, 세창출판사, 2000

증권거래법, 이기수·최병규, 세창출판사, 2000

증권거래법원론, 윤광균, 육법사, 2006

한국의 경제정책, 윤용만·여택동 외, 박영사, 2005

행정권과 경제, 유훈, 법문사, 2006

현대의 기업과 사회, 신유근, 경문사, 1999

〈관련법률〉

근로기준법

금강수계 물관리 및 주민지원에 등에 관한 법률

금융위원회 설치 등에 관한 법률 및 시행령

낙동강수계 물관리 및 주민지원 등에 관한 법률

농어촌전기공급사업촉진법 시행령

대·중소기업 상생협력 촉진에 관한 법률

대기환경보전법

대기환경보전법 시행령

독점규제 및 공정거래에 관한 법률

독점규제 및 공정거래에 관한 법률 시행령

벤처기업육성에 관한 특별조치법

벤처기업육성에 관한 특별조치법 시행령

보험업법

보험업법 시행령

산업안전보건법

산업안전보건법 시행령

소비자기본법

소비자기본법 시행령

수도법

수도법 시행령

수질 및 수생태계 보전에 관한 법률

수질 및 수생태계 보전에 관한 법률 시행령

영산강·섬진강수계 물관리 및 주민지원 등에 관한 법률

유해화학물질 관리법

은행법

은행법 시행령

자동차관리법

자본시장과 금융투자업에 관한 법률
자본시장과 금융투자업에 관한 법률 시행령
중소기업기본법
중소기업기본법 시행령
중소기업제품 구매촉진 및 판로지원에 관한 법률
중소기업진흥에 관한 법률
중소기업창업지원법
중소기업창업지원법 시행령
축산물위생관리법
폐기물 관리법
표시·광고의 공정화에 관한 법률 및 시행령
한강수계 상수원 수질개선 및 주민지원 등에 관한 법률
환경정책기본법

〈구미문헌〉

- Carroll, A .B.1989), Business& Society: Ethics & Stakeholder Mansgemnnt (Cincinati: South-Western Publishing Co.)
- Wood,D.J.(1990), Business and Society (New York: Harper Collins Publishers)

〈연구자료〉

KOTRA 50년 발자취_통사
2011년 중소기업로드맵(1), 한국과학기술정보연구원 박영서

〈인터넷 등〉

http://cafe.daum.net/sinminjoo/

네이버 백과사전: 산업재해 [産業災害, industrial accident]

한국어 위키백과

<신문>

2011.11.7. 보도자료, 전국경제인연합회

연합뉴스, 서울=2012.7.1.

조선일보, 1989.4.29

한국경제신문, 2012,7,20

<기타 공고 및 통계자료>

2010년 4월 28일 중소기업청장 [벤처기업 확인요령]

제정경제부: 자본사장과 금융투자업에 관한 법률안 설명자료(2006.12.28.)

중소기업중앙회, 2009년 중소기업 실태조사 결과, 2010

중소기업중앙회, 중소기업 경영지표, 2009

중소기업청 공고 제2011-263호] 2011.12.30